黄骅港航道减淤研究

张　杰　温春鹏　刘　涛　侯志强　著

人民交通出版社股份有限公司
北　京

内 容 提 要

本书立足于黄骅港港口工程背景,针对黄骅港航道所面临的淤积问题,系统地介绍了黄骅港海域泥沙水力特性和运动规律,总结了航道整治工程的研究过程和效果评价,并对航道进一步的减淤整治技术和维护方案进行了分析,对粉沙质海岸港口建设、已有港口扩建以及日常维护疏浚等具有重要指导意义。

本书可供海岸河口工程研究人员使用,也可供相关院校师生学习参考。

图书在版编目(CIP)数据

黄骅港航道减淤研究 / 张杰等著. — 北京 : 人民交通出版社股份有限公司, 2022.7

ISBN 978-7-114-18031-6

Ⅰ.①黄… Ⅱ.①张… Ⅲ.①航道整治—清淤—研究—黄骅 Ⅳ.①U617.6

中国版本图书馆 CIP 数据核字(2022)第 102199 号

书　　名: 黄骅港航道减淤研究
著 作 者: 张　杰　温春鹏　刘　涛　侯志强
责任编辑: 崔　建
责任校对: 孙国靖　宋佳时
责任印制: 刘高彤
出版发行: 人民交通出版社股份有限公司
地　　址: (100011)北京市朝阳区安定门外外馆斜街 3 号
网　　址: http://www.ccpcl.com.cn
销售电话: (010)59757973
总 经 销: 人民交通出版社股份有限公司发行部
经　　销: 各地新华书店
印　　刷: 北京虎彩文化传播有限公司
开　　本: 720×960　1/16
印　　张: 16.75
字　　数: 301 千
版　　次: 2022 年 7 月　第 1 版
印　　次: 2022 年 7 月　第 1 次印刷
书　　号: ISBN 978-7-114-18031-6
定　　价: 58.00 元

前　　言

黄骅港位于渤海湾西南隅，大口河入海口北岸，西距沧州市约90km、黄骅市约45km，北距天津港112km，东距龙口港约280km，是我国西煤东运第二通道下海的专业港。黄骅港航道是国家能源投资集团煤炭航运输线上的咽喉要道，自建成至今一直存在大风骤淤影响通航、疏浚维护量大等问题。航道建成初期由于大风骤淤水深始终不达标，不得不实施延堤工程进行整治。实施整治工程后取得了良好效果，外航道抗骤淤能力增强，航道水深逐步稳定提高，基本解决了黄骅港一期建设中制约港口生产的瓶颈问题。整治工程的建设使黄骅港得到了快速发展，航道得以不断拓宽、加深。但是，大风骤淤仍会对航道通过能力造成威胁，2009 年 11月 8—12 日，黄骅港航道遭受 15 年一遇骤淤，在短期内航道回淤近 900 万 m^3，风后 3 个月均在清理大风造成的回淤。由此可见，提高航道抗骤淤能力，同时减轻港口疏浚维护量仍然是黄骅港航道发展中要解决的主要问题。

本书第 1 章论述了粉沙质海岸的界定和来源，介绍了黄骅港海岸的成因和面临的淤积问题；第 2 章简要论述了黄骅港海域泥沙的水力特性和基本运动规律，阐述了航道泥沙淤积的主要原因；第 3 章介绍了黄骅港航道整治工程的研究过程以及实施情况；第 4 章分析了整治工程的效果，并对工程方案进行了系统的评价；第 5 章分析了黄骅港航道进一步开展减淤研究的必要性，并建立了波浪、潮流、泥沙数学模型，分别论述了不同防沙堤布局下不同重现期的淤积及减淤效果，确定了潜堤减淤措施的关键参数；第6章从实测、理论分析、模型计算等多个角度对黄骅港航道的维护疏浚进行了优化研究，优化了航道备淤深度及维护施工方案，确定了航道维护疏浚量计量标准及计量方式，论证了在港池航道应用适航水深的可行性；第7章总结了自黄骅港一期建设以来有关研究的主要结论，并提出了粉沙质海岸的工程建设中需进一步研究的问题。

本书在编写过程中，得到了交通运输部天津水运工程科学研究院海岸河口工程研究中心各位同事的大量帮助，测绘处和仪器室等部门的许多同事也都参与了黄骅港的科研工作并付出了辛勤的汗水，在此表示诚挚的谢意。

由于作者水平有限，书中内容难免有谬误和不当之处，敬请读者不吝赐教。

作　者

2021年3月于天津滨海新区

目　　录

1　问题的提出

1.1　粉沙质海岸的界定

1.1.1　海岸类型

海岸工程中通常将海岸分为基岩海岸、沙质海岸、淤泥质海岸和生物海岸四类，其中砂(砾)质海岸和淤泥质海岸统称平原海岸。

对港航工程建设而言，感兴趣的是泥质海床和沙质海床，这类海岸底质的可挖性好，易满足建港、辟航要求，但床质有一定活动性，港口、航道易发生淤积，对港航工程的建设造成一定困难。

对于泥沙动床的平原海岸，以往以泥沙粒径为标准，早期将它分为泥质海岸和沙质海岸。当泥沙中值粒径 $d_{50}<0.05$mm 时为泥质海岸，当 $d_{50}>0.05$mm 时为沙质海岸。后来又进一步将海岸泥沙中值粒径 $d_{50}<0.03$mm 的海岸定义为淤泥质海岸，$d_{50}>0.1$mm 的海岸称为沙质海岸，而泥沙中值粒径介于 0.031 ~ 0.125mm 之间的海岸暂时无定名，但港航工程界常习用粉沙质海岸来称呼这类海岸。

粉沙质海岸是以往港航工程建设不敢涉足的海区，因为该海区泥沙的活动性大，建港后航道极易发生骤淤。近年来，由于我国经济的飞速发展，不少粉沙质海岸地区也相继提出了建港辟航的要求，有些工程已经付诸实施。

在我国漫长的海岸线上，散落分布着不少粉沙质海岸段，如辽东、冀北、冀东南、鲁北、苏北等地。科学定义和正确地划分泥沙海岸类型是研究海岸泥沙运动的基础。港航工程界定义和划分海岸类型时，是根据泥沙的物质成分、粒径组成、运移形态及其对港航工程冲淤影响等多种因素综合分析而定。动床泥沙海岸分为以下三种类型。

(1)淤泥质海岸。淤泥质海岸主要由江河携带入海的大量细颗粒泥沙，在波浪和潮流作用下输运沉积所形成，故大多分布在大河入海处的三角地带，称为平原型淤泥质海岸；另一部分由沿岸流搬运的细颗粒泥沙，在隐蔽的海湾堆积形成，称为港湾型淤泥质海岸。淤泥质海岸的主要特征为：滩面物质以黏性细颗粒泥沙为主，泥沙中值粒径很小($d_{50}<0.031$mm)，岸线平直，滩面宽阔坦缓，岸滩

坡度在 1/2000 ~ 1/500 之间，波浪掀沙、潮流输沙是造成岸滩演变的主要过程，泥沙运移形态以悬移质为主，在沙源充沛、絮凝条件成熟的地区，也会出现“浮泥”现象。

(2)粉沙质海岸。粉沙质海岸中泥沙平均中值粒径 d_{50} 介于 0.031 ~ 0.125mm之间，泥沙起动流速小，沉降速度较大，海洋动力减弱后容易沉降，在海水中基本上不存在絮凝现象，引起泥沙运动的海洋动力是波浪潮流的共同作用。泥沙运移形态十分复杂，既有悬移质，又有推移质，还有底部高浓度含沙水体层，泥沙活跃，在大风浪作用下，海床易发生大冲大淤，对海岸工程和港口航道构成极大威胁。但必须注意的是，在粉沙质海岸上，极细颗粒和有机成分的存在，对泥沙运动影响极大，中值粒径在 0.031mm 以下的泥质颗粒成分越多，有机成分越多，该海岸的泥沙运动特性越接近于淤泥质海岸的泥沙运动，因此，粉沙质海岸的床面泥沙粒径应同时符合以下两个条件：

$$0.031\text{mm} < d_{50} < 0.125\text{mm}$$

$$d_{40} > 0.031\text{mm}$$

(3)沙质海岸。沙质海岸中滩面物质以松散无黏性沙为主，泥沙颗粒较粗(d_{50} <0.125mm)，岸滩坡度较陡，一般大于 1/500，从高潮线到低潮线泥沙颗粒逐渐变细，坡面逐渐变缓。引起泥沙运动的动力主要是波浪，滩面泥沙运动可分为破波带和近岸带两个区域。破波带内有纵向沿岸输沙和横向泥沙运动，泥沙运动型态既有悬移质，又有推移质；近岸带的泥沙运动型态则以推移质为主。

为了定义和确定海岸类型，需要在海滩上进行底质采样和室内分析，采样的范围是：在垂直岸线方向宜从 0m 等深线到外海 -18m 等深线，在平行岸线的方向宜以工程为中心向两侧伸展 15km 左右，采样点距离以 1 ~ 1.5km 为宜，取样深度可根据海床冲淤变化速率大小选取，对于基本冲淤平衡的海岸取 1.5 ~ 2.0m柱状样即可。

1.1.2 海岸分类与泥沙分类的关系

港航工程界将泥沙海岸分为淤泥质海岸、粉沙质海岸和沙质海岸，泥沙分类中将泥沙分为黏土、粉沙和沙三类，两者虽有相同处，但概念不一样，不可混淆，也不能等同。

在泥沙分类中，常用两种分类法，一种是地质学中根据泥沙塑限、液限等指标将泥沙按颗粒大小分为黏土、粉沙和沙三大类，其中有的还进一步细分为 13 类。另一种是工程泥沙界根据泥沙水动力物性(沉降、起动和输移)，按有无絮凝将泥沙分为黏性沙和非黏性沙两类，并采用不同的研究方法。絮凝的分界线为0.01～0.03mm。

港航工程界将海岸分类的泥沙中值粒径定义在0.031mm和0.125mm。海床平均中值粒径小于0.031mm的海岸称为淤泥质海岸，相当于第一种泥沙分类中的粉沙以上的泥沙，也相当于按黏性分类中的黏性沙；海床平均中值粒径大于0.125mm的海岸称为沙质海岸，相当于第一种泥沙分类中的细沙以下的泥沙，也相当于按黏性分类中的非黏性沙；海床平均中值粒径在0.031～0.125mm之间的海岸称为粉沙质海岸，这类海岸的泥沙中值粒径当于第一种泥沙分类中的粗粉沙和极细沙，也相当于按黏性分类中的非黏性沙（表1.1-1）。

海岸类型与泥沙分类对照表 表1.1-1

<table>
<tr><th>海岸类型</th><th>中值粒径范围(mm)</th><th>细分类</th><th>分类</th><th>按黏性分类</th></tr>
<tr><td rowspan="4">沙质海岸
$d_{50}>0.125$mm</td><td>1.00～2.00</td><td>极粗沙</td><td rowspan="5">沙
(0.062～2.00mm)</td><td rowspan="6">非黏性沙</td></tr>
<tr><td>0.50～1.10</td><td>粗沙</td></tr>
<tr><td>0.25～0.50</td><td>中沙</td></tr>
<tr><td>0.125～0.25</td><td>细沙</td></tr>
<tr><td rowspan="2">粉沙质海岸
0.031mm$\leqslant d_{50}\leqslant$0.125mm</td><td>0.062～0.125</td><td>极细沙</td></tr>
<tr><td>0.031～0.062</td><td>粗粉沙</td><td rowspan="4">粉沙
(0.004～0.062mm)</td></tr>
<tr><td rowspan="7">淤泥质海岸
$d_{50}<0.031$mm</td><td>0.016～0.031</td><td>中粉沙</td><td rowspan="7">黏性沙</td></tr>
<tr><td>0.008～0.016</td><td>细粉沙</td></tr>
<tr><td>0.004～0.008</td><td>极细粉沙</td></tr>
<tr><td>0.002～0.004</td><td>粗黏土</td><td rowspan="4">黏土
(0.00024～0.004mm)</td></tr>
<tr><td>0.001～0.0002</td><td>中黏土</td></tr>
<tr><td>0.0005～0.0010</td><td>细黏土</td></tr>
<tr><td>0.00024～0.0005</td><td>极细黏土</td></tr>
</table>

由表1.1-1知，海岸分类与泥沙分类既有相同处，也有不同之处，不能用泥沙分类来定义海岸类型，也不能用海岸定义来概括泥沙类型。根据不同工程需要和不同科学特点提出不同分类方法，有其自身的要求，不一定非统一不可。

1.2 黄骅港海岸的成因

黄骅港海岸主要受大口河变迁影响，大口河海岸是旧黄河河口遭废弃后，经800年左右的侵蚀、后退及破坏，才成今日之面貌。河口废弃破坏有两种情况：一是在弱潮海岸（平均潮差小于2m），海岸废弃破坏的主要动力是波浪，其演变经历“青年期”“壮年期”和“老年期”等阶段，最终因破坏作用终止。这是遵照波浪动力及其泥沙运动规律产生的破坏演变过程。二是在强潮或潮汐作用较强（包括部分中等潮情况）的地区，废弃破坏的主要动力是潮流，改造破坏的最终结果是形成喇叭状河口及其口内外放射状沙脊堆积体，这是按照潮汐作用活动的规律，产生的地形结果。大口河海岸平均潮差大于2m，冬季又受波浪作用的重要影响，故大口河海岸的废弃侵蚀破坏受潮汐和波浪的双重作用，其地貌特点为：①有残留堡岛及半珠状堡岛链出现；②形成大片近岸或内陆架侵蚀残留浅滩；③大口河水道呈喇叭形状，-2 ~ -10m 等深线呈锯齿状，即水下有许多（潮流）侵蚀的沟脊。这些特点表明，大口河的废弃破坏，主要是波浪作用的结果，但潮流的侵蚀及搬运泥沙和对地形塑造的作用也不可忽视。这些特点表明：大口河海岸的废弃破坏，已进入“老年期”，即海岸已渐趋于稳定。破坏的最终结果是在口外形成大面积以粉沙为主的残留浅滩。大口河 -5m 以浅的浅滩区，均可视为具有（侵蚀后退）残留浅滩性质，它主要是波浪作用的产物，以粉沙物质为主，厚度不大（小于0.5m），沉积地质学称它们为“沙席”，即像一张“沙席”似的平铺于海底。大口河的粉沙质泥沙就是这样形成的。

1.3 黄骅港外航道的骤淤状况

自2002年1月至2003年10月短短一年多的时间内，黄骅港外航道共发生了6次较强的强淤。从不太完整的短时期水深图和疏浚量统计结果可知，2002年3场大风短时期的总淤积量达到了770万 m^3，2003年3场大风短时期的总淤积量为1320万 m^3，特殊大风作用下外航道强淤现象十分明显，给航道的维护带来很大影响。

外航道淤积有以下特征：

（1）外航道的骤淤全部是由 NE ~ E 向大风造成的，淤积量主要取决于风时和风速，与航道的尺度关系不明显。如：2002年3月1日与2002年10月18日相比，在最大风速都为8级的情况下，大于6级风速的风时分别为21h和33h，两次的淤积量相差110万 m^3；2003年4月17日与2003年5月7日相比，在最大风速都为9级的情况下，大于6级风速的风时分别为22h和13h，两次的淤积量相差150万 m^3；2002年3月1日与2003年4月17日相比，在大于6级风速的风时相近（前者21h，后者22h）且最大风速分别为8级和9级的情况下，两次的淤积量相差100万 m^3，可见淤积主要取决于风速和风时。

（2）在淤积厚度分布上，呈现两头小、中间大的分布规律。随风况的不同，最大淤积厚度在 W4 +000 ~ W10 +000 段摆动,除 2003 年 10 月 10 日大风外,其他 5 次骤淤高于 1.0m 淤积厚度段均在 W13 +000 段以内,最大淤积厚度在 1.0 ~2.0m之间。2003 年 10 月 10 日大风为两年来最大的一次,W0 +000 ~ W21 +000 段总淤积量达到 880 万 m^3,最大淤积厚度为 3.5m,淤积厚度超过 2m 段延长到 W18 +000,W15 +000 以外航道段基本淤平。

(3)航道淤积物,除 2003 年 10 月 10 日骤淤外,其他 5 次骤淤的淤积物 d_{50} 大于 0.03mm 段在 W13 +000 以内,淤积物的可疏浚性较差。W13 +000 以外淤积物中黏土含量超过 15%,可疏浚性相对较好;2003 年 10 月 10 日风后淤积物 d_{50} 大于 0.03mm 段超过 W21 +000,淤积物中黏土含量小于 15%,湿重在 1.90 ~ 2.10g/cm^3 之间,疏浚相对困难。

2 泥沙水力特性及运动规律

2.1 泥沙水力特性

泥沙的水力特性包括多个方面,这里主要介绍泥沙起动、沉降、沉积和挟沙力几方面的特性。

2.1.1 试验设备

周期往复流在自然界中广泛存在,如波浪、潮流等。周期往复流的泥沙运动规律是泥沙运动学中亟待解决的重大课题,难度极大,最大难度是缺乏有效的试验设备。

旋转环形水槽可模拟无限长水槽的水流、泥沙运动,设备简单、容易制造、使用方便,是试验细颗粒泥沙运动基本水动力特性的有效工具。下面对该设备进行简单介绍。

1)旋转环形水槽发展概况

早在20世纪60年代,美国Partheneiades在麻省理工学院研制了世界上第一台旋转环形水槽,随后又在美国佛罗里达大学做了进一步改进,利用该设备,研究人员在研究细颗粒泥沙基本水动力特性方面取得了较大进展。日本港湾技术研究所、英国Wallinford水力研究所相继建造了环形水槽,开展了黏性细颗粒泥沙水力特性的试验研究。

我国杭州大学、水电科学院泥沙研究所、河海大学分别于20世纪七八十年代相继研制出旋转环形水槽。1985年,交通部天津水运工程科学研究所(后更名为交通运输部天津水运工程科学研究院)总结国内外已建旋转环形水槽的优缺点,也修建了一座旋转环形水槽,1999年又对该设备做了进一步改进。

各国已建旋转环形水槽尺度见表2.1-1。

各国已建旋转环形水槽尺度表(单位:cm)　　表2.1-1

研究单位	外径	槽宽	槽深
美国佛罗里达大学	162	20	46

续上表

研 究 单 位	外径	槽宽	槽深
日本港湾技术研究所	155	15	46
中国水电科学院泥沙研究所	174	24	30
中国河海大学	150	21	41
中国杭州大学	73	30	33
中国交通运输部天津水运工程科学研究院(第一座水槽)	164	24	60
中国交通运输部天津水运工程科学研究院(第二座水槽)	200	20	60

2)基本结构

图2.1-1是交通运输部天津水运工程科学研究院研制的第一座旋转环形水槽的结构图。

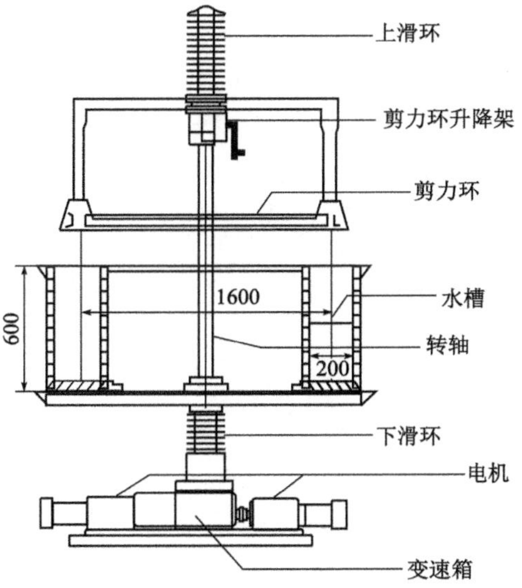

图2.1-1　旋转环形水槽基本结构(尺寸单位:mm)

3)主要工作原理

(1)削弱离心力的原理与设施。

在环形槽的弯曲水流中,离心力是不可避免的,如何削弱离心力的影响成为旋转环形水槽成败的关键。

设在环形水流的自由水面上附加一个不均匀压力 $P_0(r)$,其值自环形槽中心沿半径向外增加,此时,水流中任一泥沙颗粒在水平上受到两个力的作用,一个是环形水流的离心力 F_r,指向外,另一个是水面附加压力的梯度所产生的水

压差 F_p，指向内。各力作用如图 2.1-2 所示。

环形水流离心力 F_r 可用下式表示：

$$F_r = \frac{\alpha_1 \rho_s}{6} \cdot D^3 r \omega^2 \tag{2.1-1}$$

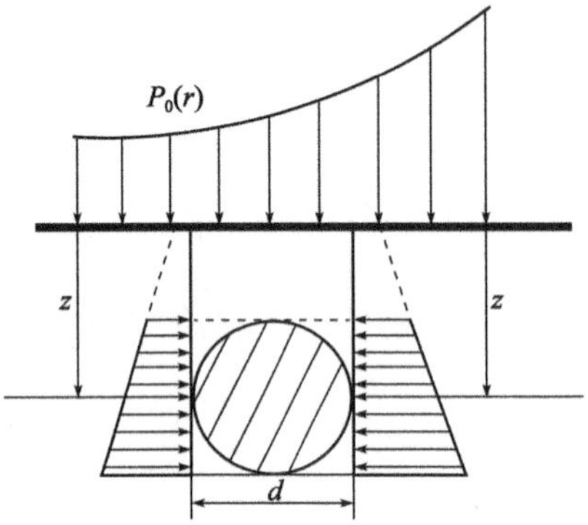

图 2.1-2　水中沙受力示意图

表面压力梯度形成的水压差 F_p 可用下式表示：

$$F_p = \frac{\alpha_2 \rho_w D^2}{4} \cdot \frac{dP_0}{dr} \cdot D \tag{2.1-2}$$

式中：D——泥沙颗粒直径；

r——泥沙颗粒与环形弯道中心的距离；

ω——环形槽旋转角速度；

ρ_s——泥沙密度；

ρ_w——水密度；

α_1、α_2——泥沙球体、球面系数。

设离心力与向心力相等，即 $F_r = F_p$，由式(2.1-1)和式(2.1-2)可得：

$$\frac{dP_0}{dr} = \frac{2\alpha_1 \rho_s}{3\alpha_2 \rho_w} r \omega^2 \tag{2.1-3}$$

积分式(2.1-3)，并令内径处($r = r_1$)的水面附加压力 $P_0(r_1) = 0$，则得：

$$P_0(r) = \frac{\alpha_1 \rho_s}{3\alpha_2 \rho_w} \omega^2 (r^2 - r_1^2) \tag{2.1-4}$$

由式(2.1-3)和式(2.1-4)可知，附加压力 $P_0(r)$ 与泥沙粒径无关，这为削弱离心力提供了有利条件。

如设沙粒为圆球体，即 $\alpha_1 = 1$，$\alpha_2 = 1$，并取 $\rho_s = 2650\text{kg/m}^3$，$\rho_w = 1000\text{kg/m}^3$，代入式(2.1-3)和式(2.1-4)，则得：

$$\frac{dP_0(r)}{dr} = 1.77 r \omega^2 \tag{2.1-5}$$

$$P_0(r) = 0.88 \omega^2 (r^2 - r_1^2) \tag{2.1-6}$$

现考虑环形水槽旋转时自由水面的变化情况。

环形水槽旋转时，水体运动方程为：

$$r\omega^2 = g \frac{\partial \zeta}{\partial r} \tag{2.1-7}$$

式中：ζ——自由水面与某一基面的竖向距离；

g——重力加速度。

对式(2.1-7)进行积分,并取内径 $r=r_1$ 处的 ζ 为0,则得:

$$\zeta=\frac{\omega^2}{2g}(r^2-r_1{}^2) \tag{2.1-8}$$

由式(2.1-8)可知,自由水面为抛物线形,最低处在内壁($r=r_1$),最高处在外壁($r=r_2$)。

自由水面升高而形成对 $\zeta=0$ 面的附加压力为:

$$P_\zeta=\rho_w g \tag{2.1-9}$$

将式(2.1-8)代入式(2.1-9),得:

$$P_\zeta=0.5\omega^2(r^2-r_1{}^2) \tag{2.1-10}$$

$$\frac{\partial P_\zeta}{\partial r}=r\omega^2 \tag{2.1-11}$$

比较式(2.1-6)与式(2.1-10),以及式(2.1-5)和式(2.1-11)可知,$P_\zeta<P_0$ 及$\frac{\partial P_\zeta}{\partial r}<\frac{\partial P_0}{\partial r}$,由此可知,环形水槽旋转时,自由水面升高形成附加压力而产生的向心力不足以平衡离心力。因此,必须采取措施,产生新的向心力来削弱离心力。

(2)剪力环的作用。

剪力环是旋转环形水槽中的关键部件,其主要作用是消降纵向螺线形环流和削弱横向水平离心力。

①消降纵向螺线形环流。

没有剪力环时,环形水槽与槽连成整体,旋转拖曳槽内水体流动,底部流速大于上部水体流速,因此,底部离心力大于上部水体离心力,因而出现次生环流。底部水体从槽壁沿底流向槽外壁,并沿槽外壁上升,上部水体由槽外壁流向槽内壁,并沿槽内壁下沉,该环流还沿水流方向延伸,形成纵向环流形环流。在无剪力环时进行泥沙沉降试验,发现底部泥沙堆积在槽外壁附近,就是该螺线形环流作用的结果。当剪力环覆盖在水面上旋转而环形水槽静止不动时,水体在剪力环的拖曳下流动,上部水体流速大、离心力大,下部水体流速小、离心力小,由此产生的次生环流上部水体由内壁流向外壁然后沿外壁下沉,底部水体由外壁流向内壁,然后沿内壁上升,该次生环流沿剪力环旋转方向延伸形成反向纵向螺线环流。泥沙沉降试验时,在内环壁附近发生大量淤积。当剪力环与环形水槽异向旋转时,两者各自产生的纵向螺线环形流方向相反,部分发生抵消。在剪力环流旋转角速度绝对值与环形水槽旋转角速度绝对值相同但方向相反的情况下,剪力环形成的反向螺线形环流小于环形水槽形成的正向螺线形环流,抵消后槽内水体仍存在较大的环形水槽所产生的螺线形环流。当剪力环旋转速度加大时,反向螺线形环流也随之加大,可以更有效地遏制环形水槽所产生的正向螺线环流。因此,在环形水槽转速一定时,水槽内最终合成的螺线形环流将随剪力环反向旋转角速度的增加而减弱,到某一临界角速度时,槽内环流将减至最小,上下水体形成“8”字形双环流,上部环流由剪力环控制,呈顺时针方向旋转;下部环流由环形水槽产生,呈逆时针方向旋转;中部由上下两环形水流合成,方向由外槽壁流向内槽壁,恰与离心力方向相反。

②削弱横向水平离心力。

在天然弯道水流中,离心力形成了抛物线形自由水面,并产生环流。在环形水槽中,弯处水流必然产生离心力,并形成抛物线形水面。剪力环的另一个作用是将抛物线形水面压回成水平面,实质上就是在水平面上增加一个相当于抛物线形水面的附加压力,造成水体内任一粒子附加一个向心的水平力,从而抵消一部分弯道离心力。但由以上分析知,这部分附加向心力常小于离心力,因此不能完全削弱离心力。但当剪力环于环形水槽做异向旋转时,水体内将产生次生环流,在水体中部的环形流方向由外壁指向内壁,方向与离心力相反,该水流随剪力环旋转速度增加而增加,至一定转速后,这股向心水流力与剪力环压平抛物线形水平面而产生的附加向心力之和,将能完全削弱离心力。

以上分别介绍了剪力环旋转产生纵向螺线环流和剪力环压平水面产生附加向心力。实际上,剪力环压在水面上发生反向旋转时,前述各种效应同时发生各种相互影响,机理更加复杂。根据大量验证试验,当剪力环反向旋转角速度与环形水槽旋转角速度之比为一定值时,槽内水体螺线环流和离心力均消除至试验可接受的程度,泥沙在水槽内沉降和起动与槽底垂直。

设 ω_ζ 为剪力环转速,ω_r 为槽转速,经试验验证,当$\frac{\omega_\zeta}{\omega_r}\approx 4$ 时,离心力 F_r 与向心力 F_ζ基本平衡,槽底泥沙沉积均匀;当$\frac{\omega_\zeta}{\omega_r}>4$ 时,槽底泥沙沉积聚集于槽内侧;当$\frac{\omega_\zeta}{\omega_r}<4$ 时,槽底泥沙沉积聚集于槽外侧。表 2.1-2 为不同流速下 F_r 与 F_ζ 基本平衡时 ω_ζ与 ω_r 的试验结果。

F_r 与 F_ζ基本平衡时 ω_ζ与 ω_r 的试验结果 表 2.1-2

槽中流速(cm/s)	4.2	10.6	16.1	20.7	25.5	30.1	34.9	39.9	44.8	54.1
槽转速 ω_r(s^{-1})	0.097	0.173	0.234	0.299	0.388	0.449	0.524	0.598	0.668	0.806
剪力环转速 ω_ζ(s^{-1})	0.372	0.731	0.982	1.257	1.571	1.964	2.094	2.513	2.618	3.142
ω_ζ/ω_r	3.8	4.2	4.2	4.2	4.1	4.3	4.0	4.2	3.9	3.9

2.1.2 泥沙起动

以往针对泥沙起动的研究大都是水流单独作用泥沙起动，起动公式也是结合水槽试验和实测资料分析总结而得。天津大学和交通运输部天津水运工程科学研究院采用黄骅港粉沙进行了大量水流、波浪、波流共同作用下的泥沙起动试验研究，对试验结果进行分析、汇总，得到不同动力作用下泥沙起动流速（表 2.1-3）。

黄骅港泥沙的起动试验结果　　表 2.1-3

动　力	水　流	波浪 + 水流	波　浪
起动流速（m/s）	0.379	0.352 ~ 0.286	0.216

从表 2.1-3 中可以看出，水流作用下泥沙起动流速比波浪、水流共同作用下的起动流速要大，而波浪、水流共同作用下的泥沙起动流速比波浪作用下的泥沙起动流速大。

当泥沙的临界起动流速用垂线平均流速代表时，其值与水深有关。规律是：相同的泥沙颗粒，水深越大，其临界起动流速越大。根据现场实测资料绘制泥沙起动流速曲线，如图 2.1-3 所示。

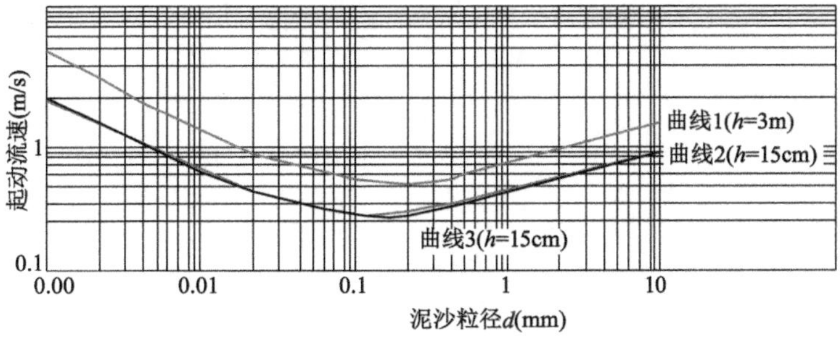

图 2.1-3　起动流速曲线

图 2.1-3 是不同粒径的泥沙起动流速曲线，曲线 1 是根据实测资料点绘的曲线，曲线 2 是利用公式的计算值点绘的曲线，曲线 3 是根据窦国仁、沙玉清、张瑞瑾等人提出的公式计算的结果。

从图 2.1-3 中可以看出，粉沙的起动流速比极细的淤泥和沙要小，现场起动流速比试验结果要大。

天津港、连云港及珠江口等地的实践经验表明，淤泥质海岸的泥沙由于其起动流速较大（此三地床沙中值粒径都小于 0.006mm，在 5m 水深处此粒径的泥沙的起动流速大于 1.5m/s），单纯潮流不能使床沙起动。而粉沙质海岸则不同。

以庄河港为例，其床沙中值粒径为 0.12mm，在水深 -3.0m 处，泥沙起动流速为 0.42m/s，而庄河港的潮段平均流速在 0.40m/s 左右。可见，单纯潮流即可使泥沙起动。对于粒径较大的沙质海岸，由于其泥沙起动流速也较大，单纯的潮流也不能起动床沙。

对秦皇岛海区、黄骅港海区和潍坊港海区的泥沙进行波流共同作用下的大量泥沙起动试验结果进行理论分析，得到波浪、水流共同作用下泥沙起动波高和水深如下。

当雷诺数 Red <3.2 时，即 $d_{50}<0.217\text{mm}$ 时（层流边界层）：

$$H=\frac{T\sinh\left(\frac{2\pi h}{L}\right)}{\pi}\sqrt{0.029d^{-0.08}-u_c^2} \tag{2.1-12}$$

$$h=\frac{L}{2\pi}\text{arcsh}\left(\frac{\pi H}{T\sqrt{0.029d^{-0.08}-u_c^2}}\right) \tag{2.1-13}$$

当 Red≥3.2 时，即 $d_{50}\geq 0.217\text{mm}$ 时（过渡及紊流边界层）：

$$H=\frac{T\sinh\left(\frac{2\pi h}{L}\right)}{\pi}\sqrt{270d-u_c^2} \tag{2.1-14}$$

$$h=\frac{L}{2\pi}\text{arcsh}\left(\frac{\pi H}{T\sqrt{270d-u_c^2}}\right) \tag{2.1-15}$$

式中：H——波高；

L——波长；

d——水深；

u_c——流速。

2.1.3 泥沙沉降

淤泥质海岸的泥沙不管粒径多细，最终为絮凝沉降，絮凝沉速为 0.045 ~ 0.055cm/s，当量粒径为 0.03mm。而粉沙质海岸泥沙为不均匀混合沙，有一定的黏土含量，粉沙沉降时穿过黏土形成的絮凝液降至底层，因此，出现泥沙上部浓度小、颗粒细、沉降速度小，下部浓度大、颗粒粗、沉降速度大的现象。

取黄骅港航道泥沙试样，试验方法如下：先在水槽中配置所需的含盐水体和沙量，充分搅匀后，启动旋转环形水槽使其保持所需的水流速度，然后沿水深各点逐时测取含沙量直到含沙量达到稳定状态为止，得出水下各点含沙逐时变化过程，然后根据一维泥沙运动方程可算出时段的含沙量和沉速，最后加权平均得出该流速不同含沙量时的泥沙沉降速度。

$$\frac{\partial s}{\partial t}+\frac{\partial(\omega s)}{\partial z}=0 \tag{2.1-16}$$

式中：s——含沙量；

ω——泥沙沉降速度。

分 3 种式样、4 种流速、4 种初始含沙量、2 种含盐度合成 76 组次，每组重复进行两次，各试验数据见表 2.1-4 ~ 表 2.1-6。

式样 1 沉降速度表（单位：cm/s）　　表 2.1-4

含盐度（‰）	含沙量（kg/m^3）	流速（m/s）				
		0	0.10	0.30	0.50	0.60
15	0.5	0.040	0.03	0.025	0.012	0.006
	1.0	0.043	0.033	0.026	0.014	0.006
	1.5	0.048	0.037	0.027	0.016	0.010
	2.0	0.052	0.041	0.031	0.021	0.014
25	0.5	0.035	0.026	0.018	0.004	—
	1.0	0.039	0.028	0.021	0.004	—
	1.5	0.046	0.032	0.027	0.004	—
	2.0	0.050	0.036	0.031	0.007	—

式样 2 沉降速度表（单位：cm/s）　　表 2.1-5

含盐度（‰）	含沙量（kg/m^3）	流速（m/s）			
		0.10	0.30	0.50	0.60
15	0.5	0.043	0.033	0.011	0.009
	1.0	0.046	0.036	0.012	0.010
	1.5	0.049	0.040	0.014	0.011
	2.0	0.054	0.045	0.023	0.014
25	0.5	0.036	0.031	0.011	0.005
	1.0	0.040	0.033	0.012	0.005
	1.5	0.045	0.036	0.014	0.006
	2.0	0.051	0.041	0.022	0.007

式样 3 沉降速度表(单位:cm/s)　　表 2.1-6

含盐度(‰)	含沙量(kg/m³)	流速(m/s)			
		0.10	0.30	0.50	0.60
15	0.5	0.049	0.038	0.033	0.009
	1.0	0.052	0.012	0.036	0.013
	1.5	0.060	0.052	0.040	0.026
	2.0	0.055	0.057	0.047	0.030
25	0.5	0.048	0.035	0.027	0.006
	1.0	0.051	0.040	0.031	0.008
	1.5	0.059	0.049	0.036	0.017
	2.0	0.065	0.056	0.041	0.027

后又将试验资料整理成不同沉降量对应的沉降速度,结果见表 2.1-7。

泥沙沉降速度试验结果　　表 2.1-7

含沙量(kg/m³)		0.05		0.5		1.0	
流速(m/s)		0.2	0.4	0.2	0.4	0.2	0.4
沉降量	30%	0.117	0.110	0.131	0.118	0.141	0.129
	60%	0.064	0.058	0.077	0.068	0.084	0.074
	100%	0.046	0.041	0.050	0.046	0.052	0.048

根据上述试验结果可得出以下结论:

(1)泥沙沉降速度除了受本身特性(几何形状、粒径大小、相对密度等)控制外,还与周围介质条件(含沙量、流速、含盐度、水温等)有密切关系。

(2)含沙量对泥沙沉降速度的影响很大,含沙量加大,增加了泥沙颗粒间的碰撞概率,使沉降速度加大。在含沙量小于某一值范围内时,泥沙沉降速度随水体含沙量的增大而增大。

(3)水流速度对泥沙沉降速度有重大影响,流速越大,紊动强度越大,对泥沙沉降的阻力也越大。因此,泥沙沉降速度随水流速度的增加而减小。在某一含沙量水体中,当流速增大到一定值后,泥沙沉降速度将趋近于零,这时水体含沙量达到相对平衡状态。这时的含沙量称平衡含沙量,也相当于该水流速度的挟沙力。

(4)含盐度对泥沙沉速有一定影响。细颗粒泥沙的絮凝现象是在一定含盐度范围内发生的,而含盐度的增加又会使水介质的密度增加,因而增大了介质对泥沙颗粒的上浮力。在本试验的两种含盐度范围内,泥沙沉速随含盐度的增加而呈减小的趋势。

(5)水温对泥沙沉降速度也有重要影响,水温越低,水的黏滞力就越大,对泥沙沉降阻力也就越大,因此,泥沙沉降速度随水温的降低而减小。

由上述结论可知,泥沙沉降速度与多种因素有关,与各因素间呈非常复杂的函数关系,曹祖德曾得出如下关系式:

$$\omega_s = k\frac{1+\alpha_1 s^{\beta_1}}{1+\alpha_2 u^{\beta_2}}\omega_0 \tag{2.1-17}$$

式中: ω_s——泥沙沉降速度;

ω_0——泥沙颗粒静水沉降速度;

k——与含盐度有关的系数;

s——含沙量;

u——水流速度;

α_1、α_2、β_1、β_2——系数,根据试验资料确定。

2.1.4 泥沙沉积

黄骅港航道回淤物质沉积和密实速度比较快。为了研究其沉积和密实的规律和特性,分别进行了静水沉降和密实试验、沉积土静水密实试验、泥沙静水沉速试验、泥沙动水沉速试验和沉积土的动水沉降、密实试验。通过对试验结果进行分析,得到如下结论:

(1)泥沙的沉降、沉积、密实不仅和泥沙中值粒径的大小有密切关系,还和泥沙组成中的细颗粒多少有关。

(2)泥沙沉降、沉积、密实和水深有关。根据试验结果知,在泥样、干泥样量相同的情况下,水深不同,最后结果不同。水深大,沉降快,沉积也快,沉积土密度大(表2.1-8)。

水深对沉积的影响 表2.1-8

样品编号	水深(cm)	沉积土密度(g/cm^3)						备注
		1d	3d	5d	7d	10d	15d	
1	300	1.702	1.741	1.759	1.769	1.774	1.776	其余条件相同
2	500	1.750	1.789	1.801	1.803	1.804	1.810	其余条件相同

(3)水流作用下,淤积土的沉积密实速度和静水中的沉积密实速度相似。

2.1.5 水体挟沙力

水体挟沙力是指水体中具有挟带造床悬浮泥沙的能力,它与水体速度和床面剪切力有关。

床面剪切力对水体所做的功为：

$$W = \tau_{cw} u_{cw \cdot \delta} \tag{2.1-18}$$

式中：τ_{cw}——波、流共存时的床面剪切力；

$u_{cw \cdot \delta}$——黏性底层顶部速度。

将波浪、水流共存时的床面剪切力的流速代入(2.1-18)得到：

$$W = \frac{\rho}{\sqrt{\kappa_\delta}} \left(\sqrt{f_c}\, u_c + \frac{\sqrt{f_w}}{\sqrt{2}} u_w \sin\theta \right)^3 \tag{2.1-19}$$

式中：κ_δ——参数，$\kappa_\delta = \nu / u_{cw \cdot \delta}$，其中 ν 为运动黏性系数；

f_c——水流摩阻系数；

f_w——波浪摩阻系数；

u_w——波浪水质点的平均水平速度。

含沙水体的能量变化为：

$$E = (M-1) g h S_* \omega_s \tag{2.1-20}$$

式中：M——水沙密度比，$M = \rho_s / \rho$；

S_*——水体挟沙力；

ω_s——泥沙沉降速度。

剪切力做功与水体获得能量相等，考虑效率系数 η 后，由式(2.1-19)和式(2.1-20)得：

$$S_* = \eta \sqrt{\frac{f_c^3}{\kappa_\delta}} \cdot \frac{\gamma_s \gamma}{\gamma_s - \gamma} \cdot \frac{\left(u_c + \sqrt{\frac{f_w}{2 f_c}}\, u_w \right)^3}{g h \omega_s} \tag{2.1-21}$$

式中：γ_s——泥沙颗粒的密度；

γ——水的密度；

u_c——潮流的时段平均流速与风吹流的时段平均流速之和。

如令 $\alpha = \eta \sqrt{\frac{f_c^3}{\kappa_\delta}}$，$\beta = \sqrt{\frac{f_w}{2 f_c}}$，则式(2.1-21)可写为：

$$S_* = \alpha \frac{\gamma_s \gamma}{\gamma_s - \gamma} \cdot \frac{(u_c + \beta u_w)^3}{g h \omega_s} \tag{2.1-22}$$

2.2 泥沙运动规律

淤泥质海岸泥沙为细颗粒泥沙，在波流的作用下，大部分悬浮于水体中呈悬移质运动；沙质海岸泥沙为粗颗粒泥沙，临界起动流速大，在海洋动力作用下，主要以推移质形式输移；而黄骅港属于粉沙质海岸，其泥沙由粗细颗粒组成，在海洋动力作用下一部分悬浮于水体中形成悬移质，一部分成推移质，还有一部分在水体底部形成一层高浓度含沙水体。根据现场实测资料，绘制粉沙质海岸悬移质沿垂线分布如图 2.2-1 所示。

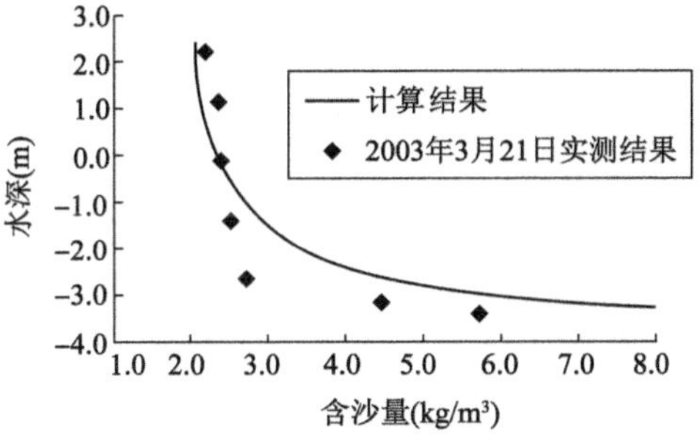

图 2.2-1 2003 年 3 月 21 日实测结果与计算含沙量(-4m)

从图中可以看出，悬移质沿垂线分布上小下大，数值相差很大，应将泥沙运动分成三部分。高浓度含沙层厚度很小，浓度非常大，可达 20kg/m^3，从机理上讲此部分属于悬移质。但从工程的角度分析，含沙水流横跨航道时，悬移质小部分落淤，大部分随水流运移到下游，推移质全部落淤于航道，底部高浓度层的泥沙也将全部落淤。因此，在计算航道淤积的时候，三部分应分开考虑。在此将高浓度含沙层暂定名为底部高浓度含沙水层。

2.2.1 悬移质

1) 含沙量沿垂线分布

基本运动方程为：

$$s\omega = \varepsilon \frac{\mathrm{d}s}{\mathrm{d}z} \tag{2.2-1}$$

式中：ε——泥沙垂向扩散系数；

ω——泥沙沉降速度。

根据水槽试验及现场资料可知，泥沙分布上小下大，粒径上细下粗，沉速上小下大，因此可设：

$$\omega = \omega_{\mathrm{b}} \frac{z}{h} + \omega_{\mathrm{s}} \left(\frac{h-z}{h} \right) \tag{2.2-2}$$

式中：ω_{b}——临底泥沙沉降速度；

ω_{s}——表层泥沙沉降速度；

h——水深；

z——距床面的距离。

水流紊动由底部向上发展，可采用 Kajiura 假设：

$$\varepsilon = \kappa u_* (h - z) \tag{2.2-3}$$

式中：κ——卡门系数，$\kappa = 0.4$；

u_*——摩阻流速。

将式(2.2-2)和式(2.2-3)代入式(2.2-1)后积分，并取 $z = 0.65h$ 时含沙量为平均含沙量，得：

$$S = \bar{S}\left(\frac{h - z}{h - 0.65h}\right)^{-\frac{\omega_b}{\kappa u_*}} \exp\left[-\frac{(\omega_b - \omega_s)(z - 0.65h)}{\kappa u_* h}\right] \tag{2.2-4}$$

国内外众多学者提出了悬移质含沙量垂线分布计算公式，这里将有代表性的公式归纳如下。

(1) Rouse 公式：

$$\frac{S}{S_a} = \left(\frac{h - y}{y}\frac{a}{h - a}\right)^{\frac{\omega}{\kappa u_*}} \tag{2.2-5}$$

(2) LaneKalinske 公式：

$$\frac{S}{S_a} = \exp\left[-6\kappa\left(\frac{\omega_0}{u_*}\right)\left(\frac{y}{h} - \frac{a}{h}\right)\right] \tag{2.2-6}$$

(3) AnanianGarbashian 公式：

$$\frac{S}{S_a} = \exp\left[-\left(\frac{y}{h} - \frac{a}{h}\right)/A_A\right] \tag{2.2-7}$$

(4) Velikanov 公式：

$$\frac{S}{S_a} = \exp\left[-\frac{\gamma_s - \gamma\omega_0\kappa}{\gamma u_* J}\int_{a/h}^{y/h}\frac{d(y/h)}{\Phi}\right] \tag{2.2-8}$$

(5) KarimKennedy 公式：

$$\frac{S}{S_a} = \exp\left[-\kappa\frac{\omega_0}{u_* J}\int_{a/h}^{y/h}\frac{d(y/h)}{\Gamma}\right] \tag{2.2-9}$$

(6) Laursenlin(1954) 公式：

$$\frac{S}{S_a} = \exp\left[\omega(1 + 1/m)/\beta u_{max} f(I_{y/h} - I_{a/h})\right] \tag{2.2-10}$$

(7) Laursen 公式：

$$\frac{S}{S_a} = \left(\frac{a}{y}\right)^{\frac{\omega_0}{\kappa u_*}} \tag{2.2-11}$$

(8) TanakaSugimoto 公式：

$$\frac{S}{S_a}=\left(\frac{1+\sqrt{1-y/h}}{1+\sqrt{1-a/h}}\cdot\frac{1-\sqrt{1-a/h}}{1-\sqrt{1-y/h}}\right)^{\frac{\omega}{\kappa u_*}} \tag{2.2-12}$$

(9) Barenblatt 公式：

$$\frac{S}{S_a}=\left(\frac{\sqrt{1-y/h}}{\sqrt{1-a/h}}\cdot\frac{1-\sqrt{1-a/h}}{1-\sqrt{1-y/h}}\right)^{\frac{\omega}{\kappa u_*}} \tag{2.2-13}$$

(10) Hunt 公式：

$$\frac{S}{S_a}=\left(\frac{1-\sqrt{1-y/h}}{1-\sqrt{1-a/h}}\cdot\frac{B^*-\sqrt{1-a/h}}{B^*-\sqrt{1-y/h}}\right)^{\frac{\omega}{\kappa u_*}} \tag{2.2-14}$$

(11) Zagustin 公式：

$$\frac{S}{S_a}=\exp\left[-\kappa\frac{\omega_0}{u_*}\int_{a/h}^{y/h}\frac{\mathrm{d}(y/h)}{\Psi}\right] \tag{2.2-15}$$

(12) Itakurakishi 公式：

$$\frac{S}{S_a}=\left[\frac{a}{y}\left(\frac{1-y/h}{1-a/h}\right)^{1+\psi}\right]^{\frac{\omega_0}{\kappa u_*}} \tag{2.2-16}$$

(13) велцканов 公式：

$$\frac{S}{S_a}=\exp\left[-\frac{\gamma_s-\gamma}{\gamma}\frac{\omega\kappa}{u_*J}\int_{a/h}^{y/h}\frac{\mathrm{d}(y/h)}{\Phi_1}\right] \tag{2.2-17}$$

(14) 蔡树棠公式：

$$\frac{S}{S_a}=A\ (y/h+B)^{-n} \tag{2.2-18}$$

(15) 朱鹏程公式：

$$\frac{S}{S_a}=A\ \left(\frac{\mathrm{d}u}{\mathrm{d}y}\right)^n \tag{2.2-19}$$

以上各式中，S 为任意水深处含沙量；S_a 为距床面为 a 处的悬沙浓度。

$A_A=(0.0017V^2/gH)[\rho_\rho-(1+K_A)\rho/(\rho_\rho-\rho)]$，$V$ 为流速，K_A 为系数，ρ_ρ 为泥沙颗粒的密度，ρ 为水的密度；

$\Phi=h(1-y/h)\ln(1+y/\Delta)$，$\Delta$ 为床面当量糙率；

$\Gamma=[1/(1+m)](1-y/h)(y/h)^{1-m}$；

$I_{y/h}=\int_{a/h}^{y/h}\frac{1}{m}\frac{m\mathrm{d}y}{h(y/h-1)(y/h)^{(m-1)/m}}$；

B^* 为常数，$0.995<B^*<1$；

$\Psi = \frac{1}{3}\sqrt{1-y/h}\left[1-(1-y/h)^3\right]$;

$\psi = f\left(\frac{\omega}{u_*}\right)$;

$\Phi_1 = h(1-y/h)\ln(1+y/\Delta)$;

A、B、n 为待定系数。

2)悬移质输沙率

悬移质输沙率可用下式计算:

$$q_s = uhS_* \tag{2.2-20}$$

式中:u——流速;

h——水深;

S_*——波浪、水流共同作用下的含沙量,可按式(2.1-22)计算。

2.2.2 推移质

推移质输沙是泥沙研究中比较薄弱的环节,影响因素多,机理复杂,现场实测困难。一般的方法是利用一些水槽实验资料进行理论分析,建立半经验半理论公式。

波浪、水流共同作用下的推移质输沙率可按式(2.2-21)进行计算:

$$\left.\begin{aligned}
&\phi = C(\psi-\psi_e)\psi^{1/2}\\
&\phi = \frac{q_b}{\rho_s g\omega_s d}\\
&\psi = \frac{\tau}{(\rho_s-\rho)gd}\\
&q_b = \alpha_b\frac{\gamma_s\gamma\ \ \omega_s}{\gamma_s-\gamma\sqrt{d}}\left(1-\frac{u^2}{u_e^2}\right)\frac{u^3}{g}
\end{aligned}\right\} \tag{2.2-21}$$

式中:ϕ——单宽无量纲推移质输沙函数;

ψ——输沙水力强度函数;

ψ_e——泥沙临界起动水力强度函数;

τ——床面剪切应力;

ω_s——泥沙沉降速度;

d——泥沙粒径;

α_b——待定系数,应通过试验或现场实测资料来确定;

ρ_s——泥沙密度;

ρ——水密度；

u——流速；

u_e——临界起动流速；

q_b——推移质输沙率；

C——待定系数，应通过试验或现场资料来确定；

γ_s——泥沙重度。

2.2.3 底部高浓度含沙水层

底部高浓度含沙水层不同于泥质海岸的"浮泥流"，也不同于泥沙异重流，它是上层悬移质过渡的中间运移形态。在底部高浓度含沙水层中，既有悬移质也有推移质，这种泥沙形态很不稳定，在水动力增大时，易转化为悬移质；在水动力减弱时，又易转化为推移质。虽然这种泥沙运移形态很不稳定，但在一定的波浪、水流作用下，它又相对稳定地存在。在现场测验和水槽试验中，经常可以发现这种形态，而且有规律地重现。如在河北黄骅港外航道开挖后的边滩上，以及粉沙在波浪、水流共同作用下的水槽试验中均有发现。由于这种临底高浓度含沙水体是粉沙质海岸上特有的一种泥沙运移形态，和航道淤积及海床演变关系密切，它随水体而运动，又同时含有悬移质和推移质，因此，我们暂将其命名为"底部高浓度含沙水层"。

根据现场观测、水槽试验，底部高浓度含沙水层有两种形式。一种是沉降型，如洋山港区的底部高浓度含沙水层，它的形成是由于港区西部浅滩上高含沙水体随落潮进入港区，水动力相对减弱，悬沙沉降，但减弱后的水动力仍较强，悬沙仅沉降到临底，但还未沉积到床面时，接着就发生涨潮，动力较强，但其强度又不足以使临底高浓度含沙水体悬扬到整个水体，如此往复，在临底形成了底部高浓度含沙水层。另一种是悬扬型，如在黄骅港和波浪、水流水槽试验中所发现的，它的形成是由于底部含水量较大的泥沙在水动力较强时发生悬扬，但因动力强度还不足以使悬扬沙进入全部水体，或悬扬时间较短，水动力即开始减弱或转向，因而在临底形成高浓度含沙水体。总结以上两种形态底部高浓度含沙水层的形成过程可知，它们有以下共同特点：①存在由一种泥沙运移类型向另一种泥沙运移类型转变的必要水、沙条件，但水动力条件不充分；②水动力呈周期性变化。

底部高浓度含沙水层的输沙率可按下式计算：

$$q_{bs}=S_b h_b u_b \tag{2.2-22}$$

式中：q_{bs}——底部高浓度含沙水层输沙率；

S_b——底部高浓度含沙水体含沙量；

h_b——底部厚度；

u_b——底部流速。

但 S_b、h_b、u_b 很难确定,赵冲久从理论上进行了研究,并通过试验进行了验证。

设 $h_b = A_h h$, $u_b = A_u u$, $S_b = A_s S$,并令 $A = A_h A_u A_s$,则式(2.2-22)可写作:

$$q_{bs} = AhuS \tag{2.2-23}$$

式中:A——系数,根据现场实测和水槽试验得 $A = 0.10 \sim 0.30$。

2.2.4 推悬比

推移质和悬移质的输沙率存在一定的比例,我们称此比例为推悬比。而在航道中落淤时,由于推移质全部落淤,悬移质部分落淤,因此,航道中淤积物的推悬比和输沙率的推悬比不同,从统计关系上两者之间存在一定的比例,此比例即为淤积物推悬比。

1)输沙率推悬比

输沙率推悬比可按下式计算:

$$m_s = \frac{q_b}{q_s} \tag{2.2-24}$$

式中:m_s——输沙率推悬比;

q_b——推移质输沙率;

q_s——悬移质输沙率。

推移质输沙率按式(2.2-25)计算,悬移质输沙率可按式(2.2-20)计算,因此输沙率推悬比为:

$$m_s = \frac{\alpha_b}{\alpha} \cdot \frac{\omega_s^2}{g\sqrt{d}} \cdot \frac{1}{u} \cdot \left(1 - \frac{u^2}{u_e^2}\right) \tag{2.2-25}$$

利用式(2.2-25)计算出粉沙质海岸泥沙在不同流速作用下的输沙率推悬比,见表2.2-1。

粉沙质海岸泥沙输沙率推悬比 表2.2-1

粒径 d(mm)		0.031	0.050	0.075	0.100	0.125
流速 u(m/s)	0.6	0.012	0.048	0.137	0.256	0.421
	0.7	0.013	0.049	0.132	0.244	0.406
	0.8	0.014	0.048	0.140	0.231	0.377
	0.9	0.014	0.046	0.120	0.218	0.357
	1.0	0.014	0.045	0.114	0.206	0.335
	1.1	0.014	0.043	0.108	0.195	0.317
	1.2	0.014	0.041	0.103	0.185	0.300

从表2.2-1中可以看出，输沙率推悬比随泥沙粒径、沉降速度、起动流速、流速的变化而不同，其值随泥沙粒径的增大而增大，随流速的增大而减小。这是因为流速增大，悬移质增加率大于推移质的增加速率。推悬比数值范围为0.012～0.421，因此，推移质和悬移质均不可忽视。

2）淤积推悬比

淤积推悬比可按下式计算：

$$m_d = \Delta_b / \Delta_s \tag{2.2-26}$$

式中：m_d——淤积推悬比；

Δ_b——推移质淤积；

Δ_s——悬移质淤积。

运动的泥沙进入航道时，推移质全部落淤，悬移质部分落淤，大部分随水流输移到下游。因此，航道淤积推悬比可用输沙率推悬比乘上一个系数计算：

$$m_d = \eta m_s \tag{2.2-27}$$

经数值计算，$\eta = 1.7 \sim 10$。

2.3 黄骅港航道泥沙淤积原因分析

2.3.1 外航道淤积物的来源

黄骅港外航道泥沙淤积物的来源主要有三个方面：一是滩面泥沙，在大风浪天气条件下，风浪掀起大量滩面泥沙，泥沙随水流进入航道后，随着流速减小而落淤；二是岸线冲蚀泥沙，岸线被冲刷掉的泥沙在离岸流的作用下运移到航道落淤，造成航道淤积；三是疏浚弃土，疏浚弃土还没有密实即被风浪掀起，在水流的带动下在外航道沉积。其中，滩面泥沙和离岸流携带的泥沙是造成航道淤积的直接原因。

2.3.2 滩面泥沙运动对航道淤积影响

（1）从滩面泥沙的起动角度分析，室内试验结果表明，黄骅港滩面物质在纯水流作用下起动摩阻流速为2.0cm/s，按照窦国仁公式转换到垂线平均流速在水深5.0m时，起动垂线平均流速为0.66m/s；在水深7.0m时，起动垂线平均流速为0.68m/s，因此，单纯潮流对本海区滩面泥沙作用不强。

黄骅港滩面物质在波流作用下起动摩阻流速为1.16cm/s，起动切应力为

0.2N/m^2，按照 Jonson(1996)公式 $\tau_m=\frac{1}{2}\rho f_w u_m{}^2$（$\tau_m$ 为床面剪切应力；f_w 为波浪摩阻系数；u_m 为波浪底部水质点轨迹运动最大速度）推算，在 1.0m 波高、周期为 4s 的波浪作用下，-5.0m 水深滩面泥沙达到了起动条件，波浪是本海区泥沙起动的主要动力，滩面物质的运动为航道淤积提供了条件。

(2)从黄骅港滩面破波带的角度分析，对于滩面坡度小于 1/1000 的海岸，《港口水文规范》提出的波浪破碎指标最大值为 0.6，按 Nelson 方法计算出波浪破碎指标最大为 0.55。对于黄骅港，取波浪破碎指标为 0.55 计算，在波高为 4.0m的情况下，破波位置在 -4.2 ~ 6.2m 以内；在波高为 3.0m 的情况下，破波位置在 -2.3 ~ 4.4m 以内。波浪破碎对滩面的强烈扰动，使破波带成为泥沙最为活跃的区域，上述破波带的位置与黄骅港外航道最大淤积厚度分布是相对应的。

(3)从滩面波浪掀沙的角度分析，波浪破碎对滩面的强烈扰动使得水体含沙量相当高，两次大风实测最大底部水体平均含沙量为 20 ~ 40kg/m^3。因此，大风浪天气在破波带可形成高含沙区，是造成港口航道发生严重淤积的主要原因。

(4)黄骅港建港后由于港口建筑物的作用，造成局部流场发生明显变化，一是口门处，在高潮位与低潮位时均出现横流；二是大风作用下，由于风吹流造成南北两侧近岸壅水，潮位抬高，增大了近岸落潮流速，使得近岸区高浓度泥沙沿防沙堤两侧向外运动，在穿越航道的过程中，泥沙落淤，对外航道局部区域回淤带来较大影响。在潮流泥沙数学模型中，可以看到这种现象，通过黄骅港海域的遥感分析也可证实此结论。因此，在考虑防沙堤整治工程中，要充分考虑沿堤后大风作用下近岸壅水的进一步增加带来的流场变化，以及近岸高浓度含沙水体向外运动对非掩护航道段带来的影响。

2.3.3 岸蚀泥沙对航道淤积影响

近几十年来，大口河附近的海岸线在不断冲蚀后退，自 1939 年特大风暴潮冲刷狼坨子以来，岸线已后退约 0.5km。1970—1987 年，被侵蚀的贝壳堤达 100m。通过 1954 年、1967 年和 1986 年三代航拍结果比较，冯家堡至狼坨子岸段，年平均后退速度为 1.6 ~ 11.3m。大口河堡贝壳堤 1954—1987 年平均每年后退 5.5m，棘家堡以北的石坨子贝壳堤平均每年后退 5m。岸线冲蚀泥沙是黄骅港海区泥沙的一部分来源。

2.3.4 疏浚弃土对航道淤积影响

抛泥地的泥沙在海洋动力的作用下向四周扩散，其泥沙沉积和扩散的区域分布特征为：泥沙淤积厚度以抛泥中心区为最大，由中心区向四周淤积厚度明显下降。泥沙淤积范围为东大于西、北大于南。航道受抛泥影响的范围广阔，抛泥地的泥沙扩散与黄骅港的涨落潮流方向一致。当水流跨越航道时，泥沙落淤。因此，疏浚弃土对局部航道淤积也会带来一定影响。

为分析黄骅港外航道淤积原因，交通运输部天津水运工程科学研究院、天津大学、华东师范大学、清华大学、河海大学等多家高校及科研单位对此利用不同手段进行了研究（包括理论分析、物理试验、数值模拟等），各观点汇总见表2.3-1。

黄骅港外航道淤积原因分析　　表2.3-1

序号	观　点
1	航道淤积主要是滩面泥沙在波浪、水流共同作用下起动、运移和沉积所致。沿堤流的输沙和疏浚抛泥对航道淤积也具有一定影响
2	强风浪作用下黄骅港海区大范围内出现高浓度悬沙是外航道发生普遍淤积的主要原因，沿堤向外的泥沙输送和风生环流引起的泥沙输送对局部回淤有重要作用
3	破波带中破波引起悬沙运动
4	外航道的淤积泥沙主要不是来自 -2.5m 线以内的堤外滩地的冲蚀，而是来自 -5 ~ -2m 线之间近航道滩地泥沙的部分横向输移和更深处泥沙在大浪条件下的岸向输移
5	在较大的风浪作用下，大量床面物质都可以悬浮于水中，成为悬移质随潮流运移，这是大风天气航道发生严重骤淤的根本原因
6	旋涡输沙
7	外航道淤积的根本原因是航道伸入海域 -2.5m 水深处，长达 3450m 的港池和内航道的防沙堤截断了自然状态下 1 ~2.0m 水域的较高含沙量和环湾沿岸流，致使较高含沙量的水体向外航道流动并寻找新的平衡，是风浪掀沙后在外航道断面处形成的沉沙池淤积效应

3 航道整治工程研究

3.1 各研究单位意见汇总

黄骅港航道淤积的治理应遵循整治与疏浚相结合的原则，确定工程措施研究之前，应首先明确整治标准，而后在既定的标准下研究具体实施方案。

黄骅港的航道整治方案是一个复杂的系统工程，整治方案的设置以及堤长和堤顶高程的确定，取决于整治目标的实现、工程后流场和泥沙场的变化及其影响、短时间内的疏浚能力配置、工程投资和工程减淤效果等。

多家研究单位参与了黄骅港外航道整治措施的研究，包括交通运输部天津水运工程科学研究院、华东师范大学、长江航道建设有限公司、南京水利科学研究院、天津大学、清华大学、河海大学、中国海洋大学等。表 3.1-1 汇总了各研究单位的整治方案。

各研究单位提出的整治方案 表 3.1-1

序号	形　式	示意图	堤头终点	堤顶高程	备　注
1	沿航道走向先等长双堤，后南侧单堤		一期双堤 W6 +000 二期单堤 W10 +000	一期堤顶高程 +2.5m，二期根据一期效果待定	
	沿航道走向先等长双堤，后北侧单堤	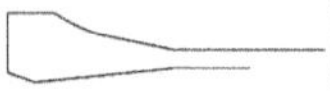	一期双堤 W6 +000 二期单堤 W10 +000		
	沿航道走向等长双堤		一期到 W6 +000 二期到 W10 +000		
2	沿航道走向延伸导堤		-5m 水深左右	+4.2m	如作为潜堤，堤顶采用变高程，高度需进一步经试验确定
	沿航道走向延伸导堤		-5m 水深左右	分段降低顶高程	
	宽间距潜堤两侧对称，各距航道 1km		-7m 水深左右	-2m	

续上表

序号	形　式	示意图	堤头终点	堤顶高程	备　注
3	沿航道走向延伸导堤		一期到 W9 +000 二期到 W15 +000	变高程	尺寸需经试验确定
4	45°～225°方向延伸导堤		W10 +000	与原高程相等	
5	先与 W3 +000 以外的航道呈 12°的外八字到 W6 +000，再呈内八字收缩到 W12 +000		外八字到 W6 +000 内八字到 W12 +000	W6 +000 内 2.5m W6 +000 外 -1.5m	
	先与 W3 +000 以外的航道呈 10°的外八字到 W8 +000，再呈内八字收缩到 W15 +000		外八字到 W8 +000 内八字到 W15 +000	W8 +000 内 2.5m W8 +000 外 -1.5m	
6	外八字翼墙				角度和长度需要进行试验研究确定
	沿外航道防沙潜堤		至少 W10 +000		尺寸需要经试验确定
7	南、北各建平行于海岸线的防沙堤		南、北各 5km		
	延长导堤			潜堤	

3.2 整治尺度研究

3.2.1 防沙堤合理间距研究

3.2.1.1 波浪影响

防沙堤的平面布置如图 3.2-1～图 3.2-7 所示。表 3.2-1 列出了各工况的防沙堤尺度和航道情况。各工况中防沙堤的设置情况一般如下：掩护段航道总长为10km，消能缓冲区直线段长度为6km，两堤由消能缓冲区向口门均匀收缩。各工况的区别仅在于防沙堤的宽度不同。工况1中消能缓冲区的两堤间距为600m，口门宽度为600m；工况2~6中消能缓冲区的两堤间距分别为1km、1.5km、2km、2.5km、3km，口门宽度均为800m。工况1~6中航道底宽均取为220m，底高程取-14.5m。为了进一步比较不同航道宽度的影响，工况7还针对工况1的防沙堤布置，对航道底宽为140m的情况进行了模拟。

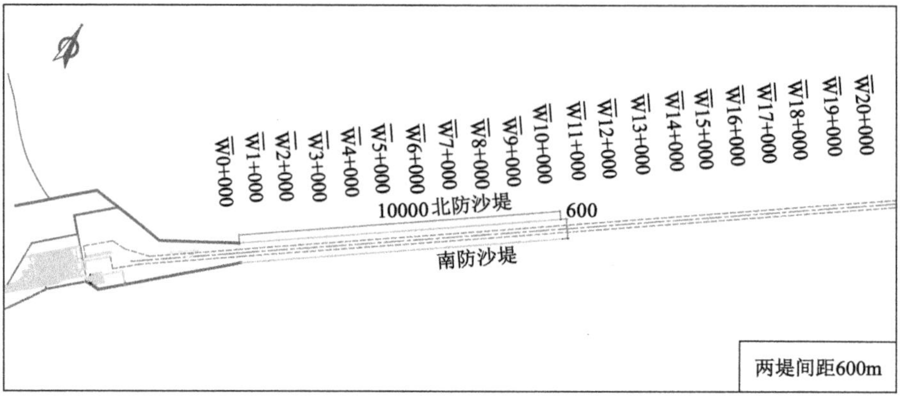

图3.2-1　工况1(防沙堤两堤间距600m,口门宽度600m)布置图

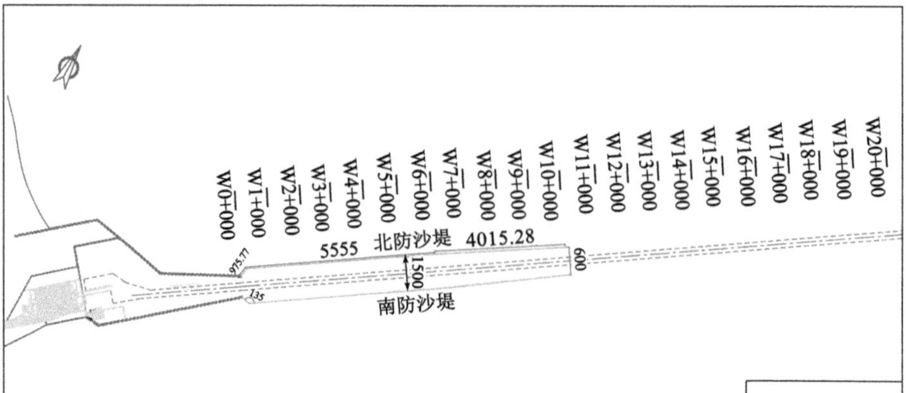

图3.2-2　工况2(防沙堤两堤间距1km,口门宽度800m)布置图

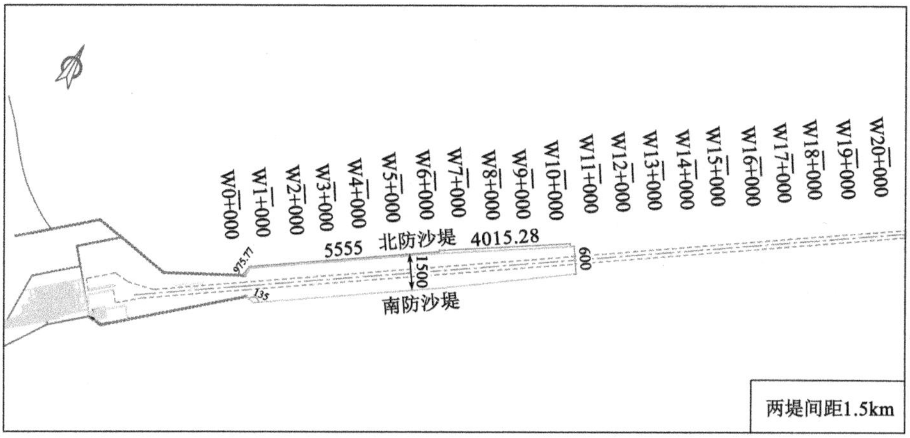

图 3.2-3　工况 3(防沙堤两堤间距 1.5km,口门宽度 800m)布置图

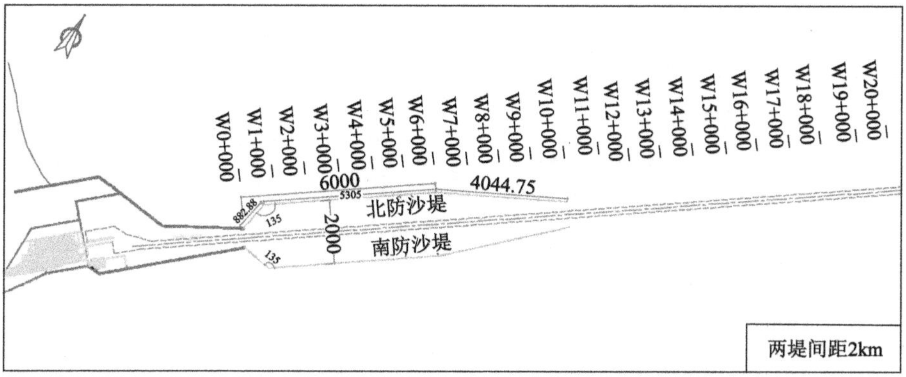

图 3.2-4　工况 4(防沙堤两堤间距 2km,口门宽度 800m)布置图

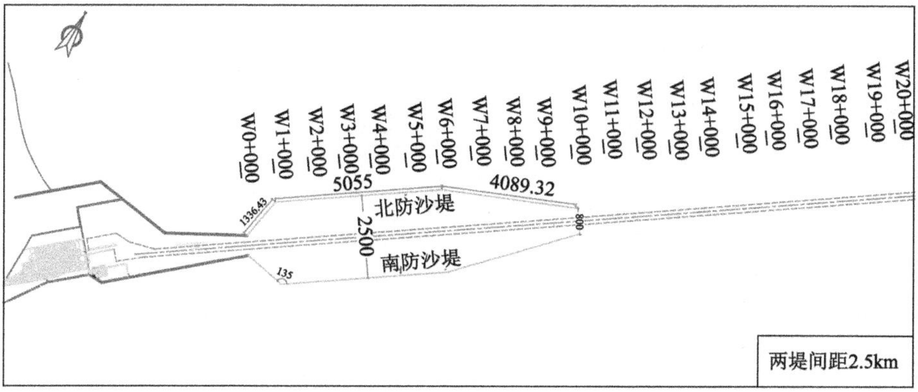

图 3.2-5　工况 5(防沙堤两堤间距 2.5km,口门宽度 800m)布置图

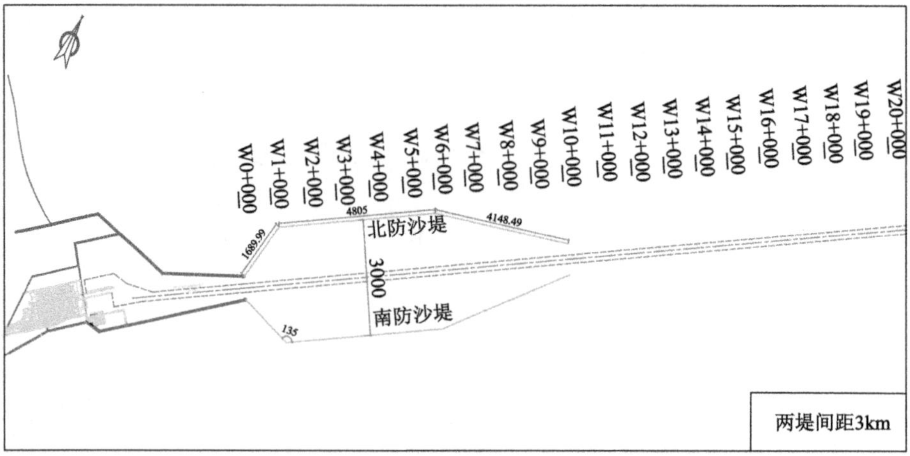

图 3.2-6　工况 6(防沙堤两堤间距 3km,口门宽度 800m)布置图

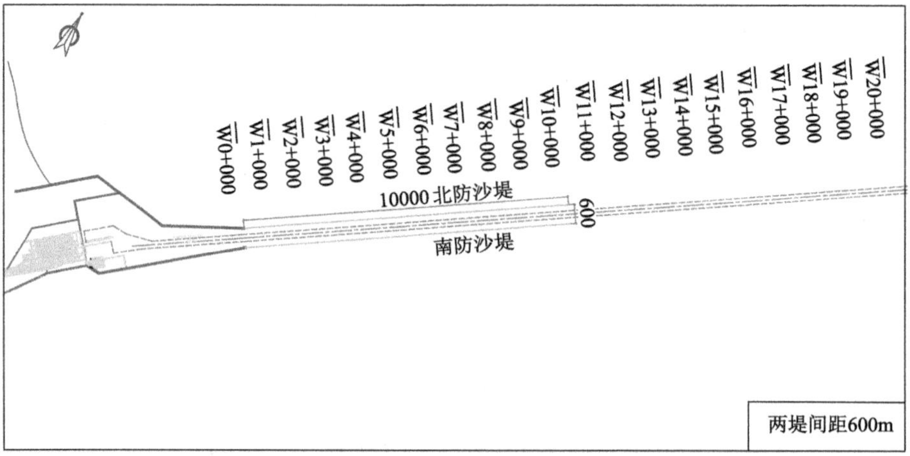

图 3.2-7　工况 7(防沙堤间距 600m,口门宽 600m,航道宽 140m)布置图

不同工况防沙堤布置情况　　表 3.2-1

防沙堤工况	掩护段总长(km)	消能缓冲区直线段长度(km)	消能缓冲区两堤间距(km)	口门宽度(m)	航道底宽(m)	航道底高程(m)
1	10	10.0	0.6	600	220	-14.5
2	10	6.0	1.0	800	220	-14.5
3	10	6.0	1.5	800	220	-14.5

续上表

防沙堤工况	掩护段总长(km)	消能缓冲区直线段长度(km)	消能缓冲区两堤间距(km)	口门宽度(m)	航道底宽(m)	航道底高程(m)
4	10	6.0	2.0	800	220	-14.5
5	10	6.0	2.5	800	220	-14.5
6	10	6.0	3.0	800	220	-14.5
7	10	10.0	0.6	600	140	-14.5

1)波浪模拟条件

根据黄骅港海域的实际波况,波浪数学模拟采用单向不规则波,波浪入射边界处的不规则波波谱采用 JONSWAP 谱,有效波高为 2m,谱峰周期为 8s,波谱频率 f 取 0.04 ~0.23。

2)波浪模拟内容

波浪模拟的主要任务为研究两堤不同间距布置时两堤内波况,主要提供以下成果:①各工况两堤内比波高分布图;②波高平均衰减或增大百分比;③针对计算结果的分析说明。

3)采用的数学模型

波浪模拟采用地表水模拟软件(Surface Water Modeling System,SMS)中的 BOUSS-2D 波浪计算模块,该模块采用 Boussinesq 模型,可考虑波浪非线性、浅水变形、折射和绕射、波浪破碎以及建筑物的反射等近岸波浪传播的物理过程。

BOUSS-2D 模型可用于研究浅水地区($h/L<0.5$)的波浪变形情况,模型采用完全非线性 Boussinesq 方程,其控制方程如下:

$$\eta_t + \nabla \cdot \vec{u}_f = 0 \tag{3.2-1}$$

$$\begin{aligned} &\vec{u}_{\alpha,t} + g \cdot \nabla\eta + (\vec{u}_\eta \cdot \nabla)\vec{u}_\eta + w_\eta \nabla w + (z_\alpha - \eta)[\nabla(\vec{u}_{\alpha,t} \cdot \nabla h) + \\ &(\nabla \cdot \vec{u}_{\alpha,t})\nabla h] + \frac{1}{2}[(z_\alpha + h)^2 - (h+\eta)^2]\nabla(\nabla \cdot \vec{u}_{\alpha,t}) - \\ &[(\vec{u}_{\alpha,t} \cdot \nabla h) + (h+\eta)\nabla \cdot \vec{u}_{\alpha,t}]\nabla\eta + [\nabla(\vec{u}_{\alpha,t} \cdot \nabla h) + \\ &(\nabla \cdot \vec{u}_{\alpha,t})\nabla h + (z_\alpha + h)\nabla(\nabla \cdot \vec{u}_{\alpha,t})]z_{\alpha t} = 0 \end{aligned} \tag{3.2-2}$$

式中:$\vec{u}_\alpha$——波浪运动水质点在水深 $z=z_\alpha$ 处的水平速度矢量,$\vec{u}_\alpha = \nabla\Phi|_{z_\alpha}$;

z_α——时间函数,由 $z_\alpha + h = 0.465(h+\eta)$ 确定;

η_t——波面高度;

h——水深。

$\nabla=(\partial/\partial x,\partial/\partial y)$。式(3.2-1)中体积流量密度 $\vec{u}_f$ 表示为：

$$\vec{u}_f=(h+\eta)\left\{\vec{u}_\alpha+\left[(z_\alpha+h)-\frac{h+\eta}{2}\right][\nabla(\vec{u}_\alpha\cdot\nabla h)+(\nabla\cdot\vec{u}_\alpha)\nabla h+\left[\frac{(z_\alpha+h)^2}{2}-\frac{(h+\eta)^2}{6}\right]\nabla(\nabla\cdot\vec{u}_\alpha)\right\} \tag{3.2-3}$$

上述完全非线性 Boussinesq 方程还可以模拟波-流相互作用问题，水流条件可以由边界条件给出，也可专门引入流场 $\vec{U}$。

4）模型范围及边界条件

进行模型计算时，防沙堤为斜坡堤，顶高程按不越浪设置。波浪正向从口门传入。模型选取的范围从防沙堤口门处一直到港池中，约 16.0km ×3.0km，网格宽度设为 6.0m，时间步长设为 0.15s。造波边界设在口门外，延伸一段平底海床，其水深与航道外地形水深相同。

5）试验波谱

计算采用单向不规则波，入射边界模拟的不规则波采用 JONSWAP 谱，其形式如下：

$$S(f)=S_{PM}(f)\cdot\gamma^{\alpha} \tag{3.2-4}$$

式中：γ——谱峰因子，一般取 $\gamma=3.3$；

$S_{PM}(f)$——P-M 谱，其谱形式为：

$$S_{PM}(f)=\frac{A}{f^5}\exp\left(-\frac{B}{f^4}\right) \tag{3.2-5}$$

式中：$A=\frac{1}{4\pi}\frac{H_S}{T_p^4}$；

$B=\frac{1}{\pi T_p^4}$；

其中：H_S——有效波高(m)；

T_p——谱峰周期(s)。

α 可表示为：

$$\alpha=\exp\left[-\frac{1}{2}\left(\frac{f-f_p}{\sigma f_p}\right)^2\right] \tag{3.2-6}$$

f_p 为谱峰频率，当 $f\leqslant f_p$ 时，$\sigma=\sigma_\alpha$；当 $f>f_p$ 时，$\sigma=\sigma_b$。

6)计算结果分析

为了便于对各工况的计算结果进行比较,沿航道方向分别选取三条测线给出沿程各点的比波高值,三条测线分别位于航道中心和航道两侧距航道中心210m处。以黄骅港外航道整治工程前原防沙堤堤头位置为W0+000,整治工程后新口门处为W10+000。

表3.2-2列出了各工况沿航道中心线的比波高值变化情况,表3.2-3列出了各工况在航道两侧浅滩上的比波高值。图3.2-8和图3.2-9分别显示了不同工况下航道中心和边滩上比波高计算结果。

各工况沿航道中心线的比波高值 表3.2-2

工况	W0+000	W1+000	W2+000	W3+000	W4+000	W5+000	W6+000	W7+000	W8+000	W9+000	W10+000
1	0	0	0	0	0	0.01	0.03	0.06	0.16	0.45	1
2	0.06	0.01	0	0	0.01	0.01	0.02	0.05	0.07	0.35	1
3	0.06	0.01	0	0	0.01	0.01	0.01	0.02	0.09	0.24	1
4	0.08	0.01	0.01	0	0	0.01	0.01	0.02	0.06	0.17	1
5	0.08	0.04	0.01	0.01	0	0	0.01	0.02	0.06	0.17	1
6	0.07	0.1	0.01	0.01	0	0	0.01	0.02	0.07	0.16	1
7	0	0	0.01	0.01	0.02	0.03	0.04	0.07	0.17	0.6	1

各工况在航道两侧浅滩上的比波高值 表3.2-3

工况	W0+000	W1+000	W2+000	W3+000	W4+000	W5+000	W6+000	W7+000	W8+000	W9+000	W10+000
1	0	0.01	0.01	0.02	0.03	0.04	0.08	0.16	0.3	0.52	1
2	0.19	0.5	0.5	0.35	0.41	0.46	0.55	0.61	0.68	0.81	1
3	0.19	0.38	0.39	0.39	0.38	0.37	0.43	0.51	0.57	0.67	1
4	0.18	0.37	0.38	0.36	0.38	0.41	0.42	0.47	0.58	0.64	1
5	0.19	0.36	0.37	0.38	0.37	0.37	0.37	0.42	0.53	0.61	1
6	0.17	0.33	0.32	0.35	0.35	0.33	0.34	0.42	0.47	0.62	1
7	0.28	0.32	0.36	0.38	0.42	0.48	0.57	0.68	0.77	0.95	1

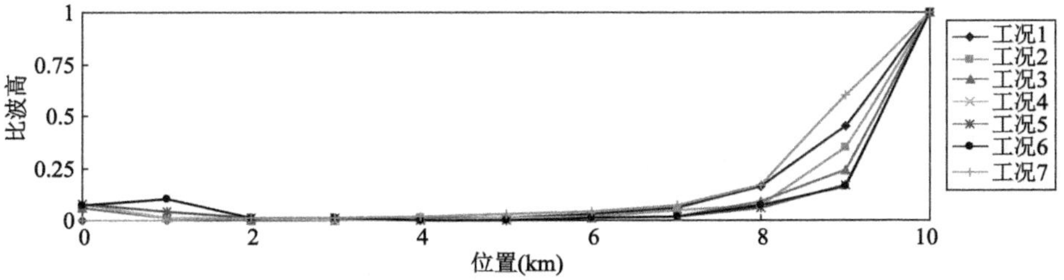

图3.2-8 不同工况下航道中心比波高计算结果

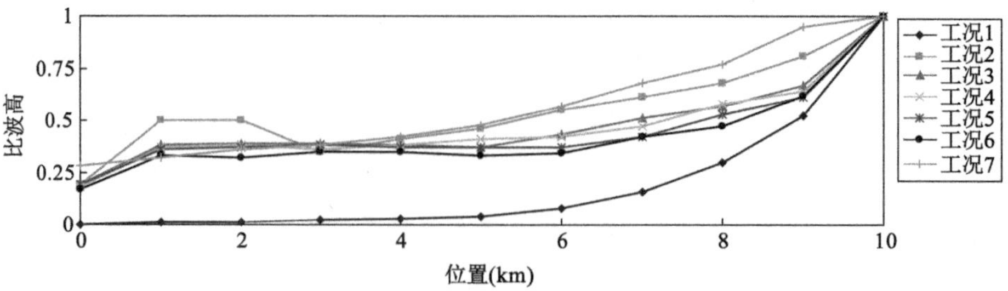

图 3.2-9　不同工况下航道边滩比波高计算结果

由计算结果可以看出,波浪进入航道后,由于航道内外存在水深差,波浪从航道向两侧浅滩折射,并且波向发生改变。从航道中折射出的波浪与航道外浅滩上传播的波浪相叠加,叠加后的波浪又向防沙堤斜向传播,在防沙堤上产生斜向反射,导致航道两侧波能聚集,形成比波高峰值,如大部分工况在 W9 +700 处航道两侧浅滩的比波高值超过 1.5 倍。反射回来的波浪斜向进入航道后,再次产生折射,每次折射反射都会消耗一部分波能。因此,随着波浪向内传播,波能不断被消耗,比波高值沿程减小。

由各工况模拟结果比较可以看出,工况 1 情况下波浪在传播过程中衰减较快。这主要是由于工况 1 情况下航道宽度相对较大而防沙堤间距相对较小,波浪传播过程中防沙堤的消波作用更为明显造成的。为了验证上述推论,我们设计了工况 7 进行波浪传播模拟。工况 7 将工况 1 的航道底宽从 220m 减为 140m,其他条件与工况 1 完全相同。由工况 7 可以看出,在航道宽度变窄后,波浪的衰减明显变慢。

从各工况计算结果的总趋势看,在口门宽度保持不变、航道条件维持不变的情况下,进入港池内的波浪基本随防沙堤消能缓冲区间距增大而减小。航道内波浪衰减也随防沙堤消能缓冲区间距增大而增大,但从工况 3(即防沙堤两堤间距为 1.5km)开始,掩护区航道内波浪衰减的差异就开始减小,工况 3 和工况 4 还有一定差异,工况 4 ~ 6 航道内波高沿程变化曲线几乎重合。从航道内波浪看,消能缓冲区的最佳间距在 1.5 ~ 2.0km 之间。

由模拟结果中还可以看出,在防沙堤与原沙波堤接口处,由于该处(W0 + 0)防沙堤急剧变窄,波浪能量又有所集中,该处航道中的波高又有所增大(如与 W2 +000 和 W3 +000 相比),但从原防沙堤口门处进入港池的波浪是比较小的。在原口门处,各工况航道中心处的比波高小于 0.1,而两侧浅滩的比波高小于 0.3。

7)防沙堤最佳间距

为了进一步研究防沙堤布置的最佳间距,分别针对 3 种不同宽度的航道与防沙堤尺度组合设计了9种工况(工况8~16)模拟波浪演化,航道与防沙堤尺度见表3.2-4。计算所采用的数学模型仍为SMS软件中的BOUSS-2D波浪计算模块。模型的范围、边界条件均与前述试验相同。

不同工况防沙堤布置情况 表3.2-4

防沙堤工况	掩护段总长(km)	防沙堤两堤间距(m)	口门宽度(m)	航道底宽(m)	航道底高程(m)
8	10	440	440	220	-14.5
9	10	660	660	220	-14.5
10	10	880	880	220	-14.5
11	10	360	360	180	-14.5
12	10	540	540	180	-14.5
13	10	720	720	180	-14.5
14	10	280	280	140	-14.5
15	10	420	420	140	-14.5
16	10	560	560	140	-14.5

为了便于对各工况的计算结果进行比较,沿航道方向分别给出航道中心和浅滩上沿程各点的比波高值。以黄骅港外航道为原型,设整治工程前原沙波堤堤头位置为W0+000,整治工程后新口门处为W10+000。

表3.2-5列出了各工况沿航道中心线的比波高值变化情况。表3.2-6列出了各工况在航道两侧浅滩上的比波高值。

各工况沿航道中心线的比波高值 表3.2-5

工况	W0+000	W1+000	W2+000	W3+000	W4+000	W5+000	W6+000	W7+000	W8+000	W9+000	W10+000
8	0.09	0.10	0.12	0.15	0.18	0.22	0.28	0.39	0.54	0.81	1
9	0.07	0.08	0.08	0.11	0.14	0.20	0.27	0.35	0.47	0.78	1
10	0.10	0.11	0.13	0.16	0.20	0.24	0.30	0.37	0.53	0.80	1
11	0.05	0.05	0.06	0.08	0.10	0.13	0.19	0.28	0.46	0.71	1
12	0.03	0.04	0.05	0.06	0.08	0.12	0.17	0.26	0.41	0.64	1
13	0.05	0.05	0.07	0.08	0.10	0.14	0.20	0.29	0.45	0.69	1
14	0.02	0.02	0.03	0.05	0.08	0.11	0.15	0.20	0.32	0.61	1
15	0.00	0.01	0.02	0.02	0.04	0.05	0.08	0.13	0.25	0.54	1
16	0.02	0.02	0.03	0.03	0.05	0.07	0.10	0.17	0.30	0.59	1

各工况在航道两侧浅滩上的比波高值　　表 3.2-6

工况	W0 + 000	W1 + 000	W2 + 000	W3 + 000	W4 + 000	W5 + 000	W6 + 000	W7 + 000	W8 + 000	W9 + 000	W10 + 000
8	0.02	0.02	0.03	0.03	0.03	0.05	0.08	0.12	0.20	0.44	1
9	0.18	0.20	0.23	0.26	0.30	0.36	0.43	0.55	0.69	0.83	1
10	0.43	0.46	0.49	0.52	0.56	0.62	0.67	0.75	0.89	0.93	1
11	0.01	0.01	0.01	0.02	0.02	0.03	0.06	0.08	0.13	0.24	1
12	0.09	0.10	0.12	0.14	0.17	0.22	0.28	0.38	0.54	0.76	1
13	0.27	0.29	0.32	0.36	0.39	0.47	0.54	0.64	0.76	0.91	1
14	0.00	0.00	0.01	0.01	0.02	0.03	0.05	0.05	0.08	0.22	1
15	0.01	0.01	0.02	0.03	0.04	0.07	0.10	0.16	0.28	0.52	1
16	0.17	0.19	0.22	0.23	0.29	0.35	0.42	0.53	0.67	0.82	1

由计算结果可以看出,随着波浪向内传播,波能不断被消耗,比波高值沿程减小。对于航道底宽分别取 140m、180m 和 220m 的情况,防沙堤间距为航道底宽的 3 倍左右时,航道中心波高沿程衰减略快一些(与防沙堤间距为 2 倍和 4 倍航道底宽相比)。对于航道两侧浅滩,在不同航道底宽情况下,均呈现防沙堤间距越窄浅滩波高衰减越快的变化规律,如图 3.2-10 ~ 图 3.2-15 所示。

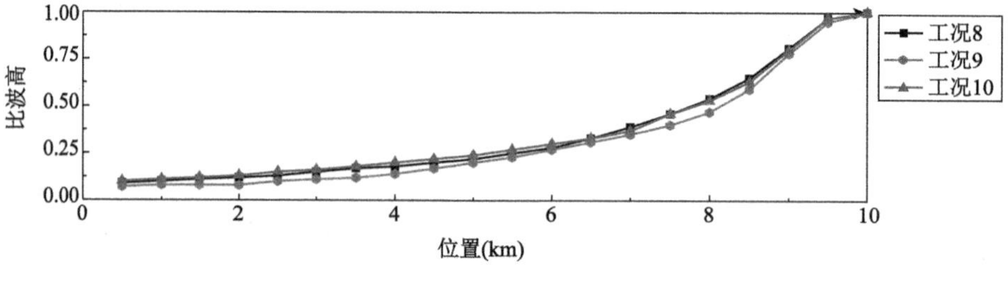

图 3.2-10　工况 8 ~ 10(航道底宽 220m)航道中心比波高计算结果

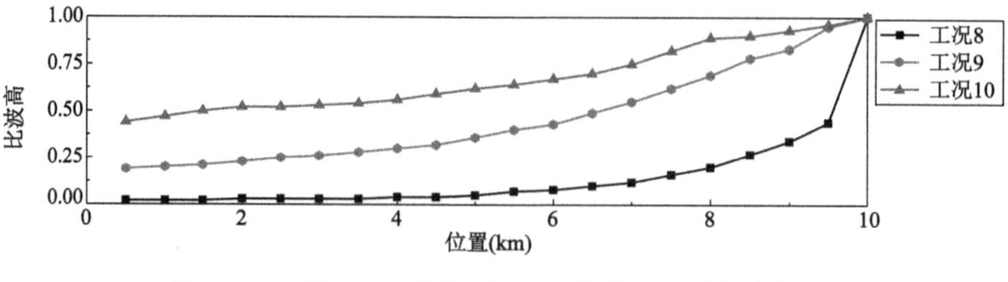

图 3.2-11　工况 8 ~ 10(航道底宽 220m)航道边滩比波高计算结果

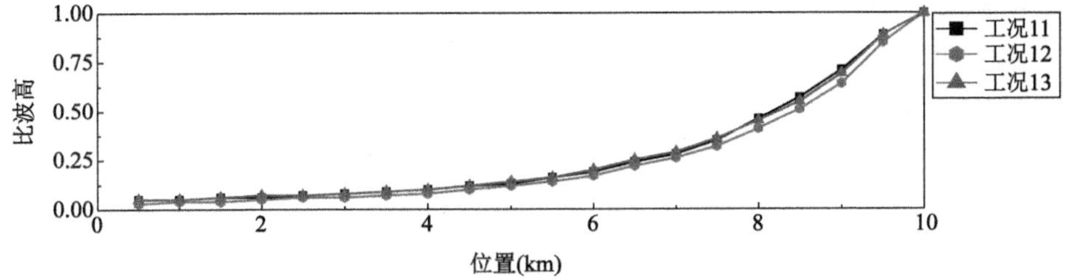

图 3.2-12 工况 11～13(航道底宽 180m)航道中心比波高计算结果

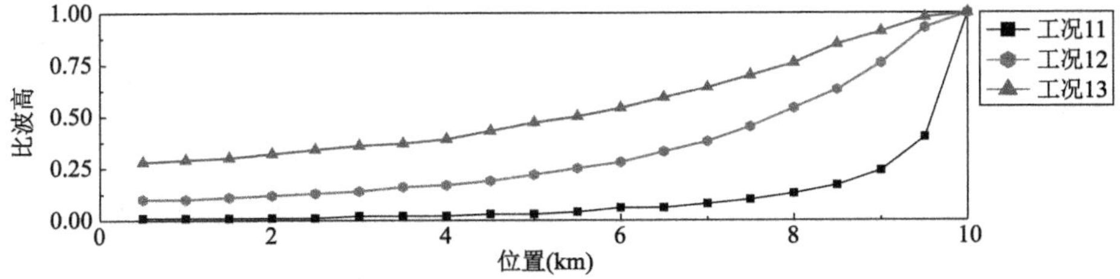

图 3.2-13 工况 11～13(航道底宽 180m)航道边滩比波高计算结果

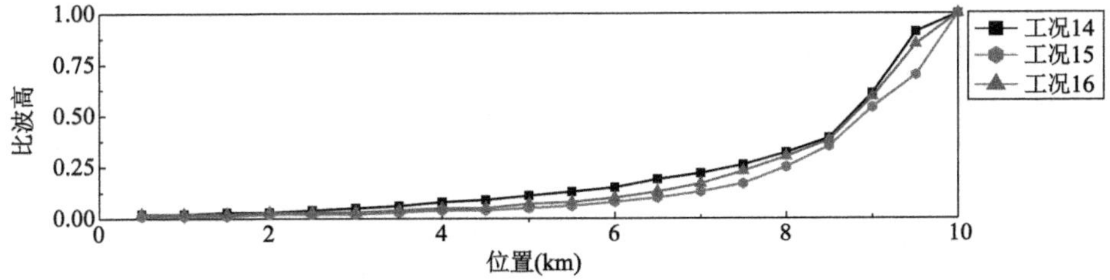

图 3.2-14 工况 14～16(航道底宽 140m)航道中心比波高计算结果

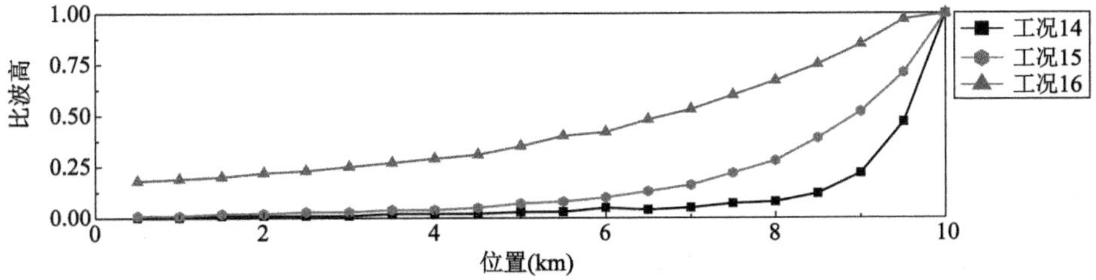

图 3.2-15 工况 14～16(航道底宽 140m)航道边滩比波高计算结果

3.2.1.2 淤积影响

为了研究防沙堤间距对泥沙淤积的影响,本小节以理论分析为基础,建立了计算公式,编制了数学模型,通过黄骅港内航道淤积计算实例,以黄骅港自然参数为基础,计算了多组方案的内航道淤积,分析了双堤掩护式港口双堤间距对内航道淤积的影响。

1)基本计算模型

采用右手直角坐标系统,原点设于口门处,X 轴由口门指向港内,如图 3.2-16 所示。

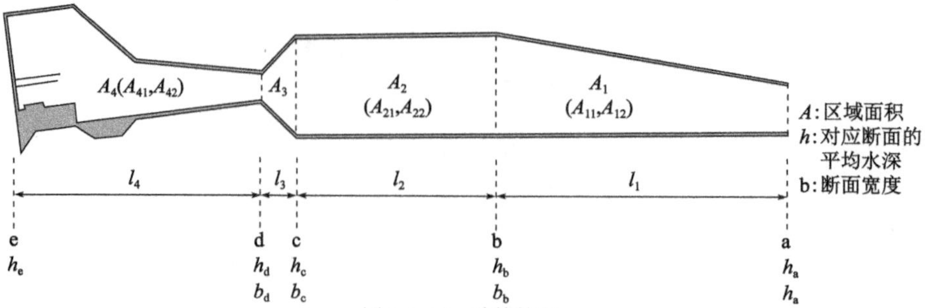

图 3.2-16 计算简图

(1)双堤内流速。

双堤建成,未开挖航道时,潮流进入双堤后,涨潮时受到纳潮潮汐棱体的影响,潮运动的基本方程为:

$$\frac{\partial}{\partial x}(bhu)+\frac{h_{\Delta}b}{T}=0 \tag{3.2-7}$$

式中:b——堤间距;

h——水深;

u——流速;

h_{Δ}——潮差;

T——周期。

对上式积分,可得:

$$u_x=\frac{h_{\Delta}A}{Tbh} \tag{3.2-8}$$

$$A=\int_{x}^{x_b}b\mathrm{d}x \tag{3.2-9}$$

式中:u_x——x 处的流速;

A——自 x 向港内的总水域面积,如果将内航道分解成若干段,则各断面的流速可用下式求得:

$$u=\frac{h_{\Delta}\sum_{i}^{4}A_i}{Tbh}\quad(i=1,2,3,4) \tag{3.2-10}$$

由各段面的流速可求得各区内平均流速。

(2)双堤内含沙量。

未开挖航道时,双堤内泥沙输移方程为:

$$\frac{\partial}{\partial x}(bhuS)+\frac{h_{\Delta}x}{T}S+\alpha'\omega_{s}bS=0 \tag{3.2-11}$$

式中：S——含沙量；

α'——泥沙淤积概率；

ω_s——泥沙沉降速度。

对式(3.2-11)积分，可得：

$$S=S_{0}\exp\left(-\frac{\alpha\omega_{s}x}{hu}\right) \tag{3.2-12}$$

式中：S_0——口门含沙量。

已知 $S_a=S_0$，由上式可得内航道各分段点含沙量，为：

$$S_{b}=S_{a}\exp\left(-\frac{\alpha\omega_{s}l_{1}}{h_{1}u_{1}}\right) \tag{3.2-13}$$

$$S_{c}=S_{b}\exp\left(-\frac{\alpha\omega_{s}l_{2}}{h_{2}u_{2}}\right) \tag{3.2-14}$$

$$S_{d}=S_{c}\exp\left(-\frac{\alpha\omega_{s}l_{3}}{h_{3}u_{3}}\right) \tag{3.2-15}$$

其中，$S_a \sim S_d$ 分别为图3.2-16中对应各区段的含沙量。

由内航道各分段点含沙量可求得各段内平均含沙量。

(3)双堤内各区淤积。

根据环抱式港池淤积计算模式可得双堤中各断面内的淤积量 q：

$$q=Nh_{\Delta}S\left(\sum_{i}^{4}A_{i}\right)\eta_{i} \tag{3.2-16}$$

式中：N——潮个数；

η——回淤率，可按下式计算：

$$\eta=\left(1-\frac{h^{3m}}{h_{a}^{3m}}\right)\left[1-\exp\left(-\beta\frac{\sum_{i}^{4}A_{i2}}{\sum_{i}^{4}A_{i}}\right)\right]\quad(i=1,2,3,4) \tag{3.2-17}$$

式中，$m=0.38$，由此得：

$$\begin{cases}q_{a}=Nh_{\Delta}S_{a}(A_{1}+A_{2}+A_{3}+A_{4})\eta_{a}\\q_{b}=Nh_{\Delta}S_{b}(A_{2}+A_{3}+A_{4})\eta_{b}\\q_{c}=Nh_{\Delta}S_{c}(A_{3}+A_{4})\eta_{c}\\q_{d}=Nh_{\Delta}S_{d}A_{4}\eta_{d}\end{cases} \tag{3.2-18}$$

则各区淤积量为：

$$\begin{cases} q_1 = q_a - q_b \\ q_2 = q_b - q_c \\ q_3 = q_c - q_d \end{cases} \tag{3.2-19}$$

2)开挖航道后滩槽流速重新分布

如图3.2-17所示,双堤间水域面积受限制,开挖航道后,水流归槽,滩、槽间流速重新分布,边滩流速减小,航道单宽流量增加,淤积也发生重新分布,因此,需先计算流速的重新分布情况。

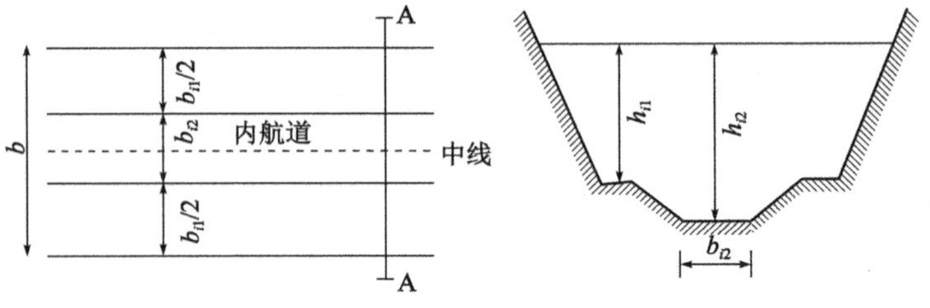

a)内航道平面图　　b)剖面A

图3.2-17　航道断面图

根据水流连续原理建立如下方程：

$$b_{i1}h_{i1}u_{i1} + b_{i2}h_{i2}u_{i2} = b_i h_i u_i \tag{3.2-20}$$

双堤间开挖航道后水流十分复杂,主要受开挖深度影响,设：

$$\frac{u_{i1}}{u_{i2}} = \alpha \left(\frac{h_{i1}}{h_{i2}}\right)^{\beta} \tag{3.2-21}$$

式中：α、β——系数,根据水槽试验研究 $\alpha = 1.0$,$\beta = 0.22$。

通过式(3.2-20)、式(3.2-21)可解得：

$$u_{i1} = k_{i1}u_i, k_{i1} = \frac{b_i h_i h_{i1}^{0.22}}{b_{i1}h_{i1}^{1.22} + b_{i2}h_{i2}^{1.22}} \tag{3.2-22}$$

$$u_{i2} = k_{i2}u_i, k_{i2} = \frac{b_i h_i h_{i2}}{b_{i1}h_{i1}^{1.22} + b_{i2}h_{i2}^{1.22}} \tag{3.2-23}$$

式中：u_{i1}——滩面流速；

u_{i2}——航道内流速；

b_{i1}——滩面宽；

h_{i1}——滩面水深；

b_{i2}——航道宽；

h_{i2}——航道水深；

b_i——总宽；

h_i——滩面深；$h_{i1}=h_i$。

3）开挖内航道后淤积重新分布

由 $\Delta_{i1}A_{i1}+\Delta_{i2}A_{i2}=q_i$ 和$\dfrac{\Delta_{i1}}{\Delta_{i2}}=\dfrac{h_{i2}^m(u_a^{2m}h_{i1}^m-u_{i1}^{2m}h_a^m)}{h_{i1}^m(u_a^{2m}h_{i2}^m-u_{i2}^{2m}h_a^m)}=\beta_i$，可得滩面和航道内初期淤积量和淤积厚度：

$$\Delta_{i1}=\frac{q_i}{A_{i1}+\dfrac{A_{i2}}{\beta_i}}\qquad(q_{i1}=\Delta_{i1}A_{i1})\tag{3.2-24}$$

$$\Delta_{i2}=\frac{q_i}{A_{i2}+\beta_iA_{i1}}\qquad(q_{i2}=\Delta_{i2}A_{i2})\tag{3.2-25}$$

式中：Δ_{i1}——滩面年均淤积厚度；

Δ_{i2}——航道内年均淤积厚度；

q_{i1}——滩面淤积量；

q_{i2}——航道内淤积量。

4）滩面淤积

（1）滩面总淤积厚度和总淤积量可按下式计算：

$$(\Delta_{i1})_z=h_{i1}\left[1-\left(\frac{u_{i1}}{u_i}\right)^{3/4}\right]\qquad(i=1,2,3)\tag{3.2-26}$$

$$(q_{i1})_z=(\Delta_{i1})_zA_{i1}\qquad(i=1,2,3)\tag{3.2-27}$$

（2）逐年淤积厚度和淤积量：

由滩面初期淤积可知滩面逐年淤积率 ξ：

$$\xi=\frac{\Delta_{i1}}{(\Delta_{i1})_z}\tag{3.2-28}$$

第一年：

$$(\Delta_{i1})_1=\Delta_{i1},(q_{i1})_1=(\Delta_{i1})_1A_{i1}\tag{3.2-29}$$

第二年：

$$(\Delta_{i1})_2=[(\Delta_{i1})_z-\Delta_{i1}]\xi,(q_{i1})_2=(\Delta_{i1})_2A_{i2}\tag{3.2-30}$$

第三年：

$$(\Delta_{i1})_3=[(\Delta_{i1})_z-\Delta_{i1}-\Delta_{i2}]\zeta,(q_{i1})_3=(\Delta_{i1})_3A_{i1}\tag{3.2-31}$$

依此类推直至第 n 年止。

(3)滩面淤积平衡年限：

由上式依次类推至第 n 年，设满足如下判别式：

$$\frac{(\Delta_{i1})_z-(\Delta_{i1})_n}{(\Delta_{i1})_z}\leqslant 0.01 \text{ 或 } (\Delta_{i1})_n\leqslant 0.02\text{m} \tag{3.2-32}$$

即得平衡年限 n。

5)航道内淤积量计算

(1)初期淤积量可按下式计算：

$$\Delta_{i2}=\frac{q_i}{\rho_c(\beta_{i1}A_{i1}+A_{i2})} \tag{3.2-33}$$

$$q_{i2}=\Delta_{i2}A_{i2} \tag{3.2-34}$$

(2)平衡后航道内淤积量可按下式计算：

$$(\Delta_{i2})_z=\frac{q_i}{\rho_c A_{i2}} \tag{3.2-35}$$

$$(q_{i2})_z=\frac{q_i}{\rho_c} \tag{3.2-36}$$

6)计算方案

各计算方案的编号、尺度、计算简图见表 3.2-7。

计 算 方 案 简 介　　表 3.2-7

<table>
<tr><th>编号</th><th>方案描述</th><th>方案简图</th></tr>
<tr><td>B1</td><td>平行双堤；两堤间距600m；南、北堤长 10km；不设缓冲区。计算分区如右图所示</td><td>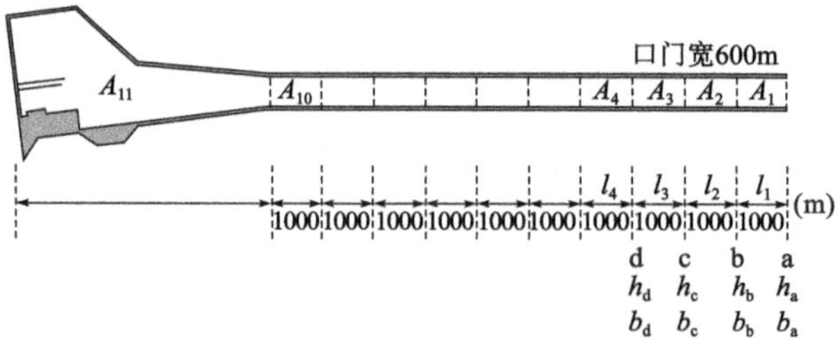
</td></tr>
<tr><td>B2</td><td>口门位置同 B1，口门宽度 800m；口门段双堤向内扩展；缓冲区宽 1km，长 5805m。计算分区如右图所示</td><td>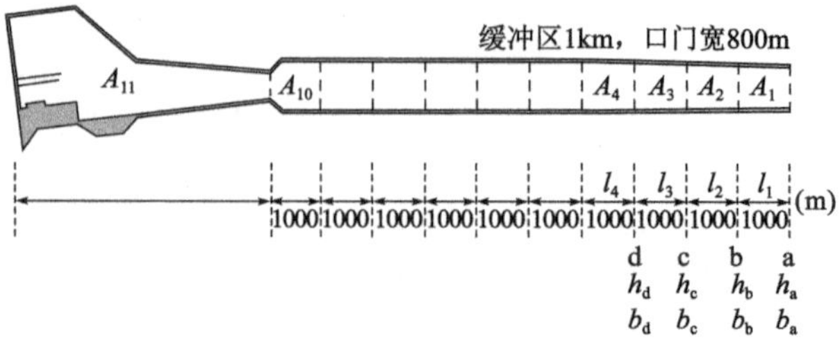
</td></tr>
</table>

续上表

编号	方案描述	方案简图
B3	口门位置同 B1,口门宽度 800m;口门段双堤向内扩展;缓冲区宽 1.5km,长 5555m。计算分区如右图所示	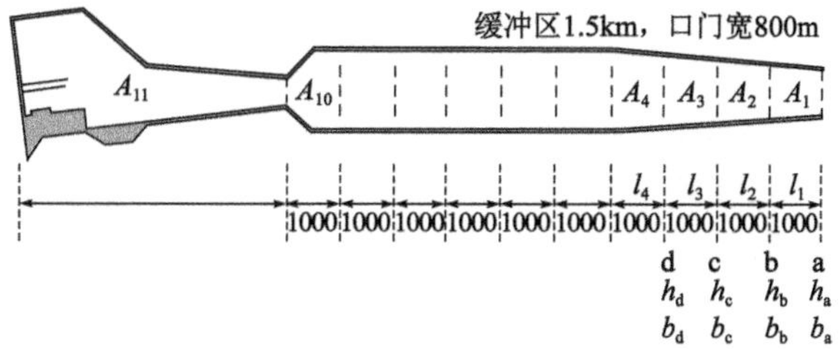
B4	口门位置同 B1,口门宽度 800m;口门段双堤向内扩展;缓冲区宽 2.0km,长 5305m。计算分区如右图所示	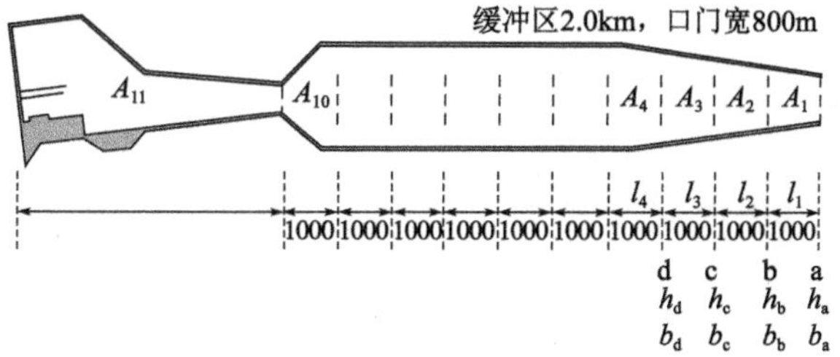
B5	口门位置同 B1,口门宽度 800m;口门段双堤向内扩展;缓冲区宽 2.5km,长 5055m。计算分区如右图所示	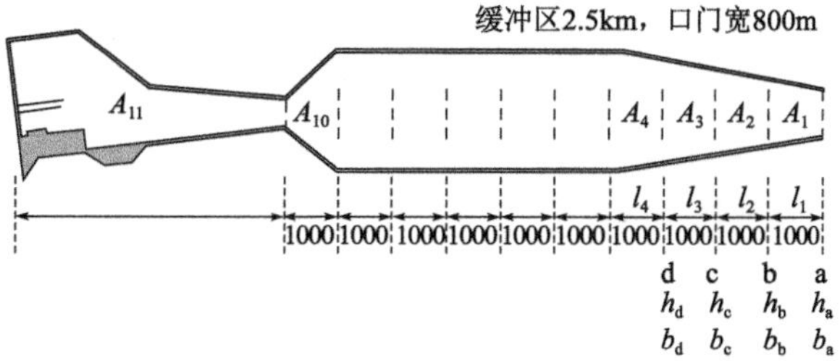
B6	口门位置同 B1,口门宽度 800m;口门段双堤向内扩展;缓冲区宽 3.0km,长 4805m。计算分区如右图所示	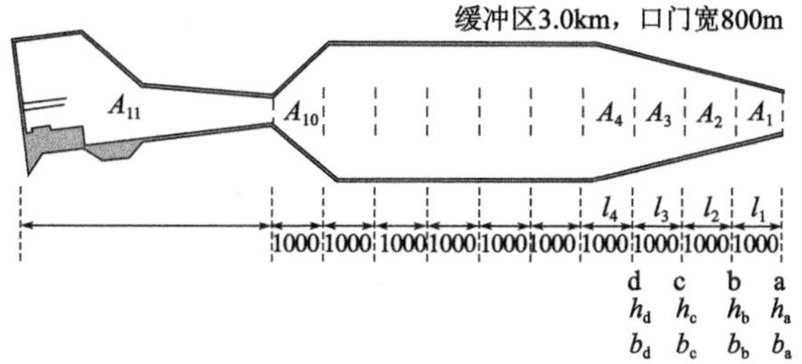

续上表

编号	方案描述	方案简图
P1	平行双堤，同 B1。计算分区如右图所示	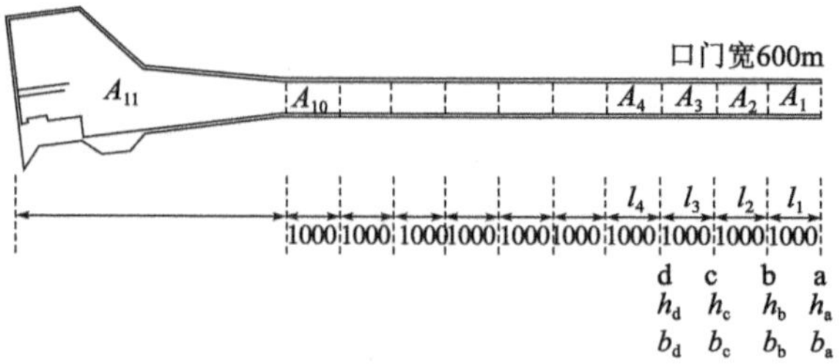
P2	平行双堤，口门位置同 P1，双堤间距 800m。计算分区如右图所示	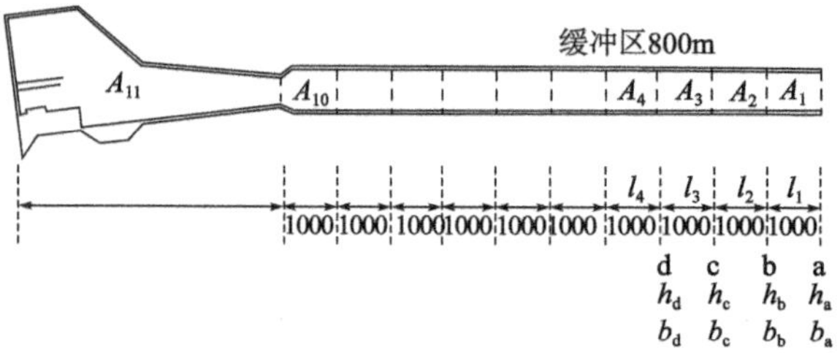
P3	平行双堤，口门位置同 P1，双堤间距 1km。计算分区如右图所示	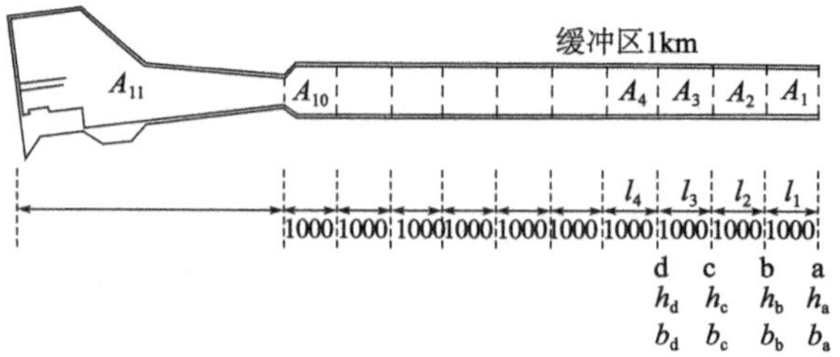
P4	平行双堤，口门位置同 P1，双堤间距 1.5km。计算分区如右图所示	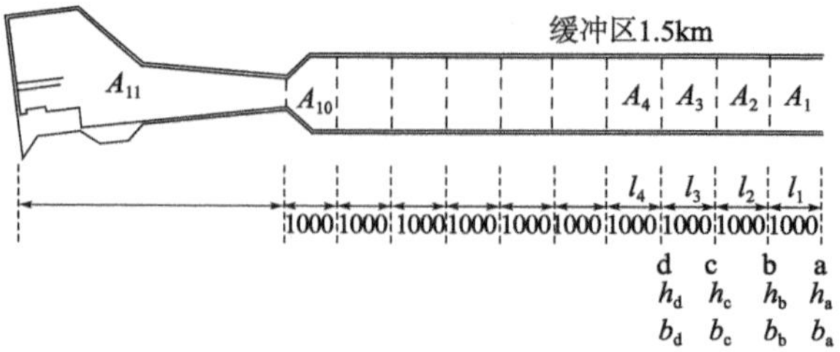

续上表

编号	方案描述	方案简图
P5	平行双堤,口门位置同 P1,双堤间距 2.0km。计算分区如右图所示	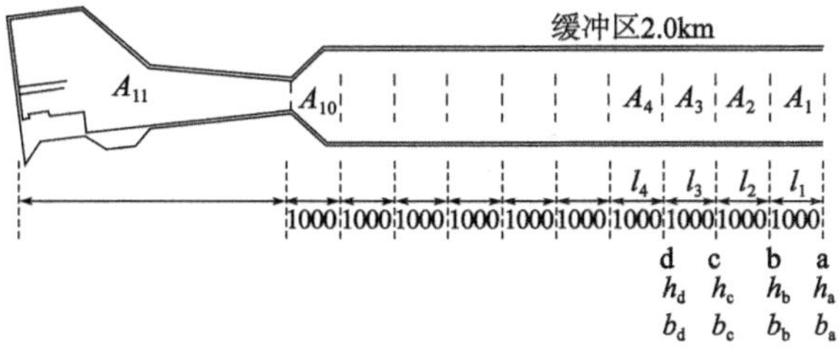
P6	平行双堤,口门位置同 P1,双堤间距 2.5km。计算分区如右图所示	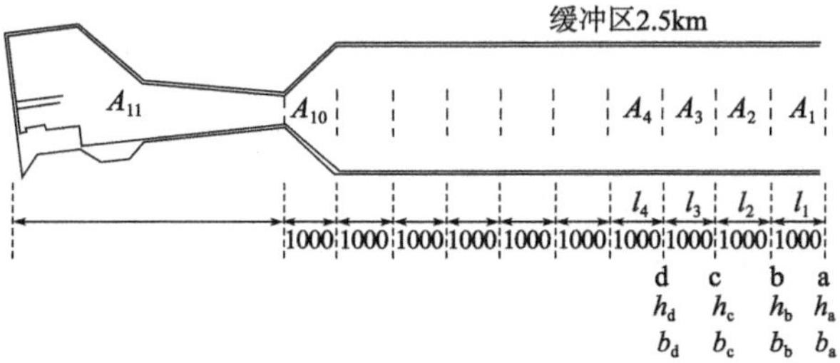
P7	平行双堤,口门位置同 P1,双堤间距 3.0km。计算分区如右图所示	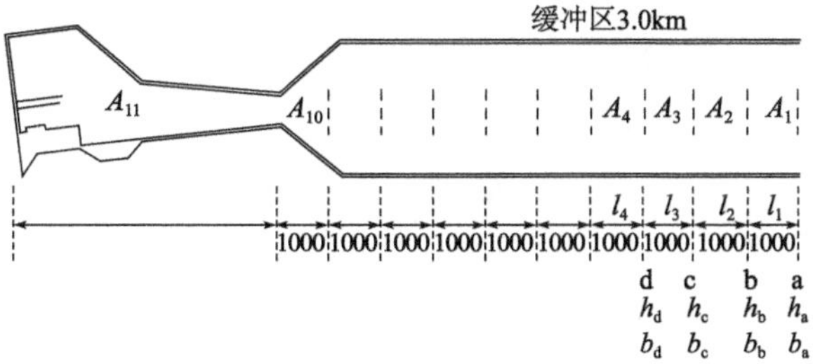

7)计算参数

以黄骅港为计算实例,选取计算参数如下。

航道水深:$H_2=14.5\text{m}$;航道宽度:$b=170\text{m}$;泥沙沉降速:$\omega_s=0.0008\text{m/s}$;泥沙干密度:$\gamma_c=780\text{kg/m}^3$;平均潮差:$H_\Delta=2.3\text{m/s}$;口门含沙量:$S_0=0.25\text{kg/m}^3$。

8)计算结果

(1)滩地淤积平衡年限。

①各方案港内淤积平衡年限。

双堤建成后,在港内水深、水流等影响下,滩面及航道淤积需经历一段时间后才能相对稳定,这个达到相对稳定的时间为平衡年限。经过计算,我们得到各方案中各区的平衡年限,见表 3.2-8。

各方案各区平衡年限结果 表 3.2-8

方案		堤间距（m）	区 1	区 2	区 3	区 4	区 5	区 6	区 7	区 8	区 9	区 10	区 11
			进口“八”字段			缓冲区					收缩段		港地 + 滩地
折线	B1	600	4	5	6	7	8	9	10	11	11	11	1
	B2	1000	4	4	5	6	7	8	9	9	7	1	1
	B3	1500	4	4	5	5	6	6	7	5	1	1	1
	B4	2000	4	4	4	5	5	5	5	2	1	1	1
	B5	2500	5	4	4	4	4	5	4	1	1	1	1
	B6	3000	5	4	4	4	4	4	2	1	1	1	1
平行	P1	600	4	5	6	7	8	9	10	11	11	11	1
	P2	800	4	4	6	7	8	9	9	10	9	6	1
	P3	1000	3	4	5	7	7	8	9	8	6	1	1
	P4	1500	3	4	5	6	6	7	6	4	1	1	1
	P5	2000	2	3	4	5	5	5	3	1	1	1	1
	P6	2500	2	3	4	4	5	4	1	1	1	1	1
	P7	3000	2	3	4	4	4	3	1	1	1	1	1

②各方案淤积平衡年限对比。

对于折线形防沙堤，各方案缓冲区滩面淤积平衡年限对比表明，缓冲区宽度越宽，淤积平衡年限越短。方案 1 ~ 6 平衡年限在 4 ~ 8 年之间，如图 3.2-18 所示。

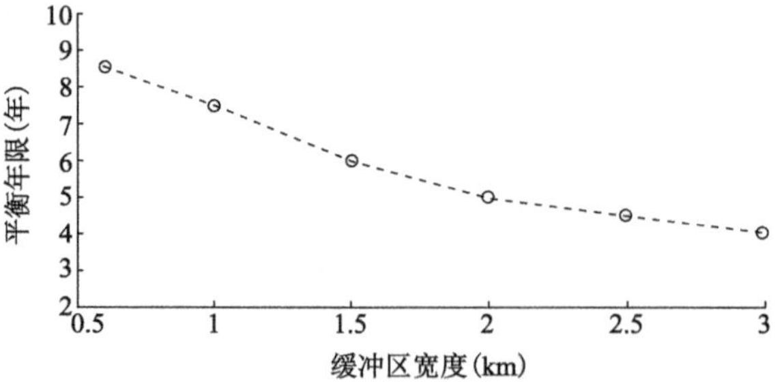

图 3.2-18 折线形防沙堤不同缓冲区宽度下滩地淤积平衡年限

对于平行防沙堤，随着双堤宽度的增加，滩面淤积平衡年限渐短，方案 1 ~ 7 平衡年限在 3 ~ 8 年之间，如图 3.2-19 所示。折线方案与平行方案相比，平衡年限无明显差别。

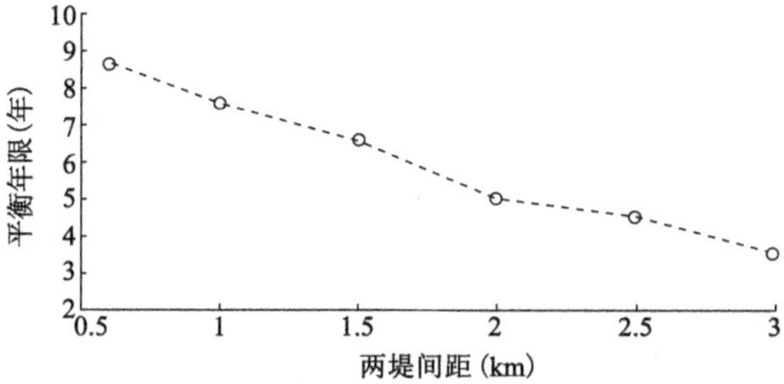

图 3.2-19 平行防沙堤双堤间滩地淤积平衡年限

(2)缓冲区滩地上淤积厚度和淤积量。

①各方案缓冲区滩地上淤积厚度(取5~9区平均值)如图3.2-20所示,从图中可看出以下两点:

a.缓冲区内淤积速率开始较快,随时间的延长淤积速率逐渐变缓;

b.缓冲区越窄,滩面淤积厚度越大,反之淤积厚度越小。

②建设初期各方案滩地淤积厚度沿 X 方向的变化如图3.2-21和图3.2-22所示。计算结果显示,无论是折线方案还是平行方案,建设初期自口门向港内滩地上的淤积厚度逐渐降低。

③各方案滩面上最大淤积厚度历时变化(以3区为例)如图3.2-23所示。缓冲区(3区)滩地内最大淤积厚度逐年降低,在防沙堤建成初期降低速度较快,后期渐缓且趋于平衡。

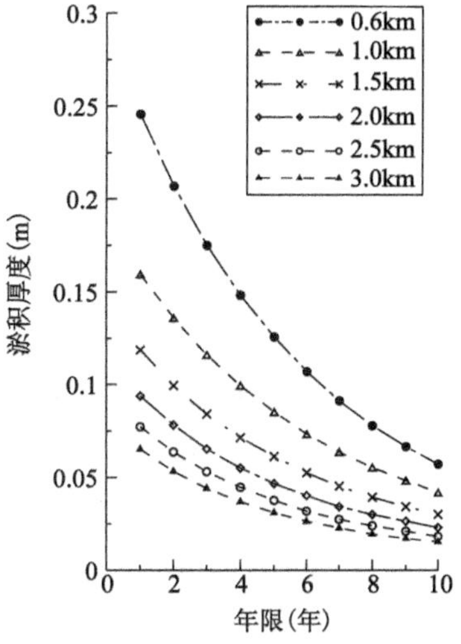

图 3.2-20 折线形防沙堤不同缓冲区滩面淤积厚度历年变化图

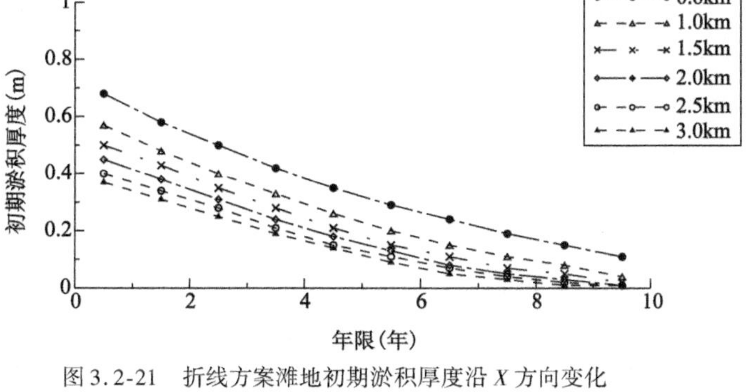

图 3.2-21 折线方案滩地初期淤积厚度沿 X 方向变化

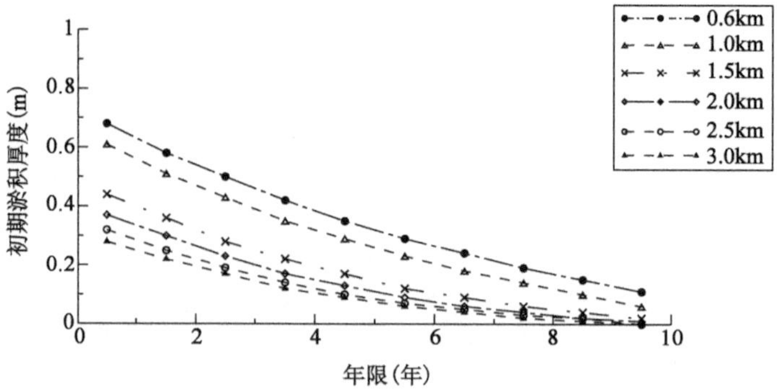

图 3.2-22　平行方案滩地初期淤积厚度沿 X 方向变化

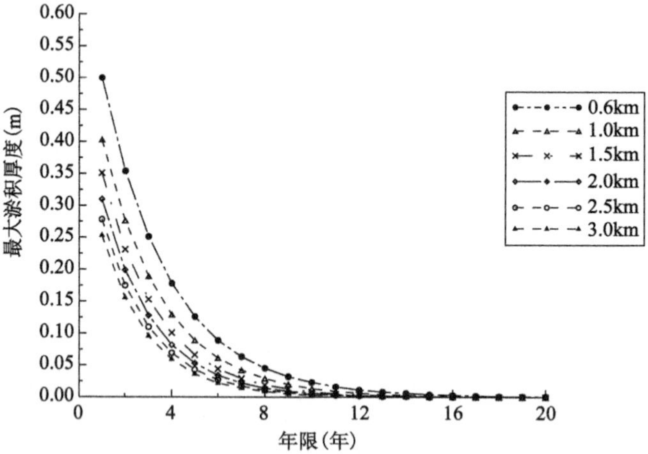

图 3.2-23　折线方案(3 区)缓冲滩地最大淤积厚度历年变化情况

④缓冲区内的淤积量。

a. 防沙堤建成初期,各方案 X 方向各区淤积量分布如图 3.2-24 和图 3.2-25 所示。从计算结果可知,以折线方案为例,自口门段向内至缓冲区段淤积量逐渐增大,而后自缓冲区段再向内各区淤积量又逐渐递减,缓冲区处淤积量最大,即双堤间距最大区域淤积量最大。同样,平行堤方案也有此性质。

b. 当不设缓冲区时,即双堤平行延伸,此时双堤间的总水域面积为 A_0,总淤积量为 Q_0;当设置一定宽度的缓冲区后双堤间总水域面积变为 A_x,总淤积量因缓冲区的宽度变化而变为 Q_x,经分析可简单表述成:$Q_x = Q_0\left(\frac{A_x}{A_0}\right)^n$,利用计算的结果,可建立如图 3.2-26 所示的关系。对上式进行率定,可得 $n = 0.287$,即:

$Q_x = Q_0 \left(\frac{A_x}{A_0}\right)^{0.287}$。缓冲区宽度加大，双堤间淤积量也随之增大，因此，可利用该式近似计算设置不同堤间距时双堤间的总淤积量。

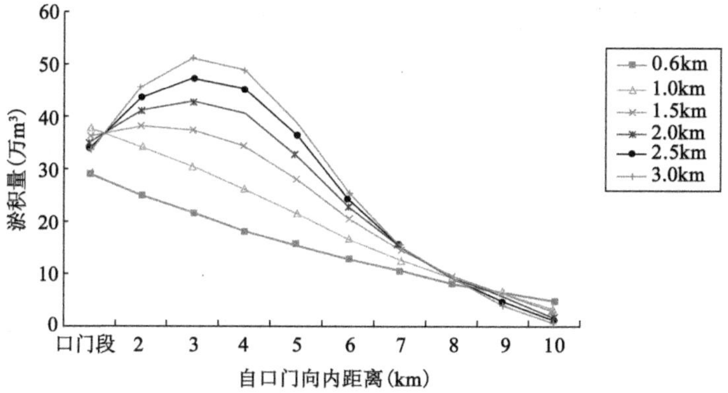

图 3.2-24　防沙堤建设初期折线各方案各区淤积量分布

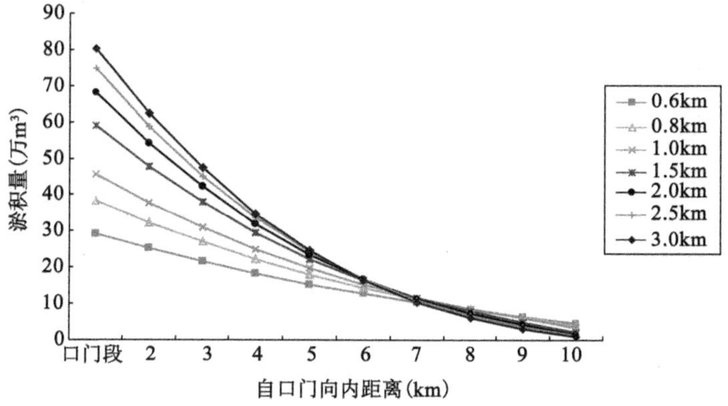

图 3.2-25　防沙堤建设初期平行各方案各区淤积量分布

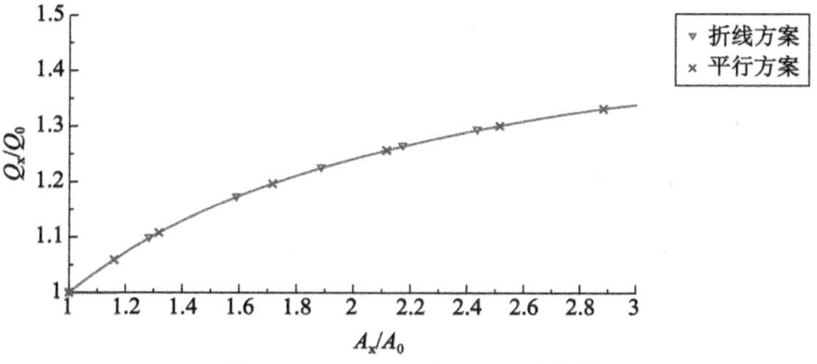

图 3.2-26　Q_x/Q_0 与 A_x/A_0 的关系

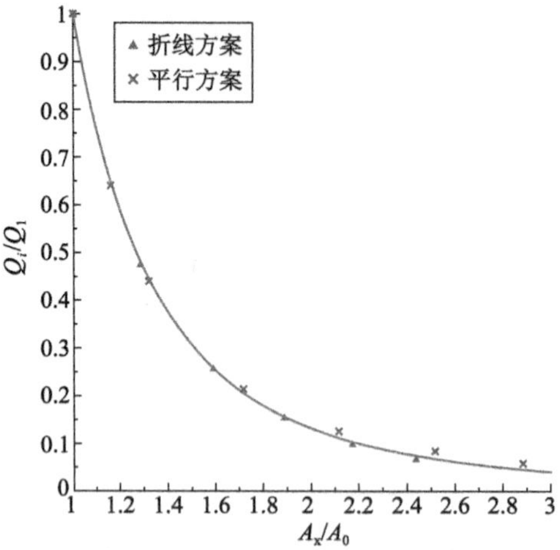

图 3.2-27　Q_i/Q_1 与 A_x/A_0 的关系

c. 缓冲区宽度与港内(11 区,港池 + 滩地)淤积量的关系。按上述方法同理可建立港内淤积量与设置不同宽度缓冲区后的关系,如图 3.2-27 所示。其中,不设缓冲区时,即方案 B1,港内淤积量用 Q_1 表示,设置缓冲区后港内淤积量用 Q_i 表示,通过分析可得:$Q_i = Q_1\left(\frac{A_x}{A_0}\right)^{-2.92}$,港池淤积随缓冲区的宽度的加大而减小,因此,可利用上式近似计算设置不同堤间距时港内的淤积量。

d. 通过对不同宽度缓冲区淤积量的计算,可明确:(a)设置缓冲区将使进港沙量增加,且缓冲区越宽,进入掩护段的泥沙越多,而其中的大部分将落淤在缓冲区;(b)缓冲区的设置可有效减少港池淤积量,且宽度越大港池淤积量越小。

(3)掩护段航道内淤积厚度和淤积量。

①各方案建成初期内航道淤积厚度分布。

如图 3.2-28、图 3.2-29 所示,无论是折线形防沙堤还是平行防沙堤,建成初期航道内淤积厚度分布均自口门向内均逐渐减小,且缓冲区宽度越大,航道内淤积量越小。

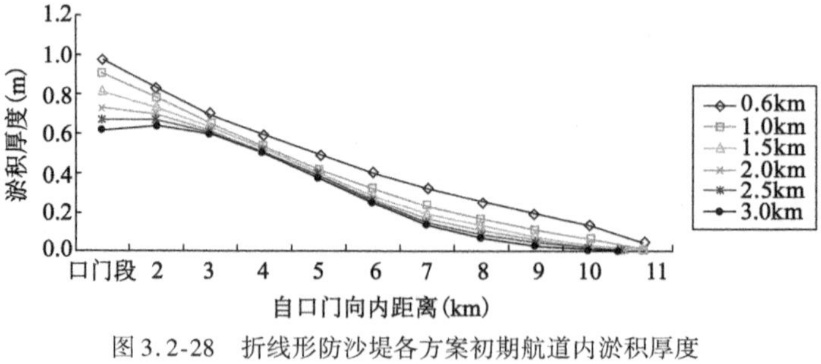

图 3.2-28　折线形防沙堤各方案初期航道内淤积厚度

②滩地平衡后各方案内航道淤积厚度分布。

如图 3.2-30、图 3.2-31 所示,缓冲区的宽度对航道内淤积厚度影响敏感。缓冲区宽度越大,其对应的航道段淤积厚度也越大,可见当滩地平衡后缓冲区宽度越大,对减少航道内淤积量越不利。

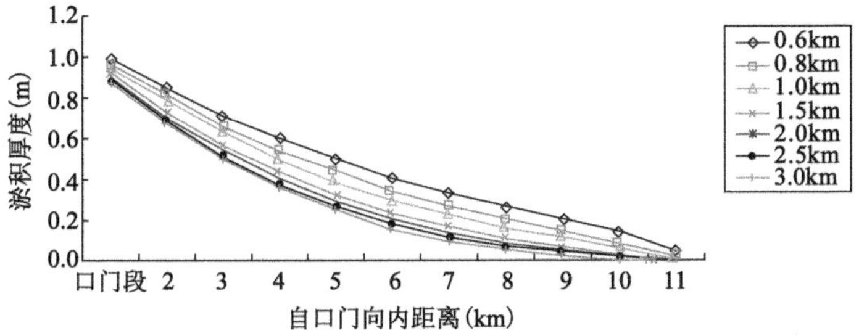

图 3.2-29 平行防沙堤各方案初期航道内淤积厚度

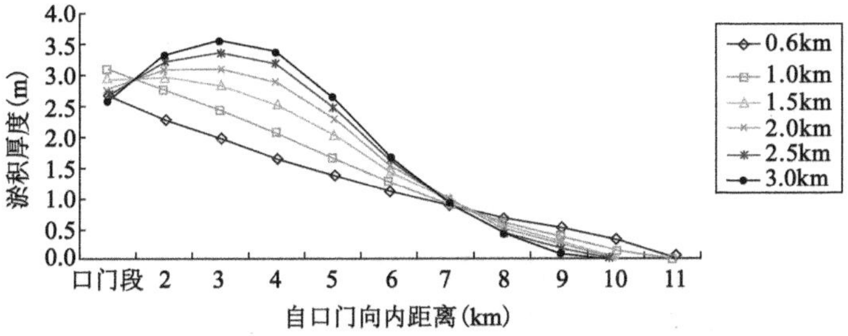

图 3.2-30 折线形防沙堤各方案滩地平衡后航道内淤积厚度分布

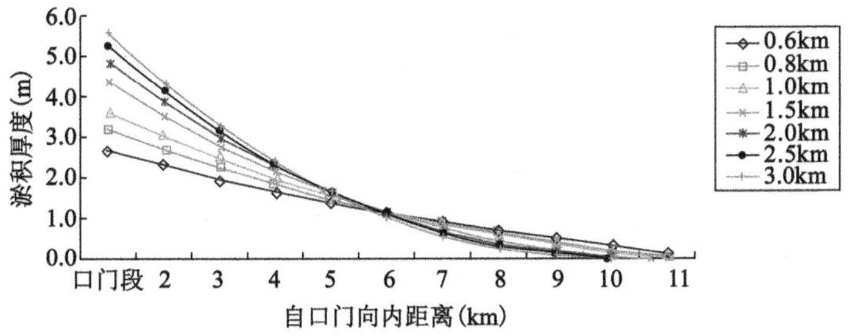

图 3.2-31 平行防沙堤各方案滩地平衡后航道内淤积厚度分布

③缓冲区宽度对航道淤积强度影响。

图 3.2-32 所示为滩地平衡后折线方案掩护段航道平均淤积厚度与缓冲区宽度的对应关系。从图中可见,航道内淤积厚度随着缓冲区的宽度增加而增大,但是随着宽度的进一步加大,航道内淤积厚度的变化趋于平缓,从趋势判断缓冲区宽度超过 3km 后,航道内淤积厚度应不再有较大变化。

折线形防沙堤方案中各区初期航道淤积量和滩地平衡后各区航道淤积量分别见表 3.2-9、表 3.2-10。

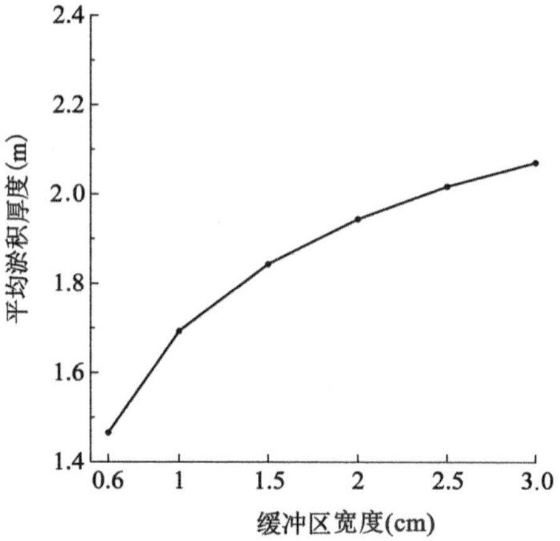

图 3.2-32 缓冲区宽度与平均淤积厚度的关系

折线形防沙堤方案各区初期航道淤积量(单位:万 m^3) 表 3.2-9

缓冲区宽度(km)	位置									
	区 1	区 2	区 3	区 4	区 5	区 6	区 7	区 8	区 9	区 10
0.6	16.5	14.1	11.9	10.0	8.3	6.8	5.4	4.3	3.2	2.4
1.0	15.5	13.3	11.1	9.0	7.0	5.4	3.9	2.9	1.9	1.0
1.5	13.9	12.4	10.7	8.8	6.8	4.8	3.2	2.2	1.4	0.5
2.0	12.6	11.9	10.5	8.7	6.6	4.4	2.9	1.7	1.0	0.3
2.5	11.4	11.4	10.4	8.7	6.5	4.3	2.6	1.5	0.7	0.2
3.0	10.5	10.9	10.2	8.5	6.3	4.1	2.4	1.2	0.5	0.2

折线形防沙堤方案滩地平衡后各区航道淤积量(单位:万 m^3) 表 3.2-10

缓冲区宽度(km)	位置									
	区 1	区 2	区 3	区 4	区 5	区 6	区 7	区 8	区 9	区 10
0.6	45.6	39.2	33.4	28.1	23.4	19.0	15.2	11.7	8.7	5.8
1.0	52.9	47.4	41.4	35.2	28.3	21.4	15.4	10.4	6.5	2.5
1.5	49.8	50.6	48.2	43.2	34.6	24.7	16.3	9.7	5.0	1.1
2.0	47.3	52.8	53.3	49.1	39.0	26.7	16.6	8.8	3.8	0.5
2.5	45.2	54.7	57.4	53.8	42.3	28.0	16.4	7.9	2.9	0.3
3.0	43.6	56.4	60.9	57.6	44.8	28.7	15.9	6.9	2.0	0.2

9)小结

(1)设置缓冲区增加了掩护区内总淤积量。

(2)防沙堤建成初期,缓冲区的设置可使航道内淤积量减小,并且缓冲区宽度越大,航道内淤积量越少,泥沙大部分淤积至滩面上。但是,当双堤间滩地淤积平衡后,航道内淤积量将会增加,而其缓冲区越宽,航道内淤积量就会越多,可见增加缓冲区的宽度对减少航道淤积量不利。然而,航道内淤积量也并非随缓冲区宽度的加大无限度地增加。通过计算分析,当缓冲区宽度超过3km后,航道内淤积厚度不再有较大变化。

(3)需要指出,缓冲区宽度越大,滩面堆积的泥沙将越多,并且增加风浪作用下二次冲刷至航道内而发生大淤的风险。

(4)对于港池淤积而言,缓冲区的设置可以减少港池淤积量。

(5)总体来讲,从减少淤积量的角度,不建议缓冲区的宽度过大。

3.2.1.3 其他因素影响

1)沿堤流

为了研究不同防沙堤间距对防沙堤两侧沿堤流的影响,分别对工况1~6进行潮流计算。潮流模型采用ADCIRC模型,该模型已在国内外大量工程研究中得到应用,被大量工程验证。

以工况4为例,沿堤流采样点位置如图3.2-33所示。

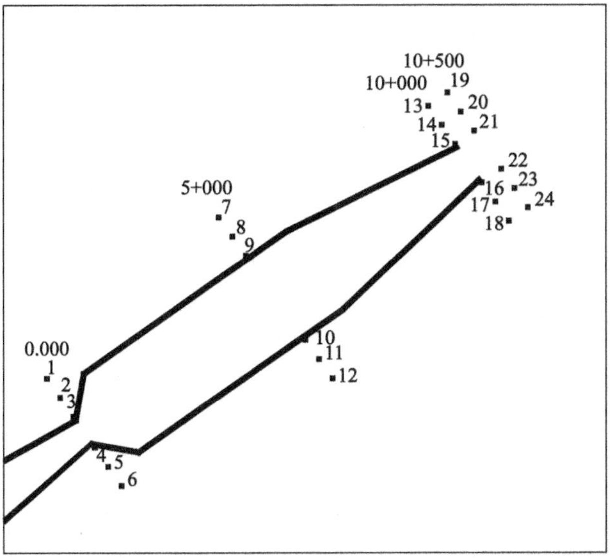

图3.2-33 沿堤流采样点位置示意图

由计算结果可以看出,由于受岸线形状和渤海湾的潮流影响,靠近外海流速较大,北侧防沙堤的沿堤流较南侧略大;从总体趋势看,随着防沙堤间距的增加,

1～6号测点的流速略有减小，7～12号测点的流速略有增大，13～24号测点的流速略有减小，但总体来看流速变化不大。口门附近的测点除沿堤流外还受到口门横流的影响。根据不同工况后最大沿堤流流速变化情况来看，随着防沙堤间距的增加，最大沿堤流流速有所减小，但是减小的幅度小于20%，北堤和南堤最大减小值分别为0.2m/s和0.1m/s左右。工况1（堤间距600m）至工况3（堤间距1.5km），北堤沿堤流的衰减较明显一些，而工况3之后北堤沿堤流的衰减就很小了。

2）航行安全

确定防沙堤间距时，还应考虑船舶航行的安全性。若防沙堤间距过窄，虽然泥沙淤积总量减少，但会对船舶驾驶员造成心理压力，导致事故发生的可能性增大。因此，布置防沙堤时，一般避免平行呈“窄胡同”布置，而是呈向口门收缩的“八字形”布置。若口门位置一次建设不到位，其宽度应预留出以后防沙堤延长需要的宽度。当防沙堤后期沿航道延长无法避免口门处“窄胡同”布置时，应尽量缩短其长度，保证航行安全。

3）远期发展

防沙堤间距的确定，还要考虑港区远期发展的需要，有时此因素是确定防沙堤间距的主要因素。由于一般防沙堤较长，形成了一定的掩护条件，航道两侧所围水域可以作为远期港区陆域发展用地。这时，防沙堤间距由两侧预留港区陆域纵深和码头岸线之间的预留港池宽度组成。

3.2.1.4　间距设置总结

（1）从各工况计算结果的总趋势看，在口门宽度不变、航道条件不变的情况下，进入港池内的波浪基本随防沙堤消能缓冲区间距的增大而减小。航道内波浪衰减也随防沙堤消能缓冲区间距的增大而增大，但从工况3（即防沙堤两堤间距为1.5km）开始，掩护区航道内波浪衰减的差异就开始减小。从航道内波浪看，效能缓冲区的最佳间距为1.5～2.0km，大于2km后波浪衰减几乎不变。

对于航道底宽分别取140m、180m和220m的情况，防沙堤间距为航道底宽的3倍左右时，航道中心波高沿程衰减略快一些。对于航道两侧浅滩，在不同航道底宽情况下，均呈现防沙堤间距越窄，浅滩波高衰减越快的变化规律。

从波高衰减角度，两堤间距越大，波高衰减越大，间距大于1.5km以后，波高衰减趋缓，故堤间距应以大于1.5km为宜。对于两堤间距小于1.5km的情况，应加大深水所占面积，当单位宽度达30%以上时，波高衰减较快。

（2）提出淤积平衡年限的概念，并提出两堤间滩地、航道初期淤积量、平衡后淤积量以及平衡年限的计算方法。随两堤间距增大，两堤间淤积平衡年限缩短,对于黄骅港,当两堤间距超过 2km 后,淤积平衡年限变化趋缓,两堤间距大于 1.5km 时,淤积平衡年限为 4 ~6 年。

(3)防沙堤建成初期,航道内淤积强度分布自口门向内逐渐减小,且两堤间距越大,航道内淤积量越少,泥沙大部分淤积至滩面上。对于黄骅港,间距大于 1km 后,航道内淤积量减小趋缓。两堤间距越窄,滩面淤积厚度越大,反之淤积厚度越小。当两堤间距大于 1.5km 时,滩面淤积厚度明显减小。

(4)当双堤间滩地淤积平衡后,航道内淤积量将会增加,两堤间距越大,航道内淤积量就会越多。当两堤间距超过 3km 后,航道内淤积厚度不再有较大变化。

(5)从航道泥沙淤积角度,针对黄骅港,两堤间距宜取 1 ~1.5km,若两堤间距大于 1.5km,则需在淤积平衡年限(4 ~6 年)结束前,通过吹填造陆,尽量减小滩面面积。

(6)随两堤间距加大,沿堤流有减小趋势,但总体变化不大。对于黄骅港,衰减的幅度小于 20% ,尤其堤间距大于 1.5km 以后,衰减幅度很小。

(7)若考虑远期在两防沙堤之间建设港区,则防沙堤间距以 2 ~3km 为宜。

3.2.2 防沙堤合理长度研究

防沙堤堤头位置一般应位于波浪破碎带以外,而对于粉沙质海岸,波浪破碎带和混水带很宽广,为保证一定的通航水深,防沙堤需建设得较长。由于防沙堤投资较大,因此,有必要对防沙堤的合理长度进行研究。本小节以黄骅港为例,对不同长度的防沙堤,从泥沙淤积、流场变化、投资效益等几方面综合比较,提出防沙堤合理长度的确定原则和方法。

3.2.2.1 *淤积影响*

1)年淤积量及减淤效果

(1)计算方案。

共五组计算方案,堤头位置分别为 W10 +500、W13 +500、W15 +000、W16 +500 和 W19 +000,如图 3.2-34 所示。

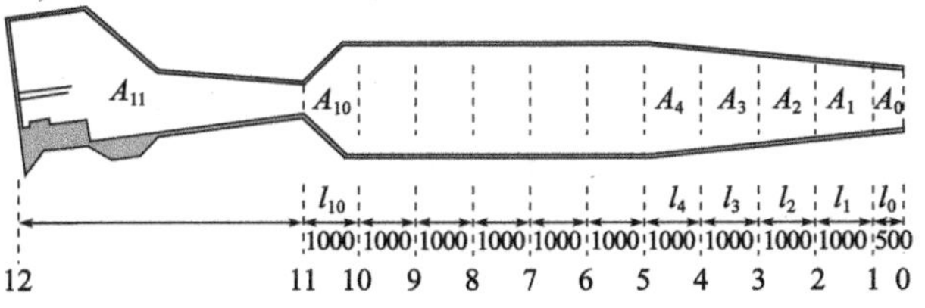

a)缓冲区2.0km,口门宽1000m,堤头位置W10+500

图 3.2-34

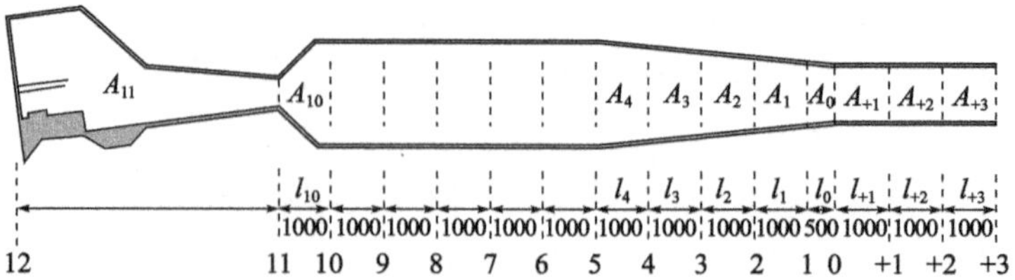

b)缓冲区2.0km，口门宽1000m，堤头位置W13+500

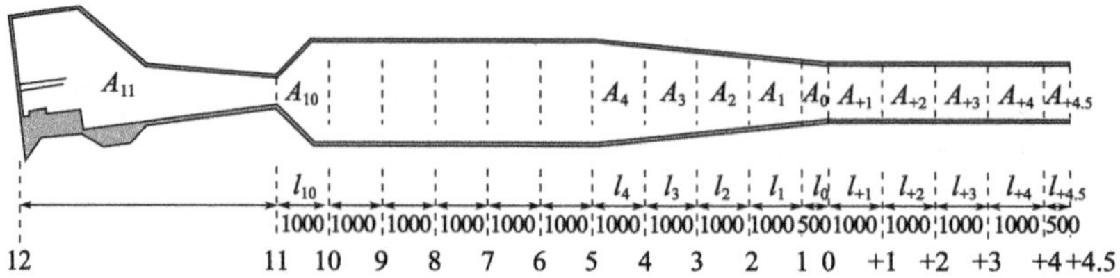

c)缓冲区2.0km，口门宽1000m，堤头位置W15+000

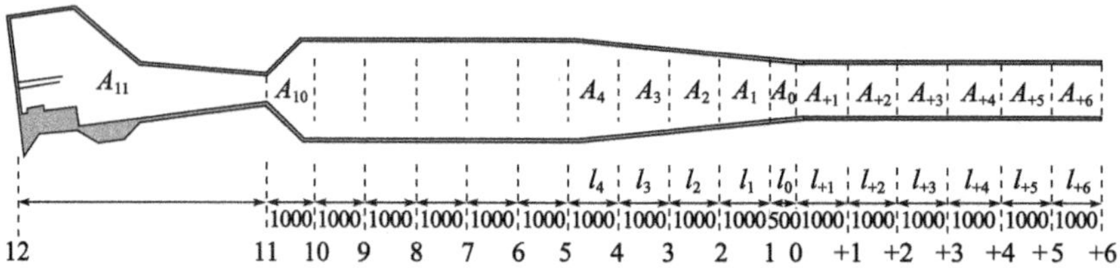

d)缓冲区2.0km，口门宽1000m，堤头位置W16+500

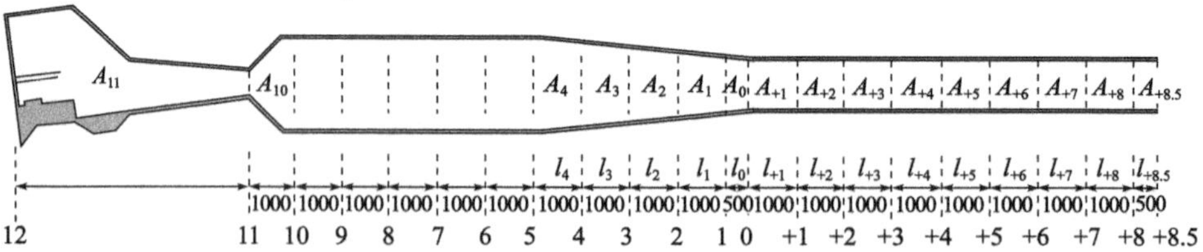

e)缓冲区2.0km，口门宽1000m，堤头位置W19+000

图 3.2-34　计算方案简图

(2)基本计算公式。

①内航道淤积计算。

港内开挖区各点的年淤积厚度按下式计算：

$$p=\frac{\alpha n\omega_{s}s_{0}T}{\gamma_{c}}\left[1-\left(\frac{h_{1}}{h_{2}}\right)^{3m}\right]\exp\left(-\frac{\alpha\omega_{s}TA_{x}}{h_{\Delta}A_{0}}\right) \tag{3.2-37}$$

式中：α——泥沙淤积概率；

ω_s——沉降速度；

n——潮次；

s_0——口门含沙量；

T——潮周期；

γ_c——淤积土干密度；

h_1——边滩水深；

h_2——航道水深；

m——平衡含沙量系数；

A_x——口门至 x 处的水域面积；

A_0——港内总水域面积；

h_Δ——潮差。

将式(3.2-37)沿港内开挖区全域积分即可得总淤积量 Q：

$$Q = \int_0^{A_2} p\mathrm{d}A = \frac{nh_\Delta A_0 S}{\gamma_c}\eta \tag{3.2-38}$$

$$\eta = \left(1 - \frac{h_1^{3m}}{h_2^{3m}}\right)\left[1 - \exp\left(-\frac{\alpha\omega_s TA_2}{h_\Delta A_0}\right)\right] \tag{3.2-39}$$

式中：η——回淤率。

②外航道淤积计算。

淤积由三部分组成，用平均淤积厚度表示如下：

$$\Delta_{总} = \Delta_s + \Delta_f + \Delta_b \tag{3.2-40}$$

式中：$\Delta_{总}$——总淤积速率；

Δ_s——悬移质产生的淤积速率；

Δ_f——底部高含沙水体产生的淤积速率；

Δ_b——推移质产生的淤积速率。

这三部分的淤积厚度计算公式分别如下。

悬移质淤积厚度计算公式：

$$\Delta_s = \frac{\alpha\omega st}{\rho_c}\left[1 - \left(\frac{h_1}{h_2}\right)^{0.56}\cos^2\theta - \left(\frac{h_1}{h_2}\right)^3\sin^2\theta\right] \tag{3.2-41}$$

式中：s——含沙量；

t——计算时段。

推移质的淤积计算公式：

$$\Delta_b = \alpha_b \frac{\rho_s \quad \rho \quad \omega_b}{\rho_s - \rho\rho_2 \sqrt{gd}}\left(1 - \frac{u_e^2}{u_{cw}^2}\right)\frac{u_{cw}^3\sin\theta}{gb}t \tag{3.2-42}$$

式中：α_b——系数；

ρ_s——泥沙密度；

ρ——水密度；

ρ_2——推移质淤积土的干密度；

ω_b——底沙沉降速度；

d——底沙粒径；

u_e——泥沙起动流速；

u_{cw}——波浪、水流共同作用下的流速，可按下式计算：

$$u_{cw} = \sqrt{u_c^2 + u_w^2} \tag{3.2-43}$$

式中：u_c——水流速度；

u_w——波浪底部质点水平速度。

临底部高浓度含沙层泥沙的淤积计算公式：

$$\Delta_f = \frac{h_f u_f S_f \sin\theta}{\rho_1 b} t \tag{3.2-44}$$

式中：h_f、u_f、S_f——底部高含沙水体的厚度、流速和含沙量。

为了工程应用上方便，也可对上式作进一步处理。

单宽输沙率进入航道落淤，平均分摊在航道内，这和航道内当地底部高含沙水体落淤量相当，即：

$$\frac{h_f u_f S_f \sin\theta}{\rho_1 b} = \alpha_f \frac{\omega_f S_f}{\rho_1} \eta_f \tag{3.2-45}$$

式中：α_f——底部高含沙水体的淤积概率；

η_f——底部高含沙水体的落淤系数。

将式(3.2-45)代入式(3.2-44)，得：

$$\Delta_f = \frac{\omega_f S_f t}{\rho_1} \tag{3.2-46}$$

式中：ω_f——底部高含沙水体内的泥沙沉降速度。

式(3.2-46)也可作为方便于工程应用的底部高含沙水体淤积计算公式，式中的参数 ω_f、S_f 和 ρ_1 均可通过试验、现场观测、理论分析求得。

(3)年淤积量计算结果。

计算了两组航道尺度，第一组航道宽 170m、底高程 -14.5m；第二组航道宽 220m、底高程 -14.5m。计算组合见表 3.2-11。各方案淤积厚度分布比较如图 3.2-35、图 3.2-36 所示。计算结果列于表 3.2-12 ~ 表 3.2-21 中。

计 算 方 案 表3.2-11

防沙堤堤头位置	航 道 宽 度	航道底高程
方案1(W10+500)	170m,220m	-14.5m
方案2(W13+500)	170m,220m	-14.5m
方案3(W15+000)	170m,220m	-14.5m
方案4(W16+500)	170m,220m	-14.5m
方案5(W19+000)	170m,220m	-14.5m

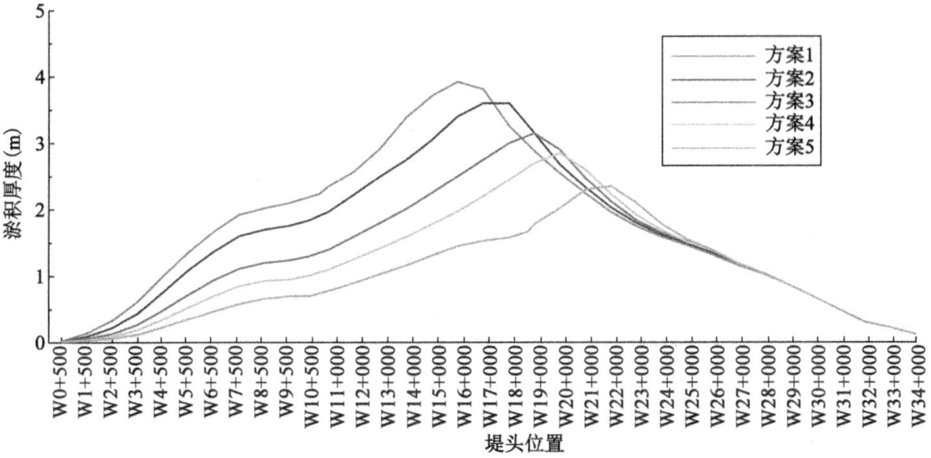

图3.2-35 各方案淤积厚度分布比较(宽170m,底高程-14.5m)

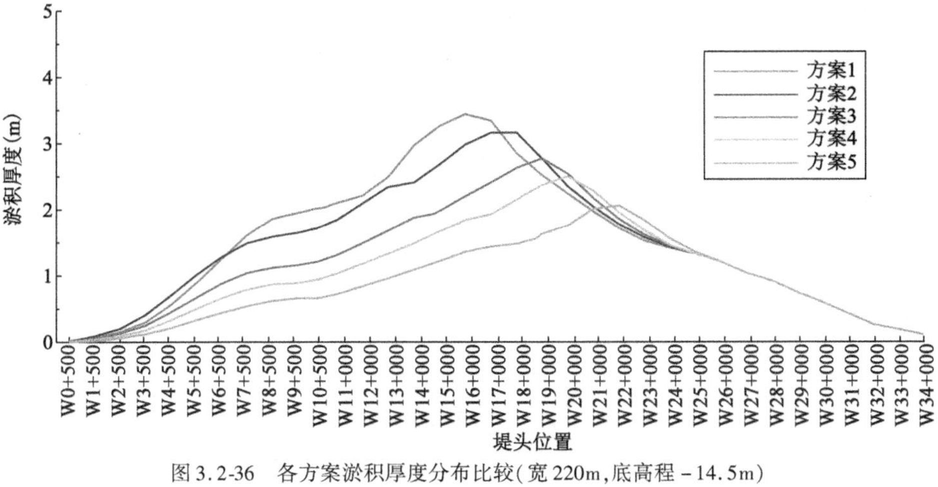

图3.2-36 各方案淤积厚度分布比较(宽220m,底高程-14.5m)

方案1(堤头位置 W10 +500,宽 170m,底高程 -14.5m)**计算结果**　　表 3.2-12

里程	淤积厚度	里程	淤积厚度	里程	淤积厚度	里程	淤积厚度
W0 +500	0.02	W9 +500	2.10	W17 +000	3.81	W26 +000	1.32
W1 +500	0.14	W10 +250	2.19	W18 +000	3.26	W27 +000	1.16
W2 +500	0.33	W10 +500	2.23	W19 +000	2.88	W28 +000	1.03
W3 +500	0.62	W11 +000	2.35	W20 +000	2.55	W29 +000	0.86
W4 +500	1.00	W12 +000	2.58	W21 +000	2.24	W30 +000	0.68
W5 +500	1.36	W13 +000	2.92	W22 +000	1.96	W31 +000	0.49
W6 +500	1.67	W14 +000	3.39	W23 +000	1.75	W32 +000	0.30
W7 +500	1.92	W15 +000	3.71	W24 +000	1.59	W33 +000	0.22
W8 +500	2.02	W16 +000	3.92	W25 +000	1.46	W34 +000	0.12

方案2(堤头位置 W13 +500,宽 170m,底高程 -14.5m)**计算结果**　　表 3.2-13

里程	淤积厚度	里程	淤积厚度	里程	淤积厚度	里程	淤积厚度
W0 +500	0.01	W9 +500	1.76	W18 +000	3.60	W27 +000	1.19
W1 +500	0.09	W10 +250	1.84	W19 +000	3.15	W28 +000	1.04
W2 +500	0.22	W11 +000	1.97	W20 +000	2.68	W29 +000	0.86
W3 +500	0.44	W12 +000	2.23	W21 +000	2.33	W30 +000	0.68
W4 +500	0.76	W13 +000	2.50	W22 +000	2.03	W31 +000	0.49
W5 +500	1.09	W14 +000	2.75	W23 +000	1.80	W32 +000	0.30
W6 +500	1.37	W15 +000	3.05	W24 +000	1.62	W33 +000	0.22
W7 +500	1.60	W16 +000	3.40	W25 +000	1.49	W34 +000	0.12
W8 +500	1.70	W17 +000	3.60	W26 +000	1.35		

方案3(堤头位置 W15 +000,宽 170m,底高程 -14.5m)**计算结果**　　表 3.2-14

里程	淤积厚度	里程	淤积厚度	里程	淤积厚度	里程	淤积厚度
W0 +500	0.01	W9 +500	1.24	W17 +000	3.00	W26 +000	1.19
W1 +500	0.06	W10 +250	1.30	W18 +000	3.15	W27 +000	1.04
W2 +500	0.13	W11 +000	1.40	W19 +000	2.90	W28 +000	0.86
W3 +500	0.27	W12 +000	1.60	W20 +000	2.47	W29 +000	0.68
W4 +500	0.49	W13 +000	1.80	W21 +000	2.12	W30 +000	0.49
W5 +500	0.72	W14 +000	2.01	W22 +000	1.84	W31 +000	0.30
W6 +500	0.94	W14 +750	2.25	W23 +000	1.65	W32 +000	0.22
W7 +500	1.11	W15 +000	2.50	W24 +000	1.52	W33 +000	0.12
W8 +500	1.20	W16 +000	2.75	W25 +000	1.39	W34 +000	

方案4(堤头位置 W16 +500,宽 170m,底高程 -14.5m)**计算结果** 表 3.2-15

里程	淤积厚度	里程	淤积厚度	里程	淤积厚度	里程	淤积厚度
W0 +500	0.01	W9 +500	0.95	W18 +000	2.45	W27 +000	1.19
W1 +500	0.04	W10 +250	1.01	W19 +000	2.70	W28 +000	1.04
W2 +500	0.09	W11 +000	1.10	W20 +000	2.85	W29 +000	0.86
W3 +500	0.19	W12 +000	1.26	W21 +000	2.60	W30 +000	0.68
W4 +500	0.35	W13 +000	1.42	W22 +000	2.23	W31 +000	0.49
W5 +500	0.53	W14 +000	1.59	W23 +000	1.92	W32 +000	0.30
W6 +500	0.70	W15 +000	1.78	W24 +000	1.69	W33 +000	0.22
W7 +500	0.85	W16 +000	1.97	W25 +000	1.51	W34 +000	0.12
W8 +500	0.93	W17 +000	2.20	W26 +000	1.38		

方案5(堤头位置 W19 +000,宽 170m,底高程 -14.5m)**计算结果** 表 3.2-16

里程	淤积厚度	里程	淤积厚度	里程	淤积厚度	里程	淤积厚度
W0 +500	0.01	W9 +500	0.70	W18 +000	1.58	W26 +000	1.39
W1 +500	0.03	W10 +250	0.70	W18 +750	1.67	W27 +000	1.19
W2 +500	0.06	W11 +000	0.78	W19 +000	1.78	W28 +000	1.04
W3 +500	0.12	W12 +000	0.90	W20 +000	2.02	W29 +000	0.86
W4 +500	0.23	W13 +000	1.03	W21 +000	2.30	W30 +000	0.68
W5 +500	0.35	W14 +000	1.16	W22 +000	2.35	W31 +000	0.49
W6 +500	0.47	W15 +000	1.31	W23 +000	2.10	W32 +000	0.30
W7 +500	0.58	W16 +000	1.45	W24 +000	1.78	W33 +000	0.22
W8 +500	0.66	W17 +000	1.53	W25 +000	1.55	W34 +000	0.12

方案 1(堤头位置 W10 +500,宽 220m,底高程 -14.5m)计算结果　　表 3.2-17

里程	淤积厚度	里程	淤积厚度	里程	淤积厚度	里程	淤积厚度
W0 +500	0.02	W9 +500	1.95	W17 +000	3.34	W26 +000	1.21
W1 +500	0.07	W10 +250	2.02	W18 +000	2.85	W27 +000	1.04
W2 +500	0.15	W10 +500	2.03	W19 +000	2.52	W28 +000	0.92
W3 +500	0.30	W11 +000	2.10	W20 +000	2.24	W29 +000	0.75
W4 +500	0.56	W12 +000	2.21	W21 +000	1.97	W30 +000	0.60
W5 +500	0.89	W13 +000	2.49	W22 +000	1.72	W31 +000	0.43
W6 +500	1.25	W14 +000	2.97	W23 +000	1.53	W32 +000	0.26
W7 +500	1.61	W15 +000	3.26	W24 +000	1.42	W33 +000	0.19
W8 +500	1.86	W16 +000	3.44	W25 +000	1.33	W34 +000	0.11

方案 2(堤头位置 W13 +500,宽 220m,底高程 -14.5m)计算结果　　表 3.2-18

里程	淤积厚度	里程	淤积厚度	里程	淤积厚度	里程	淤积厚度
W0 +500	0.01	W9 +500	1.65	W18 +000	3.16	W27 +000	1.04
W1 +500	0.09	W10 +250	1.72	W19 +000	2.77	W28 +000	0.92
W2 +500	0.20	W11 +000	1.84	W20 +000	2.35	W29 +000	0.75
W3 +500	0.41	W12 +000	2.09	W21 +000	2.04	W30 +000	0.60
W4 +500	0.70	W13 +000	2.34	W22 +000	1.78	W31 +000	0.43
W5 +500	1.01	W14 +000	2.41	W23 +000	1.58	W32 +000	0.26
W6 +500	1.28	W15 +000	2.68	W24 +000	1.43	W33 +000	0.19
W7 +500	1.49	W16 +000	2.98	W25 +000	1.33	W34 +000	0.11
W8 +500	1.59	W17 +000	3.16	W26 +000	1.21		

方案 3(堤头位置 W15 +000,宽 220m,底高程 -14.5m)计算结果　　表 3.2-19

里程	淤积厚度	里程	淤积厚度	里程	淤积厚度	里程	淤积厚度
W0 +500	0.01	W9 +500	1.16	W17 +000	2.41	W26 +000	1.21
W1 +500	0.05	W10 +250	1.21	W18 +000	2.63	W27 +000	1.04
W2 +500	0.13	W11 +000	1.31	W19 +000	2.77	W28 +000	0.92
W3 +500	0.25	W12 +000	1.49	W20 +000	2.54	W29 +000	0.75
W4 +500	0.45	W13 +000	1.68	W21 +000	2.17	W30 +000	0.60
W5 +500	0.67	W14 +000	1.88	W22 +000	1.86	W31 +000	0.43
W6 +500	0.88	W14 +750	1.93	W23 +000	1.62	W32 +000	0.26
W7 +500	1.04	W15 +000	1.98	W24 +000	1.45	W33 +000	0.19
W8 +500	1.12	W16 +000	2.20	W25 +000	1.33	W34 +000	0.11

方案4(堤头位置 W16 +500,宽220m,底高程 -14.5m)**计算结果** 表3.2-20

里程	淤积厚度	里程	淤积厚度	里程	淤积厚度	里程	淤积厚度
W0 +500	0.01	W9 +500	0.89	W18 +000	2.15	W27 +000	1.04
W1 +500	0.04	W10 +250	0.94	W19 +000	2.37	W28 +000	0.92
W2 +500	0.09	W11 +000	1.03	W20 +000	2.50	W29 +000	0.75
W3 +500	0.18	W12 +000	1.18	W21 +000	2.28	W30 +000	0.60
W4 +500	0.33	W13 +000	1.33	W22 +000	1.96	W31 +000	0.43
W5 +500	0.50	W14 +000	1.49	W23 +000	1.69	W32 +000	0.26
W6 +500	0.66	W15 +000	1.67	W24 +000	1.46	W33 +000	0.19
W7 +500	0.79	W16 +000	1.84	W25 +000	1.33	W34 +000	0.11
W8 +500	0.87	W17 +000	1.93	W26 +000	1.21		

方案5(堤头位置 W19 +000,宽220m,底高程 -14.5m)**计算结果** 表3.2-21

里程	淤积厚度	里程	淤积厚度	里程	淤积厚度	里程	淤积厚度
W0 +500	0.00	W9 +500	0.66	W18 +000	1.48	W26 +000	1.21
W1 +500	0.02	W10 +250	0.66	W18 +750	1.56	W27 +000	1.04
W2 +500	0.06	W11 +000	0.72	W19 +000	1.63	W28 +000	0.92
W3 +500	0.12	W12 +000	0.84	W20 +000	1.76	W29 +000	0.75
W4 +500	0.21	W13 +000	0.96	W21 +000	2.01	W30 +000	0.60
W5 +500	0.33	W14 +000	1.09	W22 +000	2.06	W31 +000	0.43
W6 +500	0.44	W15 +000	1.22	W23 +000	1.84	W32 +000	0.26
W7 +500	0.54	W16 +000	1.36	W24 +000	1.56	W33 +000	0.19
W8 +500	0.62	W17 +000	1.44	W25 +000	1.36	W34 +000	0.11

(4)减淤效果分析。

①淤积厚度。

a. 掩护段航道淤积厚度。

随着防沙堤延长,各方案掩护段内平均淤积厚度逐渐下降,其余不同防沙堤堤头位置可近似由表3.2-22、表3.2-23中数据插值求得。

各方案掩护段内平均淤积厚度(宽170m,底高程 -14.5m) 表3.2-22

方案	1	2	3	4	5
堤头位置	W10 +500	W13 +500	W15 +000	W16 +500	W19 +000
延堤长度(km)	0	3	4.5	6	9

续上表

方案	1	2	3	4	5
W0 +000 ~ W10 +500(m)	1.12	0.90	0.62	0.46	0.32
W10 +500 ~ W13 +500(m)	—	2.20	1.60	1.26	0.90
W13 +500 ~ W15 +000(m)	—	—	2.09	1.69	1.23
W15 +000 ~ W16 +500(m)	—	—	—	1.88	1.40
W16 +500 ~ W19 +000(m)	—	—	—	—	1.60
掩护段平均淤积厚度(m)	1.12	1.10	0.93	0.86	0.72

各方案掩护段内平均淤积厚度(宽 220m,底高程 -14.5m)　表 3.2-23

方案	1	2	3	4	5
堤头位置	W10 +500	W13 +500	W15 +000	W16 +500	W19 +000
延堤长度(km)	0	3	4.5	6	9
W0 +000 ~ W10 +500(m)	1.06	0.84	0.58	0.43	0.30
W10 +500 ~ W13 +500(m)	—	2.00	1.42	1.12	0.84
W13 +500 ~ W15 +000(m)	—	—	1.92	1.58	1.16
W15 +000 ~ W16 +500(m)	—	—	—	1.75	1.29
W16 +500 ~ W19 +000(m)	—	—	—	—	1.53
掩护段平均淤积强度(m)	1.06	1.00	0.82	0.81	0.67

b. 最大淤积厚度。

各方案最大淤积厚度及位置见表 3.2-24 和表 3.2-25。随着防沙堤延长,各方案最大年淤积厚度逐渐下降。图 3.2-37 为最大淤积厚度和淤积平均值的变化趋势线。

各方案最大淤积厚度及位置(宽 170m,底高程 -14.5m)　表 3.2-24

方案	1	2	3	4	5
最大淤积厚度(m)	3.92	3.60	3.15	2.85	2.35
最大淤积厚度位置	W16 +000	W18 +000	W19 +000	W20 +000	W22 +000

各方案最大淤积厚度及位置(宽 220m,底高程 -14.5m)　表 3.2-25

方案	1	2	3	4	5
最大淤积厚度(m)	3.44	3.16	2.77	2.50	2.06
最大淤积厚度位置	W16 +000	W18 +000	W19 +000	W20 +000	W22 +000

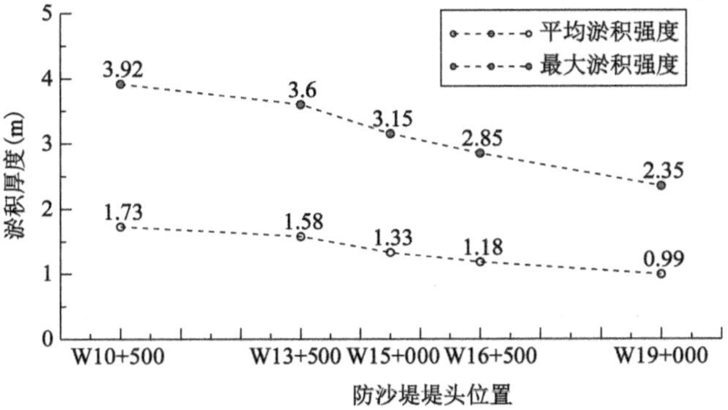

图 3.2-37 延长防沙堤航道最大淤积厚度及平均淤积厚度变化趋势线（宽 170m，底高程 -14.5m）

②淤积量。

a. 港池淤积量。

图 3.2-38 显示了港池淤积量随着防沙堤延长而减小的趋势。

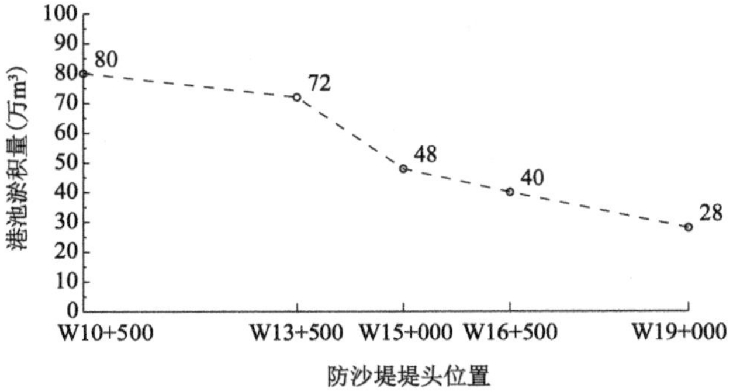

图 3.2-38 延长防沙堤港池淤积量变化趋势图（宽 170m，底高程 -14.5m）

从计算结果，可以得出以下结论：

(a)在航道宽 170m，底高程 -14.5m 的情况下，当防沙堤从 W10 +500 延长到 W13 +500 时，每延长 1km 港池淤积量减少约 2.7 万 m^3；当从 W13 +500 再延长到 W15 +000 时，每延长 1km，港池淤积量减少约 16 万 m^3；当从 W15 +000 再延长到 W16 +500 时，每延长 1km，港池淤积量减少约 5.3 万 m^3；当从 W16 +500 再延长到 W19 +000 时，每延长 1km，港池淤积量减少约 4.8 万 m^3。

(b)在航道宽 220m，底高程 -14.5m 的情况下，港池淤积量变化与上述变化相当。

各方案港池淤积量计算结果见表 3.2-26、表 3.2-27。

各方案港池淤积量计算结果(宽 170m,底高程 -14.5m)　　表 3.2-26

<table>
<tr><th rowspan="2">堤头位置</th><th rowspan="2">港池</th><th colspan="7">区段淤积量(万 m³)</th><th rowspan="2">累计</th></tr>
<tr><th>N0 ~ W0 +000</th><th>W0 +000 ~ W10 +500</th><th>W10 +500 ~ W13 +500</th><th>W13 +500 ~ W15 +000</th><th>W15 +000 ~ W16 +500</th><th>W16 +500 ~ W19 +000</th><th>W19 +000 ~ W34 +000</th></tr>
<tr><td rowspan="2">W10 +500</td><td rowspan="2">80</td><td>20</td><td>199</td><td colspan="5" rowspan="2">850</td><td rowspan="2">1149</td></tr>
<tr><td colspan="2">219</td></tr>
<tr><td rowspan="2">W13 +500</td><td rowspan="2">72</td><td>18</td><td>176</td><td>135</td><td colspan="4" rowspan="2">639</td><td rowspan="2">1040</td></tr>
<tr><td colspan="3">329</td></tr>
<tr><td rowspan="2">W15 +000</td><td rowspan="2">48</td><td>12</td><td>119</td><td>86</td><td>56</td><td colspan="3" rowspan="2">565</td><td rowspan="2">886</td></tr>
<tr><td colspan="4">273</td></tr>
<tr><td rowspan="2">W16 +500</td><td rowspan="2">40</td><td>10</td><td>90</td><td>61</td><td>43</td><td>52</td><td colspan="2" rowspan="2">473</td><td rowspan="2">769</td></tr>
<tr><td colspan="5">256</td></tr>
<tr><td rowspan="2">W19 +000</td><td rowspan="2">28</td><td>7</td><td>58</td><td>46</td><td>30</td><td>37</td><td>75</td><td rowspan="2">346</td><td rowspan="2">627</td></tr>
<tr><td colspan="6">253</td></tr>
</table>

各方案港池淤积量计算结果(宽 220m,底高程 -14.5m)　　表 3.2-27

<table>
<tr><th rowspan="2">堤头位置</th><th rowspan="2">港池</th><th colspan="7">区段淤积量(万 m³)</th><th rowspan="2">累计</th></tr>
<tr><th>N0 ~ W0 +000</th><th>W0 +000 ~ W10 +500</th><th>W10 +500 ~ W13 +500</th><th>W13 +500 ~ W15 +000</th><th>W15 +000 ~ W16 +500</th><th>W16 +500 ~ W19 +000</th><th>W19 +000 ~ W34 +000</th></tr>
<tr><td rowspan="2">W10 +500</td><td rowspan="2">81</td><td>20</td><td>219</td><td colspan="5" rowspan="2">944</td><td rowspan="2">1314</td></tr>
<tr><td colspan="2">239</td></tr>
<tr><td rowspan="2">W13 +500</td><td rowspan="2">73</td><td>18</td><td>210</td><td>144</td><td colspan="4" rowspan="2">766</td><td rowspan="2">1211</td></tr>
<tr><td colspan="3">372</td></tr>
<tr><td rowspan="2">W15 +000</td><td rowspan="2">49</td><td>12</td><td>143</td><td>102</td><td>65</td><td colspan="3" rowspan="2">653</td><td rowspan="2">1024</td></tr>
<tr><td colspan="4">322</td></tr>
<tr><td rowspan="2">W16 +500</td><td rowspan="2">41</td><td>10</td><td>107</td><td>80</td><td>53</td><td>61</td><td colspan="2" rowspan="2">530</td><td rowspan="2">882</td></tr>
<tr><td colspan="5">311</td></tr>
<tr><td rowspan="2">W19 +000</td><td rowspan="2">28</td><td>7</td><td>73</td><td>56</td><td>38</td><td>44</td><td>84</td><td rowspan="2">403</td><td rowspan="2">733</td></tr>
<tr><td colspan="6">302</td></tr>
</table>

b. 掩护段航道淤积量。

(a)防沙堤延长导致封闭水域面积扩大,同时堤头外推使口门含沙量减小。

(b)防沙堤延长后,掩护段内各区段淤积量随着防沙堤的延长而逐渐减小。

(c)防沙堤延长后,随被掩护的航道段长度的增加,掩护段总淤积量按以下方式变化:当堤从 W10 + 500 延长至 W13 + 500 时,掩护段内总淤积量有所增加;当防沙堤继续延长至 W15 + 000、W16 + 500 和 W19 + 000 时,掩护段内淤积量又随堤的延长而呈减小趋势。

防沙堤延长沙堤后掩护段内航道淤积量变化趋势如图 3.2-39 所示。

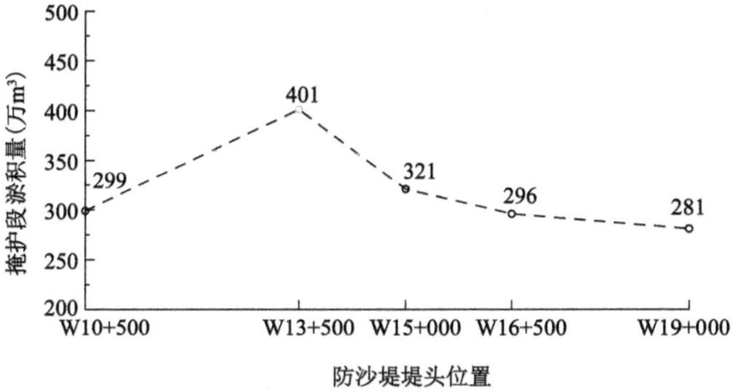

图 3.2-39 延长防沙堤后掩护段内航道淤积量变化趋势图(宽 170m,底高程 - 14.5m)

c. 开敞航道段淤积量。

(a)防沙堤的延长使开敞航道段变短,因此,开敞段淤积量随着堤的延长而减少。

(b)开敞航道段最大淤积厚度减小,位置外移,其余开敞段淤积厚度基本不变。

d. 港口总淤积量。

防沙堤延长后,港口总淤积量减小,如图 3.2-40 所示。

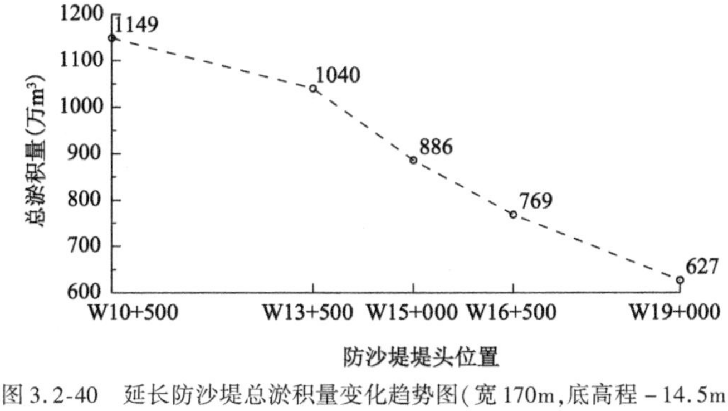

图 3.2-40 延长防沙堤总淤积量变化趋势图(宽 170m,底高程 - 14.5m)

就航道宽 170m,底高程 14.5m 的情况而言,当防沙堤分别延伸至 W13 + 500、W15 + 000、W16 + 500 和 W19 + 000 时与堤头在 W10 + 500 时相比,港口总淤积量分别减小了 109 万 m^3、263 万 m^3、380 万 m^3 和 522 万 m^3。

就航道宽220m,底高程 -14.5m 的情况而言,当防沙堤分别延伸至 W13 +500、W15 +000、W16 +500 和 W19 +000 时与堤头在 W10 +500 时相比,港口总淤积量分别减小了 103 万 m^3、290 万 m^3、432 万 m^3 和 581 万 m^3。

e. 减淤率。

(a)分别延长防沙堤至 W13 +500、W15 +000、W16 +500 和 W19 +000 时与堤头在 W10 +500 时相比,对于总淤积量而言的减淤率分别为 9.5%、22.9%、33.1%和45.4%。

(b)延长防沙堤,单位长度(1km)下的减淤量和减淤率如图 3.2-41 所示。

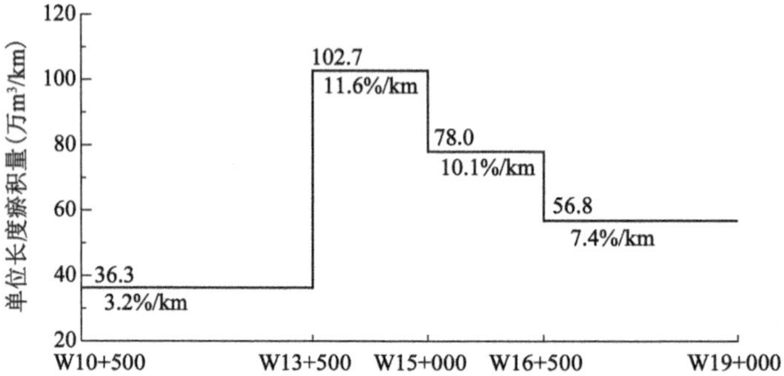

图 3.2-41 延堤单位长度减淤量及减淤率(宽 170m,底高程 -14.5m)

由 W10 +500 延伸到 W13 +500:减淤量 36.3 万 m^3/km;减淤率 3.2%/km。

由 W13 +500 延伸到 W15 +000:减淤量 102.7 万 m^3/km;减淤率 11.6%/km。

由 W15 +000 延伸到 W16 +500:减淤量 78.0 万 m^3/km;减淤率 10.1%/km。

由 W16 +500 延伸到 W19 +000:减淤量 56.8 万 m^3/km;减淤率 7.4%/km。

(5)开挖量分析。

以上计算了不同方案的年淤积量,根据上述计算结果,计算了航道发生淤积后,恢复到不同等级航道时所需的疏浚量,结果见表 3.2-28 和表 3.2-29。

各方案不同航道等级的年维护量

(宽 170m,底高程 -14.5m,单位:万 m^3)　　表 3.2-28

航道底高程(m)	方案				
	1	2	3	4	5
-14.5	1149	1040	886	769	627
-13.0	337	287	183	129	59
-11.5	52	30	2	0	0

各方案不同航道等级的年维护量

(宽220m,底高程 -14.5m,单位:万 m^3)　　　　表3.2-29

航道底高程(m)	方案				
	1	2	3	4	5
-14.5	1314	1211	1024	882	733
-13.0	322	271	161	108	40
-11.5	22	6	0	0	0

2)骤淤影响

由于黄骅港港池及航道淤积主要受风浪过程的控制,因此,比较准确地模拟风浪过程,是揭示航道及港池回淤的基础。近年来,以第三代风浪为代表的风浪生成与演化的方向谱计算模型越来越多地在工程中得到应用。因此,在进行骤淤影响研究时,采用第三代风浪模型中广泛应用的SWAN模型来模拟黄骅港海域的风浪过程。泥沙运动采用了窦国仁等(1995)基于波流共同作用下挟沙力概念的平面二维泥沙数学模型,波浪作用下的挟沙能力根据实际波能演化原理进行修正。图3.2-42显示了黄骅港海域泥沙运动模拟数学模型的组成情况。试验共五组计算方案,堤头位置分别在W10+500、W13+500、W15+000、W16+500、W19+000处。

(1)计算条件。

计算采用2003年10月10日开始的风暴潮过程作为45年一遇骤淤计算条件,计算时取该次风暴潮的风、浪、流条件。根据研究,黄骅港10年一遇骤淤为45年一遇骤淤的0.5倍,10年一遇骤淤即按此条件计算。

(2)10年一遇骤淤计算结果及分析。

10年一遇条件下,不同防沙堤掩护长度时航道内的淤积厚度分布如图3.2-43所示,不同工况(工况1~5对应前述方案1~5)骤淤淤积量计算结果如图3.2-44所示,淤积量统计见表3.2-30;不同工况下最大淤积厚度和平均淤积厚度变化如图3.2-45所示;不同工况下防沙堤的减淤效果如图3.2-46和表3.2-31所示。

从上述图表中可以看出,受防沙堤掩护长度的影响,不同工况时防沙堤掩护范围内在各工况新口门附近的淤积厚度变化较大,对于W0+000~W7+000以及W23+000以远的航道,不同工况情况下的淤积厚度则较接近。不同工况时防沙堤末端口门附近由于流速较大而淤积厚度相比口门两侧略有降低。从淤积分布看,防沙堤延伸越长,最大淤积厚度越小。防沙堤长度为10.5km时,10年一遇骤淤航道内平均淤积厚度最大,而防沙堤延长到19km时,10年一遇骤淤航道内的平均淤积厚度最小。

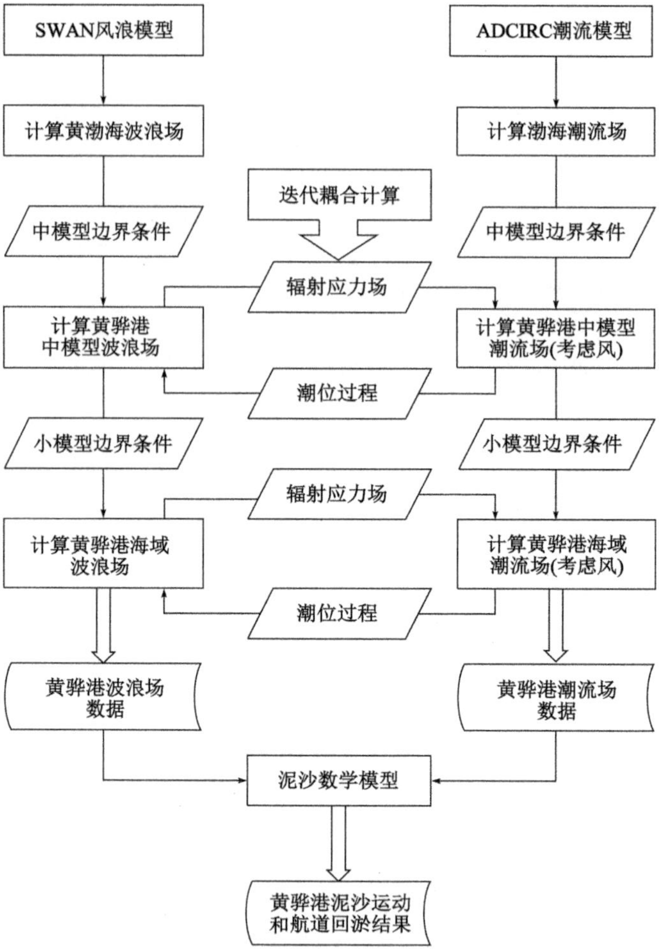

图 3.2-42　黄骅港海域泥沙运动数学模型组成

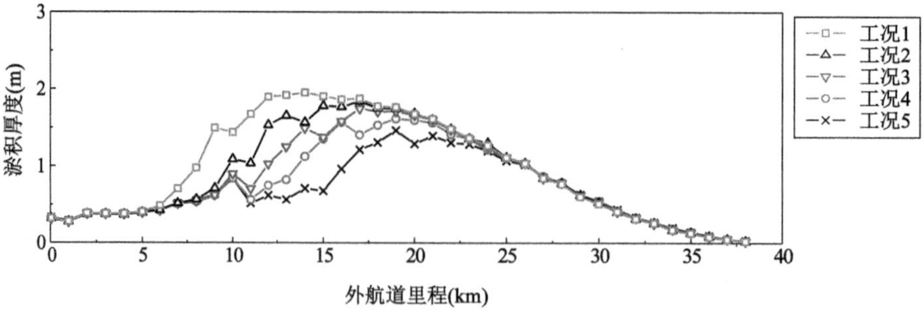

图 3.2-43　不同防沙堤掩护长度时航道 10 年一遇骤淤淤积厚度分布

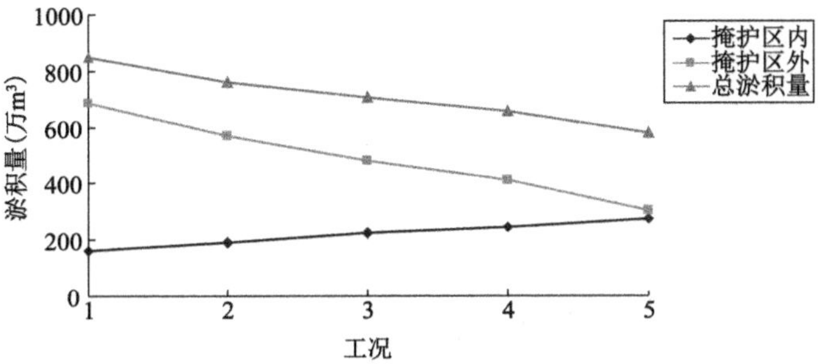

图 3.2-44　不同防沙堤掩护长度时航道 10 年一遇骤淤淤积量

各工况 10 年一遇骤淤淤积量　　表 3.2-30

工况	1	2	3	4	5
掩护位置	W10 +500	W13 +500	W15 +000	W16 +500	W19 +000
掩护区内淤积(万 m³)	160	193	226	246	274
掩护区外淤积(万 m³)	687	568	479	410	306
总淤积量(万 m³)	847	761	705	656	580

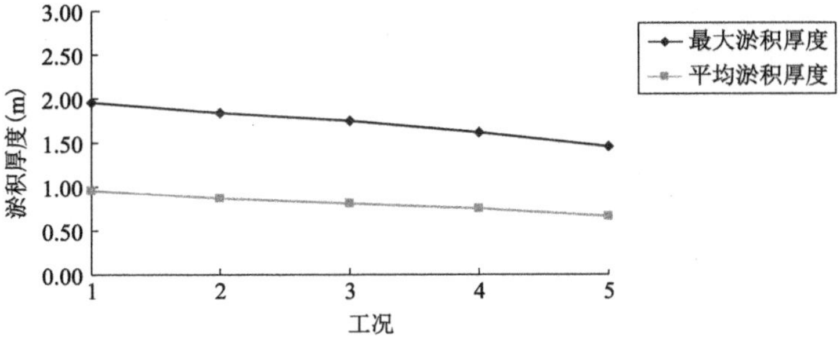

图 3.2-45　不同防沙堤掩护长度时航道 10 年一遇骤淤最大淤积厚度和平均淤积厚度

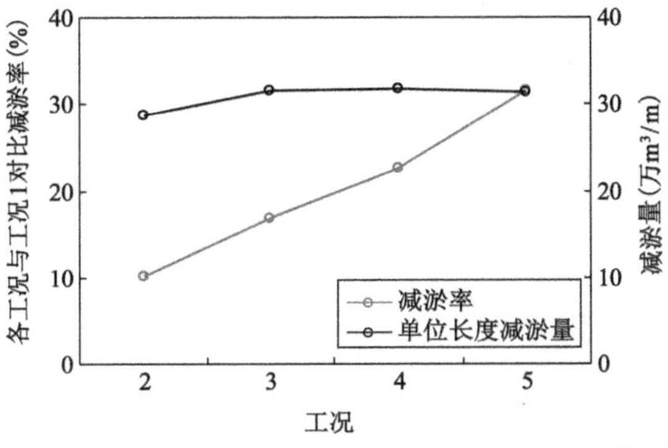

图 3.2-46　不同防沙堤掩护长度时航道 10 年一遇骤淤减淤效果

各工况减淤效果 表 3.2-31

工况	2	3	4	5
减淤率(%)	10	17	23	32
减淤量(万 m^3)	86	142	191	267
单位长度减淤量(万 m^3/m)	29	32	32	31

10 年一遇骤淤工况下,掩护区内的淤积量随着防沙堤的延长而增加,掩护区外的淤积量随防沙堤的延长而减小,总淤积量随着防沙堤的延长而逐渐减小。

根据不同工况下防沙堤的减淤效果,防沙堤延长后减淤率不断增加,但是减淤量变化不大。

3.2.2.2 口门横流影响

1)潮流的数值模拟

水动力计算采用了采用 ADCIRC 模型,对五组方案进行了计算,堤头位置分别在 W10 +500、W13 +500、W15 +000、W16 +500 和 W19 +000 处。为比较不同工况对口门横流的影响,在口门附近布置了 25 个流速测点,如图 3.2-47 所示,其中 5 号测点位于口门处。1 ~ 5 号测点的间隔为 500m,5 ~ 25 号测点的间隔为 100m。

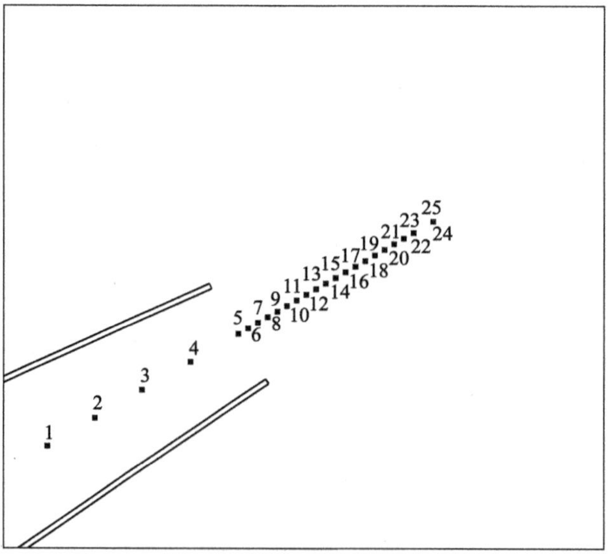

图 3.2-47 口门横流测点布置示意图

2)各工况计算结果及分析

不同工况各流速采样点的最大横向流速计算结果分别见表3.2-32～表3.2-36。

由最大横向流速计算结果可以得出以下结论。

(1)工况1:口门处的最大横向流速出现在口门外400～700m,最大值为0.49m/s,并向外逐渐减小;

(2)工况2:口门处的最大横向流速出现在口门外400～500m,最大值为0.50m/s,并向外逐渐减小;

(3)工况3:口门处的最大横向流速出现在口门外300～700m,最大值为0.50m/s,并向外逐渐减小;

(4)工况4:口门处的最大横向流速出现在口门外400～600m,最大值为0.53m/s,并向外逐渐减小;

(5)工况5:口门处的最大横向流速出现在口门外300～500m,最大值为0.56m/s,并向外逐渐减小。

从不同工况各测点的最大横流流速可以看出,口门内由于防沙堤掩护作用横流较小,一般不超过0.3m/s,从口门处向口门外横向流速先缓慢增加然后又逐渐减小,但是变化的幅度不大。各工况口门附近出现最大横向流速一般在涨急时刻,位置约在距口门400m处。

工况1最大横向流速计算结果(防沙堤长度10.5km)　　表3.2-32

点号	位　置	最大横流流速(m/s)	点号	位　置	最大横流流速(m/s)
1	W8+500	0.08	14	W11+400	0.48
2	W9+000	0.11	15	W11+500	0.48
3	W9+500	0.14	16	W11+600	0.47
4	W10+000	0.18	17	W11+700	0.47
5	W10+500	0.39	18	W11+800	0.46
6	W10+600	0.43	19	W11+900	0.45
7	W10+700	0.45	20	W12+000	0.45
8	W10+800	0.47	21	W12+100	0.44
9	W10+900	0.48	22	W12+200	0.44
10	W11+000	0.49	23	W12+300	0.43
11	W11+100	0.49	24	W12+400	0.43
12	W11+200	0.49	25	W12+500	0.42
13	W11+300	0.48			

工况 2 最大横向流速计算结果(防沙堤长度 13.5km)　　表 3.2-33

点号	位　置	最大横流流速(m/s)	点号	位　置	最大横流流速(m/s)
1	W11 +500	0.23	14	W14 +400	0.48
2	W12 +000	0.22	15	W14 +500	0.47
3	W12 +500	0.21	16	W14 +600	0.47
4	W13 +000	0.21	17	W14 +700	0.46
5	W13 +500	0.42	18	W14 +800	0.46
6	W13 +600	0.46	19	W14 +900	0.45
7	W13 +700	0.48	20	W15 +000	0.45
8	W13 +800	0.49	21	W15 +100	0.44
9	W13 +900	0.50	22	W15 +200	0.44
10	W14 +000	0.50	23	W15 +300	0.43
11	W14 +100	0.49	24	W15 +400	0.43
12	W14 +200	0.49	25	W15 +500	0.43
13	W14 +300	0.48			

工况 3 最大横向流速计算结果(防沙堤长度 15.0km)　　表 3.2-34

点号	位　置	最大横流流速(m/s)	点号	位　置	最大横流流速(m/s)
1	W13 +000	0.22	14	W15 +900	0.49
2	W13 +500	0.22	15	W16 +000	0.48
3	W14 +000	0.20	16	W16 +100	0.48
4	W14 +500	0.23	17	W16 +200	0.47
5	W15 +000	0.43	18	W16 +300	0.47
6	W15 +100	0.47	19	W16 +400	0.46
7	W15 +200	0.49	20	W16 +500	0.46
8	W15 +300	0.50	21	W16 +600	0.45
9	W15 +400	0.50	22	W16 +700	0.45
10	W15 +500	0.50	23	W16 +800	0.44
11	W15 +600	0.50	24	W16 +900	0.44
12	W15 +700	0.50	25	W17 +000	0.43
13	W15 +800	0.49			

工况4最大横向流速计算结果(防沙堤长度16.5km)　　表3.2-35

点号	位　置	最大横流流速(m/s)	点号	位　置	最大横流流速(m/s)
1	W14 + 500	0.21	14	W17 + 400	0.51
2	W15 + 000	0.21	15	W17 + 500	0.50
3	W15 + 500	0.20	16	W17 + 600	0.49
4	W16 + 000	0.22	17	W17 + 700	0.49
5	W16 + 500	0.45	18	W17 + 800	0.48
6	W16 + 600	0.49	19	W17 + 900	0.48
7	W16 + 700	0.51	20	W18 + 000	0.47
8	W16 + 800	0.52	21	W18 + 100	0.47
9	W16 + 900	0.53	22	W18 + 200	0.47
10	W17 + 000	0.52	23	W18 + 300	0.46
11	W17 + 100	0.52	24	W18 + 400	0.46
12	W17 + 200	0.52	25	W18 + 500	0.45
13	W17 + 300	0.51			

工况5最大横向流速计算结果(防沙堤长度19.0km)　　表3.2-36

点号	位　置	最大横流流速(m/s)	点号	位　置	最大横流流速(m/s)
1	W17 + 000	0.21	14	W19 + 900	0.53
2	W17 + 500	0.22	15	W20 + 000	0.53
3	W18 + 000	0.23	16	W20 + 100	0.52
4	W18 + 500	0.28	17	W20 + 200	0.51
5	W19 + 000	0.51	18	W20 + 300	0.51
6	W19 + 100	0.54	19	W20 + 400	0.50
7	W19 + 200	0.55	20	W20 + 500	0.50
8	W19 + 300	0.56	21	W20 + 600	0.49
9	W19 + 400	0.56	22	W20 + 700	0.49
10	W19 + 500	0.56	23	W20 + 800	0.48
11	W19 + 600	0.55	24	W20 + 900	0.48
12	W19 + 700	0.55	25	W21 + 000	0.47
13	W19 + 800	0.54			

不同工况下最大横流计算结果和横流超过1km的范围见表3.2-37和图3.2-48。不同工况的最大横向流速分别为0.49m/s、0.50m/s、0.50m/s、0.53m/s和0.56m/s,可以看出,随着防沙堤长度的增加,由于受到外海潮流影响,最大横向流速有所增大,但增大幅值不大。横流超过1km的范围在工况4、5时分别为400m和1000m左右。

不同工况下最大横流及横流大于1km范围统计 表3.2-37

工况	1	2	3	4	5
最大横流(m/s)	0.49	0.5	0.5	0.53	0.56
横流大于0.5m/s范围(m)	0	0	0	400	1000

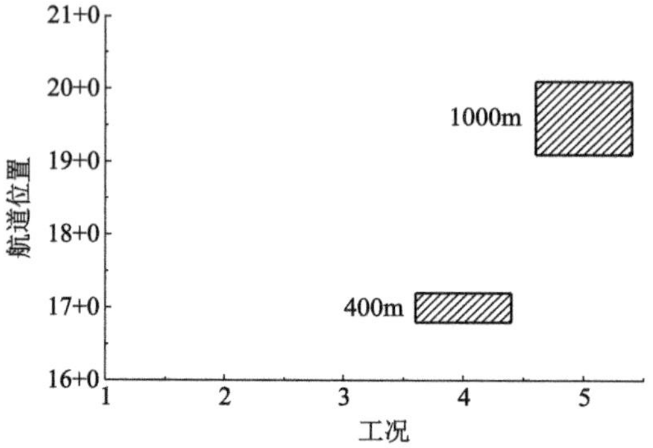

图3.2-48 不同工况下横流大于1km的范围

3.2.2.3 沿堤流影响

各工况的计算条件同前。为对计算结果进行分析,在南北防沙堤外侧沿防沙堤走向分别布置3排采样点,距堤分别为50m、550m、1050m,各排采样点间距约5000m,在口门处两排采样点间距500m。采样点从潜堤处开始布置,采样点名称的第一个字符表示南堤(S)或北堤(N),第二个字符表示距离防沙堤的远近,第三个字符表示序号。工况1(防沙堤长度10.5km)的采样点位置示意图如图3.2-49所示,其他工况由于防沙堤长度变化,在防沙堤中部多出6~12个采样点,因此,口门附近采样点的序号不完全相同。

不同长度防沙堤的沿堤流最大流速计算结果分别见表3.2-38~表3.2-42。不同工况下最大沿堤流流速计算结果见表3.2-43和图3.2-50。

由不同防沙堤长度的计算结果可以看出,最大沿堤流流速一般出现在落潮过程中,北侧采样点由于受到防沙堤的阻挡,因此,最大沿堤流流速一般大于南侧采样点;从不同工况下各采样点的计算结果看,防沙堤长度的变化对沿堤流影响较小,对南侧采样点的影响小于北侧,防沙堤延长后口门附近采样点的最大沿堤流流速变化不大,变化幅度不超过 0.1m/s。从计算结果看,无风情况下的沿堤流流速并不大。

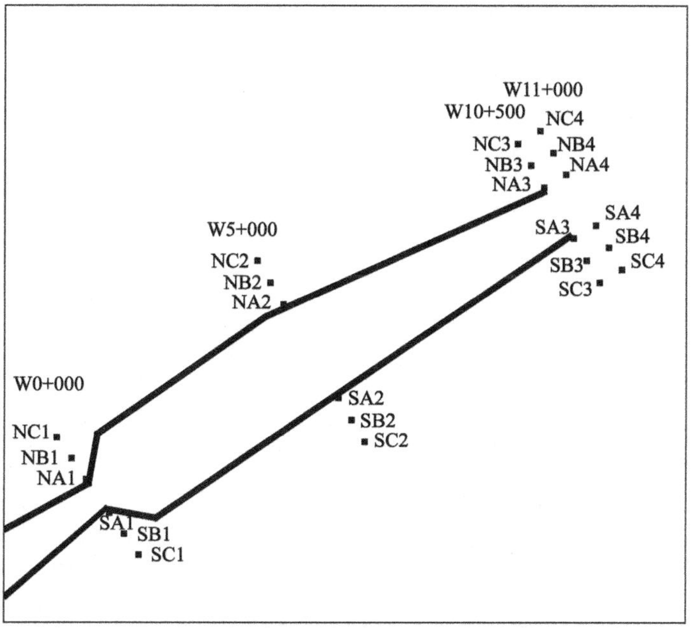

图 3.2-49　工况 1(防沙堤长度 10.5km)沿堤流采样点位置示意图

从沿堤流最大流速发生时间来看,防沙堤两侧采样点最大沿堤流流速都出现在落潮过程中,南堤南侧采样点的最大沿堤流流速一般出现在高潮位后 3h 左右,由于落潮总时间一般在 6h 左右,因此南堤南侧出现最大沿堤流的时刻一般是在落急时刻附近;北堤沿堤流最大一般发生在高潮位后 1h 左右,部分位置由于受到建筑物影响,时间有所变化;从各工况来看,防沙堤长度的变化对最大沿堤流发生时刻影响不大。

工况 1 沿堤流最大流速计算结果(防沙堤长度 10.5km)　　表 3.2-38

测点名称	流速(m/s)	流向(°)	高潮位后(h)
NC1	0.37	43	1.00
NB1	0.30	45	0.34
NA1	0.14	57	0.00
SA1	0.18	57	3.00
SB1	0.28	78	3.00
SC1	0.36	73	3.17
NC2	0.65	66	1.17

续上表

测点名称	流速(m/s)	流向(°)	高潮位后(h)
NB2	0.65	66	0.67
NA2	0.52	65	1.17
SA2	0.39	56	2.84
SB2	0.48	55	3.00
SC2	0.48	55	3.00
NC3	0.87	84	1.00
NB3	0.92	83	1.00
NA3	0.76	94	1.00
SA3	0.50	44	2.84
SB3	0.59	49	2.84
SC3	0.56	48	2.84
NC4	0.83	90	1.00
NB4	0.86	91	1.00
NA4	0.76	91	1.17
SA4	0.52	47	2.67
SB4	0.59	47	2.84
SC4	0.56	47	2.84

工况2沿堤流最大流速计算结果(防沙堤长度13.5km)　　表3.2-39

测点名称	流速(m/s)	流向(°)	高潮位后(h)
NC1	0.36	42	1.0
NB1	0.28	42	0.5
NA1	0.16	61	2.3
SA1	0.16	60	3.5
SB1	0.28	80	3.3
SC1	0.36	73	3.3
NC2	0.61	65	1.2
NB2	0.63	64	1.0

续上表

测点名称	流速(m/s)	流向(°)	高潮位后(h)
NA2	0.47	68	0.8
SA2	0.39	56	3.0
SB2	0.48	56	3.0
SC2	0.48	55	3.0
NC3	0.76	80	0.8
NB3	0.78	81	0.8
NA3	0.66	83	0.8
SA3	0.46	50	2.5
SB3	0.51	51	3.0
SC3	0.50	52	3.0
NC4	0.77	84	1.2
NB4	0.80	84	1.0
NA4	0.71	86	1.3
SA4	0.48	52	2.7
SB4	0.52	53	3.0
SC4	0.50	52	3.0
NC5	0.73	71	2.2
NB5	0.78	75	1.8
NA5	0.78	94	1.2
SA5	0.48	56	3.3
SB5	0.52	51	2.8
SC5	0.51	55	3.0

工况3沿堤流最大流速计算结果(防沙堤长度15.0km)　　表3.2-40

测点名称	流速(m/s)	流向(°)	高潮位后(h)
NC1	0.33	42	0.7
NB1	0.27	38	0.7
NA1	0.14	61	1.2
SA1	0.15	55	3.7
SB1	0.28	80	3.3
SC1	0.36	73	3.3

续上表

测点名称	流速(m/s)	流向(°)	高潮位后(h)
NC2	0.61	65	1.0
NB2	0.62	64	1.0
NA2	0.46	67	1.0
SA2	0.39	56	3.0
SB2	0.48	55	3.0
SC2	0.48	55	3.0
NC3	0.74	80	0.8
NB3	0.76	81	0.8
NA3	0.64	88	0.7
SA3	0.46	50	2.7
SB3	0.51	51	3.0
SC3	0.50	52	3.0
NC4	0.76	79	3.5
NB4	0.80	82	1.2
NA4	0.73	97	0.8
SA4	0.53	82	1.7
SB4	0.50	57	3.2
SC4	0.49	57	3.0
NC5	0.76	81	1.5
NB5	0.77	72	2.2
NA5	0.76	94	1.0
SA5	0.56	76	2.0
SB5	0.50	56	3.2
SC5	0.49	56	3.2

工况4沿堤流最大流速计算结果(防沙堤长度16.5km)　　表3.2-41

测点名称	流速(m/s)	流向(°)	高潮位后(h)
NC1	0.34	42	0.8
NB1	0.28	34	1.0
NA1	0.16	61	2.2
SA1	0.15	56	2.7

续上表

测 点 名 称	流速(m/s)	流向(°)	高潮位后(h)
SB1	0.27	80	3.3
SC1	0.36	73	3.2
NC2	0.61	65	1.3
NB2	0.63	64	1.2
NA2	0.45	65	1.2
SA2	0.39	55	2.7
SB2	0.45	55	3.8
SC2	0.48	55	3.2
NC3	0.72	83	0.7
NB3	0.75	82	0.8
NA3	0.64	87	1.0
SA3	0.47	49	3.0
SB3	0.51	51	3.0
SC3	0.50	53	3.0
NC4	0.72	78	1.7
NB4	0.73	76	1.5
NA4	0.69	72	1.8
SA4	0.50	58	3.0
SB4	0.48	58	3.2
SC4	0.47	59	3.2
NC5	0.77	82	1.5
NB5	0.79	80	1.3
NA5	0.73	92	1.0
SA5	0.53	78	2.2
SB5	0.49	56	3.3
SC5	0.48	57	3.3
NC6	0.75	80	1.7
NB6	0.78	82	1.5
NA6	0.76	91	1.2
SA6	0.58	78	2.0

续上表

测 点 名 称	流速(m/s)	流向(°)	高潮位后(h)
SB6	0.49	59	3.0
SC6	0.48	58	3.0

工况 5 沿堤流最大流速计算结果(防沙堤长度 19.0km)　　表 3.2-42

测 点 名 称	流速(m/s)	流向(°)	高潮位后(h)
NC1	0.35	41	1.0
NB1	0.29	41	0.5
NA1	0.14	55	2.8
SA1	0.16	60	3.7
SB1	0.28	79	3.2
SC1	0.36	73	3.2
NC2	0.60	65	1.2
NB2	0.62	64	1.0
NA2	0.44	65	1.0
SA2	0.39	56	2.8
SB2	0.48	56	3.0
SC2	0.48	55	3.2
NC3	0.72	80	1.0
NB3	0.74	83	0.8
NA3	0.63	91	0.7
SA3	0.46	51	2.8
SB3	0.51	53	3.0
SC3	0.50	53	3.0
NC4	0.67	75	1.8
NB4	0.68	72	2.0
NA4	0.65	70	2.2
SA4	0.49	60	4.0
SB4	0.48	60	3.2
SC4	0.47	61	3.2
NC5	0.75	74	1.8
NB5	0.79	75	1.7

续上表

测 点 名 称	流速(m/s)	流向(°)	高潮位后(h)
NA5	0.73	80	1.5
SA5	0.57	70	2.2
SB5	0.48	58	2.8
SC5	0.48	59	3.0
NC6	0.77	76	1.8
NB6	0.80	78	1.7
NA6	0.76	82	1.5
SA6	0.60	71	2.3
SB6	0.51	64	2.7
SC6	0.48	61	2.8

不同工况下最大沿堤流流速计算结果 表 3.2-43

工况	1	2	3	4	5
北堤最大沿堤流(m/s)	0.92	0.8	0.8	0.79	0.8
南堤最大沿堤流(m/s)	0.59	0.52	0.56	0.58	0.6

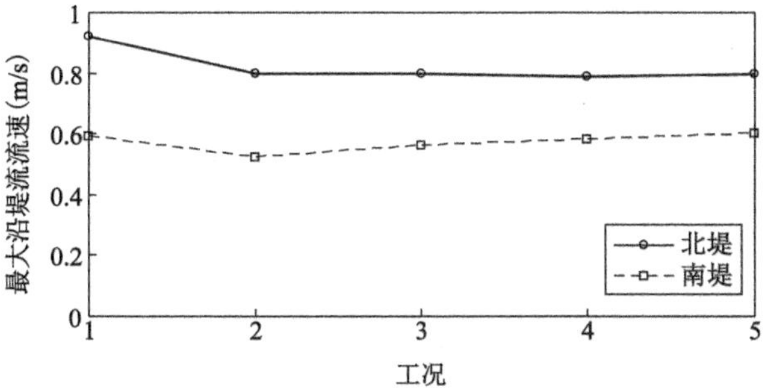

图 3.2-50 不同工况最大沿堤流流速

3.2.2.4 水工投资影响

防沙堤的造价对整个工程的总投资影响很大。从减淤的效果来看,防沙堤掩护航道的长度越长越好,但相应的工程投资也很大。

黄骅港防沙堤采用抛石斜坡堤结构,堤顶高程 W0 + 000 ~ W8 + 000 段为 3.5m,堤头 W10 + 500 处为 -1.0m,W8 + 000 ~ W10 + 500 段堤顶高程由 3.5m 渐变至 -1.0m。

因地基土表层为 3.0 ~ 13.0m 厚的淤泥及淤泥质粉质黏土,其强度及承载力较低,故采用打设塑料排水板进行地基加固处理。首先在原泥面上抛填70cm的中粗砂垫层,然后打设塑料排水板,间距为1.0m,砂垫层顶面铺设20t/m拉力的土工布,土工布上铺设50cm厚碎石垫层,其上进行抛石堤的填筑。根据不同堤段水深、波浪及堤顶高程的不同,分别采用不同的护面结构。

W0+000~W6+000堤段堤顶高程为3.5m,采用钢筋混凝土栅栏板护面,栅栏板厚度为55~65cm,护面下设60~100kg的垫层块石,两侧堤脚抛填200~300kg块石护底。抛石堤顶面宽5.0m,堤顶现浇筑L形混凝土胸墙。W0+000~W6+000段结构图如图3.2-51所示。

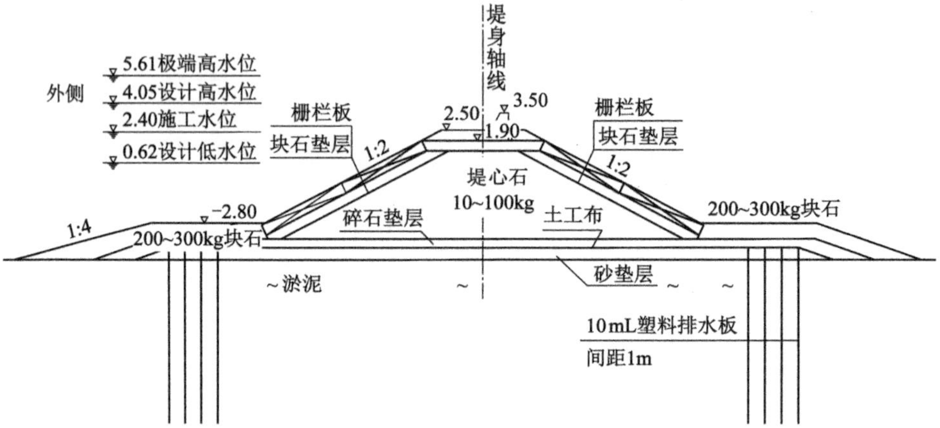

图3.2-51　W0+000~W6+000段结构图(尺寸单位:m)

W6+000~W8+000堤段堤顶高程为3.5m,采用4.0t扭王字块体护面,护面下设200~300kg的垫层块石,两侧堤脚抛填200~300kg块石护底。抛石堤顶面宽9.0m,肩部安放6.0t扭王字块护面,顶部安放带胸墙的空心方块,块体内部先做1m厚水下混凝土,其上抛填10~100kg块石,空心方块顶部现浇筑倒L形混凝土胸墙。W6+000~W8+000段结构图如图3.2-52所示。

W8+000~W10+500堤段堤顶高程由3.5m渐变至−1.0m,采用4.0t扭王字块体护面,护面下设200~300kg的垫层块石,两侧堤脚抛填200~300kg块石护底。抛石堤顶面宽5.0m,堤顶安放6.0t扭王字块护面。W8+000~W10+500段结构图如图3.2-53所示。

为确定防沙堤的合理长度,研究防沙堤对工程投资的影响,将防沙堤向前延伸至堤头分别为W130+500、W15+000、W16+500和W19+000处,进行不同堤头处的工程投资估算。W10+500~W16+500段堤顶高程为−1.0m,北侧防沙堤 W19 +000 处堤顶高程为 -2.0m,W16 +500 ~ W19 +000 之间由 -1.0m 渐变至 -2.0m。南侧防沙堤 W19 +000 处堤顶高程为 -3.0m,W16 +500 ~ W19 +000 之间由 -1.0m 渐变至 -3.0m。

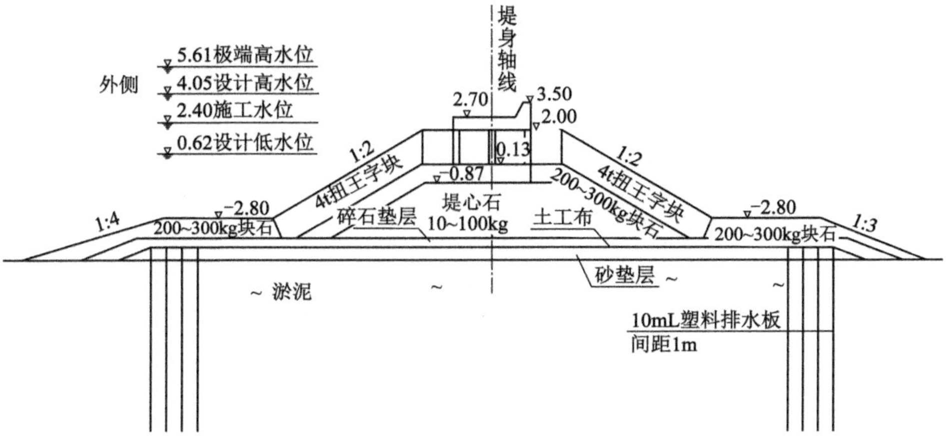

图 3.2-52 W6 +000 ~ W8 +000 段结构图(尺寸单位:m)

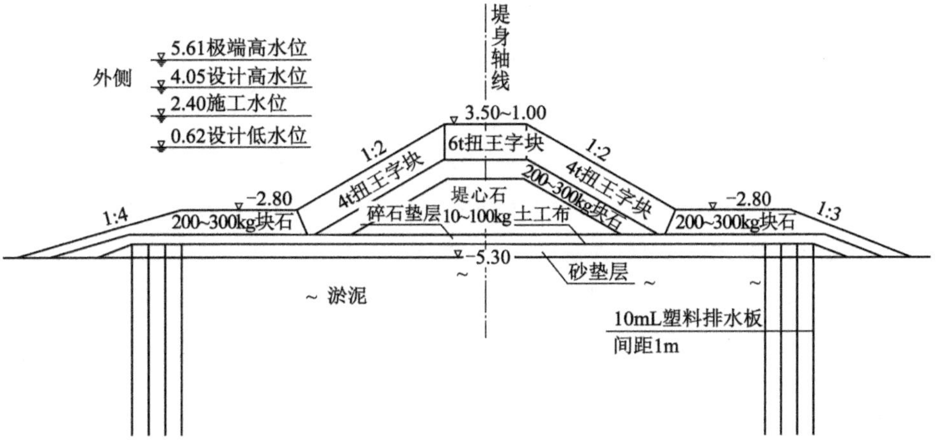

图 3.2-53 W8 +000 ~ W10 +500 段结构图(尺寸单位:m)

W10 +500 ~ W19 +000 段结构同 W8 +000 ~ W10 +500,坡面采用 4.0t 扭王字块体,堤顶宽 5.0m,顶部安放 6.0t 扭王字块体。

防沙堤堤头位于不同位置处的工程投资见表 3.2-44,工程投资随防沙堤长度变化曲线如图 3.2-54 所示。

不同防沙堤堤头位置处防沙堤工程投资 表 3.2-44

防沙堤堤头位置	W10 +500	W13 +500	W15 +000	W16 +500	W19 +000
防沙堤堤头处泥面高程(m)	-5.5 ~ -6.0	-6.5 ~ -7.0	-7.0 ~ -7.3	7.0 ~ -7.5	-7.8 ~ -8.2
北堤顶高程(m)	-1.0	-1.0	-1.0	-1.0	-2.0
南堤顶高程(m)	-1.0	-1.0	-1.0	-1.0	-3.0
工程总投资(万元)	174157.49	207142.37	245137.24	284423.01	323816.72
堤头每向前延伸 1km 时的工程投资(亿元/km)	1.10	2.53	2.62	1.58	

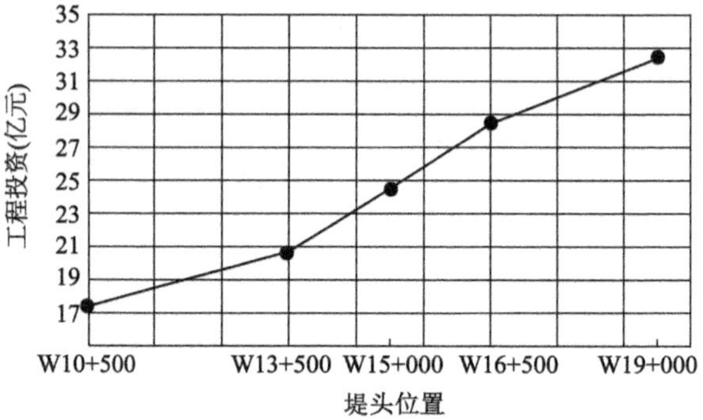

图 3.2-54 工程投资随防沙堤程度增长曲线

从上述图表中可以看出,防沙堤的工程投资较大,堤头每向前延伸 1km,航道两侧防沙堤的投资增长 1.1 亿 ~2.62 亿元。从某种意义上来说,防沙堤的投资是确定掩护航道的防沙堤堤头位置的一个重要因素,对整个航道整治工程的影响很大。

3.2.2.5 航道通过能力影响

不同长度防沙堤减淤效果不同,对航道水深的影响不同,同时也影响到了航道的通过能力。

1)各方案不同航道等级的年维护量

按照航道设计尺度:宽 200m,深 14.5m,计算了不同方案的年淤积量及航道淤积量后,恢复到不同等级航道时所需的疏浚量,结果见表 3.2-45。

各方案不同航道等级的年维护量(单位:万 m^3) 表 3.2-45

航道底高程(m)	方案				
	1	2	3	4	5
-14.5	1253	1157	975	840	700
-13.0	322	272	165	114	46

2)各方案不同航道等级的年维护天数

针对航道淤积后,恢复到不同等级航道时所需的疏浚量,按港口的疏浚能力为7万m^3/天计算出各方案要恢复到不同等级航道时所需要的维护天数,结果见表3.2-46。

各方案不同航道等级的年维护天数(单位:天)　　表3.2-46

航道底高程(m)	方案				
	1	2	3	4	5
-14.5	133	126.4	115.7	103.7	93.4
-13.0	41.9	37.3	23.6	16.3	6.6

3)航道淤积对码头通过能力的影响

在煤炭出口码头运营中,当航道淤积而不能满足大船的满载吃水时,假设船舶会亏载到合适水深,来保证及时离港,这样一年中船舶亏载的量则是航道淤积对码头通过能力的影响。各方案不同航道等级条件下不同吨级船舶的亏载量见表3.2-47。各方案中码头通过能力损失情况如图3.2-55所示。

各方案不同航道等级下不同吨级船舶亏载量(单位:万t)　　表3.2-47

航道底高程(m)	船舶吨级			
	3.5万DWT	5万DWT	7万DWT	10万DWT
-14.5	0	0	0	3
-13.0	0	0	2	5
-11.5	0.5	2	4	7

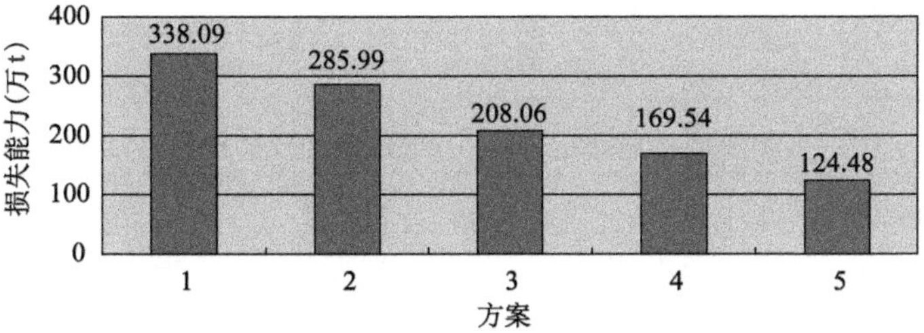

图3.2-55　各方案码头通过能力损失统计情况

由此,各方案不同航道等级相应的码头通过能力的损失则为:通过能力损失=船舶亏载×日均到港艘数×年维护天数。按照上式计算出各方案不同航道等级下码头通过能力损失,结果分别见表3.2-48~表3.2-52。

方案 1 不同航道等级下码头通过能力损失(单位:万 t)　　表 3.2-48

航道底高程(m)	船舶吨级			
	3.5 万 DWT	5 万 DWT	7 万 DWT	10 万 DWT
-14.5				144.44
-13.0			70.48	75.84
-11.5	10.34	12.81	13.79	10.39
合计	10.34	12.81	84.27	230.67

方案 2 不同航道等级下码头通过能力损失(单位:万 t)　　表 3.2-49

航道底高程(m)	船舶吨级			
	3.5 万 DWT	5 万 DWT	7 万 DWT	10 万 DWT
-14.5				137.27
-13.0			62.74	67.51
-11.5	4.04	5.00	5.38	4.05
合计	4.04	5.00	68.12	208.83

方案 3 不同航道等级下码头通过能力损失(单位:万 t)　　表 3.2-50

航道底高程(m)	船舶吨级			
	3.5 万 DWT	5 万 DWT	7 万 DWT	10 万 DWT
-14.5				125.65
-13.0			39.69	42.72
-11.5				
合计			39.69	168.37

方案 4 不同航道等级下码头通过能力损失(单位:万 t)　　表 3.2-51

航道底高程(m)	船舶吨级			
	3.5 万 DWT	5 万 DWT	7 万 DWT	10 万 DWT
-14.5				112.62
-13.0			27.42	29.50
-11.5				
合计			27.42	142.12

方案5不同航道等级下码头通过能力损失(单位:万t)　　表3.2-52

航道底高程(m)	船舶吨级			
	3.5万DWT	5万DWT	7万DWT	10万DWT
-14.5				101.43
-13.0			11.10	11.95
-11.5				
合计			11.10	113.38

4)综合经济分析

(1)比较的方法。

根据前述分析计算,在不同的堤头位置情况下,防沙堤建设投资、运营期间港池航道年回淤量、港口通过能力损失均有所不同,具体见表3.2-53。

防沙堤建设投资、运营期间港池航道年回淤量、港口通过能力损失情况汇总　　表3.2-53

项　目	单位	防沙堤堤头位置				
		W10+500	W13+500	W15+500	W16+500	W19+500
建设投资	万元	174157.5	207142.4	245137.2	284423.0	323816.7
年回淤量	万m^3	1253	1157	975	840	700
通过能力损失	万t	338.09	285.99	208.06	169.54	124.48

从表3.2-53中数据可见,随着防沙堤向外延长,建设期间的防沙堤投资越来越大,而运营期间的港池航道回淤量和港口通过能力损失越来越小。为分析不同堤头位置的经济效果,需要综合以上三因素进行经济比较。比较方法如下:

①将回淤量和通过能力损失转化为费用,与投资在单位上统一;

②将投资转化为年费用,与回淤量和通过能力损失在时点上统一;

③将三项费用叠加求和,综合费用最小者为经济效果最优;

④分别从港口财务和国民经济两个角度进行比较。

(2)从港口财务角度比较。

①按企业最低期望收益率8%、计算期20年将各堤头位置情况下的防沙堤建设投资转化为投资年费用;

②按单价18元/m^3计算年清淤费用;

③将通过能力损失看作吞吐量减少,经测算,黄骅港每减少1t吞吐量将损失净收益12.81元。

②、③两项费用合计为运营期间年费用,综合比较结果见表3.2-54。

各方案工程费用(港口财务角度)汇总对比(单位:万元/年)　表 3.2-54

防沙堤堤头位置	W10 +500	W13 +500	W15 +500	W16 +500	W19 +500
投资年费用	19641	23361	27646	32077	36519
运营期间年费用	26885	24490	20215	17292	14195
综合年费用合计	46526	47851	47861	49369	50714

计算结果表明,防沙堤堤头建到 W10 +500 位置时,综合费用最低。

(3)从国民经济角度比较。

①按社会折现率 8%、计算期 20 年,剔除投资中国内转移费用,并用影子价格替代预算价格后,将各堤头位置情况下的防沙堤建设投资转化为投资年费用;

②剔除疏浚单价中的国内转移费用,用国际柴油价格替代单价中的相关预算价格,按单价 22.5 元/m^3 计算年清淤费用;

③黄骅港通过能力减小意味着吞吐量将转移到其他港口,经测算,每转移 1t 吞吐量社会将为此平均多付出费用约 15 元。

②、③两项费用合计为运营期间年费用,综合比较结果见表 3.2-55。

各方案工程费用(国民经济角度)汇总对比(单位:万元/年)　表 3.2-55

防沙堤堤头位置	W10 +500	W13 +500	W15 +500	W16 +500	W19 +500
投资年费用	19014	22615	26763	31052	35353
运营期间年费用	33264	30322	25058	21443	17617
综合年费用合计	52278	52937	51821	52495	52970

计算结果表明,防沙堤堤头建到 W15 +500 位置综合费用最低,但与 W10 +500 位置仅相差 0.88%,属同一水平。

3.2.2.6　长度设置总结

(1)随着防沙堤的延长,掩护段年平均淤积厚度、最大年淤积厚度均逐渐下降,堤头位置在 W13 +500 ~ W15 +000 时,最大年淤积厚度下降较快。

(2)港池淤积量随着防沙堤延长而减小,堤头位置在 W13 +500 ~ W15 +000 时港池淤积量下降较快。

(3)防沙堤延长后,被掩护的航道段长度增加。当堤头从 W10 +500 延长至 W13 +500 时,掩护段内总淤积量有所增加。当防沙堤继续延长至 W15 +000、W16 +500 和 W19 +000 时,掩护段内淤积量又随堤的延长而呈减小趋势。

(4)防沙堤的延长使开敞航道段变短,因此,随着堤的延长开敞段航道淤积量减少,最大淤积厚度降低,位置外移。

(5)防沙堤延长,港口总淤积量减小。延长防沙堤至 W13 +500、W15 +000、W16 +500 和 W19 +000 时与堤头在 W10 +500 时相比,减淤率分别为

9.5%、22.9%、33.1%和45.4%。单位长度1km下的减淤量和减淤率，当堤头由W13+500延伸到W15+000时为最大。

(6)防沙堤长度为10.5km时，10年一遇骤淤航道内平均淤积厚度最大，而防沙堤延长到19km时，10年一遇骤淤航道内的平均淤积厚度最小。随着防沙堤的延长，最大淤积厚度和平均淤积厚度均逐渐减小。

10年一遇骤淤工况下，掩护区内的淤积量随着防沙堤的延长而增加，掩护区外的淤积量随防沙堤的延长而减少，总淤积量随着防沙堤的延长而逐渐减少。

根据不同工况下防沙堤的减淤效果可知，防沙堤延长后减淤率不断增加，但是单位长度减淤量变化不大。

(7)随着防沙堤的延长，由于受到外海潮流影响，最大横向流速有所增加，但增加幅值不大。横流超过1km的范围在工况4、5(W16+500、W19+000)时分别为400m和1000m左右，增加幅度较大。

(8)防沙堤长度的变化对沿堤流影响较小，口门附近采样点的最大沿堤流流速变化不大，且变化幅度不超过0.1m/s。无风情况下的沿堤流流速并不大。防沙堤长度的变化对最大沿堤流流速产生时刻影响不大。

(9)由于防沙堤投资巨大，因此，从经济角度出发，其长度越小越好，但前提条件是满足一定设计船型的通航保证率，即在一定重现期骤淤条件下，能够满足港口通航要求。在满足此前提条件的基础上，确定防沙堤的长度是合理的。

3.2.3 防沙堤合理高程研究

防沙堤以防沙为主要功能，为节省投资，在粉沙质海岸建设的防沙堤堤顶高程一般较低。如何使防沙堤具有较好的挡沙效果，又降低防沙堤高度、减少工程投资是需要研究的问题。

3.2.3.1 含沙量垂线分布

1)含沙量垂线分布理论计算

(1)理论公式推导。

由于泥沙运动的复杂性，至今尚未找到合适的描述含沙量垂线分布的计算公式，而通常仍采用扩散方程来求解含沙量的垂线分布。描述含沙量垂向分布的一维扩散方程如下：

$$-S\omega_{\mathrm{s}} = \varepsilon_s \frac{\mathrm{d}s}{\mathrm{d}z} \tag{3.2-47}$$

式中：S——含沙量；

ε_{s}——泥沙垂向扩散系数；

ω_s——表层泥沙沉降速度。

根据黄骅港悬浮泥沙在垂线上的颗粒组成情况，通过理论推导，得到含沙量垂线分布函数：

$$S=\bar{S}\cdot\left(\frac{h-z}{h-0.65h}\right)^{-\frac{\omega_d}{\beta\cdot\kappa\cdot U_*}}\exp\left[-\frac{(\omega_d-\omega_s)(z-0.65h)}{\beta\cdot\kappa\cdot U_*\cdot h}\right] \quad (3.2\text{-}48)$$

式中：$\bar{S}$——垂线平均含沙量；

ω_d——临底部泥沙沉降速度，$\omega_d=0.14\text{cm/s}$；

ω_s——表层泥沙沉降速度，$\omega_s=0.05\text{cm/s}$；

κ——卡门系数，取 $\kappa=0.4$；

U_*——摩阻速度，$U_*=\sqrt{u_{*w}^2+u_{*c}^2}$，$u_{*w}=\sqrt{f_w/2}\cdot u_w$，其中 f_w 为波浪摩阻系数，取 0.01；

β——校正系数。

(2)黄骅港航道沿程含沙量分布计算。

利用上述含沙量垂线分布函数分别计算了黄骅港重现期 25 年、15 年、10 年一遇骤淤时平均潮位下沿程各断面含沙量垂线分布，结果见表 3.2-56 ~ 表 3.2-58。

25 年一遇骤淤垂线含沙量分布计算结果 表 3.2-56

底高程(m)		-3	-4	-5	-6	-7	-8	-9	-10	-11	-12	-13
潮位(m)		2.43	2.43	2.43	2.43	2.43	2.43	2.43	2.43	2.43	2.43	2.43
水深 H(m)		5.43	6.43	7.43	8.43	9.43	10.43	11.43	12.43	13.43	14.43	15.43
波高(m)		3.0	3.23	3.33	3.42	3.51	3.57	3.64	3.70	3.75	3.80	3.85
垂线平均(kg/m^3)		2.0	5.01	8.0	7.0	5.5	4.2	3.48	2.71	2.22	1.77	1.51
水深垂向分层	0.00H	1.33	3.33	5.32	4.65	3.66	2.79	2.31	1.80	1.48	1.18	1.00
	0.05H	1.34	3.35	5.34	4.68	3.67	2.81	2.32	1.81	1.48	1.18	1.01
	0.10H	1.35	3.37	5.38	4.71	3.70	2.83	2.34	1.82	1.49	1.19	1.02
	0.15H	1.36	3.41	5.44	4.76	3.74	2.85	2.37	1.84	1.51	1.20	1.03
	0.20H	1.38	3.45	5.51	4.82	3.79	2.89	2.40	1.87	1.53	1.22	1.04
	0.25H	1.40	3.51	5.60	4.90	3.85	2.94	2.44	1.90	1.56	1.24	1.06
	0.30H	1.43	3.58	5.72	5.01	3.93	3.00	2.49	1.94	1.59	1.27	1.08
	0.35H	1.47	3.68	5.87	5.14	4.04	3.08	2.55	1.99	1.63	1.30	1.11
	0.40H	1.51	3.79	6.05	5.30	4.16	3.18	2.63	2.05	1.68	1.34	1.14
	0.45H	1.57	3.93	6.28	5.50	4.32	3.30	2.73	2.13	1.74	1.39	1.19
	0.50H	1.64	4.11	6.57	5.75	4.52	3.45	2.86	2.22	1.82	1.45	1.24
	0.55H	1.73	4.34	6.93	6.06	4.76	3.64	3.01	2.35	1.92	1.53	1.31

续上表

水深垂向分层	0.60H	1.85	4.63	7.39	6.47	5.08	3.88	3.22	2.50	2.05	1.64	1.40
	0.65H	2.00	5.01	8.00	7.00	5.50	4.20	3.48	2.71	2.22	1.77	1.51
	0.70H	2.20	5.52	8.82	7.72	6.06	4.63	3.84	2.99	2.45	1.95	1.66
	0.75H	2.49	6.24	9.97	8.73	6.86	5.24	4.34	3.38	2.77	2.21	1.88
	0.80H	2.92	7.33	11.70	10.24	8.04	6.14	5.09	3.96	3.25	2.59	2.21
	0.85H	3.64	9.11	14.54	12.72	10.00	7.63	6.33	4.93	4.04	3.22	2.74
	0.90H	5.02	12.59	20.10	17.59	13.82	10.55	8.74	6.81	5.58	4.45	3.79
	0.95H	9.00	22.54	35.99	31.49	24.74	18.90	15.66	12.19	9.99	7.96	6.79

15 年一遇骤淤垂线含沙量分布计算结果 表 3.2-57

底高程(m)		-3	-4	-5	-6	-7	-8	-9	-10	-11	-12	-13
潮位(m)		2.43	2.43	2.43	2.43	2.43	2.43	2.43	2.43	2.43	2.43	2.43
水深 H(m)		5.43	6.43	7.43	8.43	9.43	10.43	11.43	12.43	13.43	14.43	15.43
波高(m)		2.91	3.02	3.12	3.19	3.27	3.33	3.39	3.44	3.49	3.54	3.58
垂线平均(kg/m^3)		1.67	4.16	6.22	5.23	4.24	3.20	2.65	2.01	1.69	1.25	1.17
水深垂向分层	0.00H	1.11	2.76	4.13	3.48	2.82	2.13	1.76	1.34	1.12	0.83	0.78
	0.05H	1.12	2.78	4.15	3.49	2.83	2.14	1.77	1.34	1.13	0.83	0.78
	0.10H	1.12	2.80	4.18	3.52	2.85	2.15	1.78	1.35	1.14	0.84	0.79
	0.15H	1.14	2.83	4.23	3.55	2.88	2.18	1.80	1.37	1.15	0.85	0.80
	0.20H	1.15	2.87	4.28	3.60	2.92	2.20	1.83	1.38	1.16	0.86	0.81
	0.25H	1.17	2.91	4.36	3.66	2.97	2.24	1.86	1.41	1.18	0.88	0.82
	0.30H	1.19	2.98	4.45	3.74	3.03	2.29	1.90	1.44	1.21	0.89	0.84
	0.35H	1.23	3.05	4.56	3.84	3.11	2.35	1.94	1.47	1.24	0.92	0.86
	0.40H	1.26	3.15	4.71	3.96	3.21	2.42	2.01	1.52	1.28	0.95	0.89
	0.45H	1.31	3.27	4.88	4.11	3.33	2.51	2.08	1.58	1.33	0.98	0.92
	0.50H	1.37	3.42	5.11	4.29	3.48	2.63	2.18	1.65	1.39	1.03	0.96
	0.55H	1.45	3.60	5.39	4.53	3.67	2.77	2.30	1.74	1.46	1.08	1.01
	0.60H	1.54	3.84	5.75	4.83	3.92	2.96	2.45	1.86	1.56	1.16	1.08
	0.65H	1.67	4.16	6.22	5.23	4.24	3.20	2.65	2.01	1.69	1.25	1.17
	0.70H	1.84	4.59	6.86	5.77	4.67	3.53	2.92	2.22	1.86	1.38	1.29
	0.75H	2.08	5.19	7.75	6.52	5.29	3.99	3.30	2.51	2.11	1.56	1.46
	0.80H	2.44	6.08	9.09	7.65	6.20	4.68	3.87	2.94	2.47	1.83	1.71
	0.85H	3.04	7.56	11.31	9.51	7.71	5.82	4.82	3.65	3.07	2.27	2.13
	0.90H	4.20	10.45	15.63	13.14	10.65	8.04	6.66	5.05	4.25	3.14	2.94
	0.95H	7.51	18.72	27.98	23.53	19.08	14.40	11.92	9.04	7.60	5.62	5.26

10 年一遇骤淤垂线含沙量分布计算结果 表 3.2-58

底高程(m)		-3	-4	-5	-6	-7	-8	-9	-10	-11	-12	-13
潮位(m)		2.43	2.43	2.43	2.43	2.43	2.43	2.43	2.43	2.43	2.43	2.43
水深 H(m)		5.43	6.43	7.43	8.43	9.43	10.43	11.43	12.43	13.43	14.43	15.43
波高(m)		2.79	2.90	2.99	3.06	3.12	3.18	3.24	3.28	3.33	3.38	3.42
垂线平均(kg/m^3)		1.50	3.71	5.46	4.95	3.65	2.89	2.29	1.82	1.47	1.15	1.01
水深垂向分层	0.00H	1.00	2.47	3.63	3.29	2.43	1.92	1.52	1.21	0.98	0.76	0.67
	0.05H	1.00	2.48	3.65	3.31	2.44	1.93	1.53	1.22	0.98	0.77	0.67
	0.10H	1.01	2.50	3.67	3.33	2.46	1.94	1.54	1.22	0.99	0.77	0.68
	0.15H	1.02	2.52	3.71	3.36	2.48	1.96	1.56	1.24	1.00	0.78	0.69
	0.20H	1.03	2.56	3.76	3.41	2.51	1.99	1.58	1.25	1.01	0.79	0.70
	0.25H	1.05	2.60	3.82	3.47	2.56	2.02	1.60	1.27	1.03	0.81	0.71
	0.30H	1.07	2.65	3.91	3.54	2.61	2.07	1.64	1.30	1.05	0.82	0.72
	0.35H	1.10	2.72	4.01	3.63	2.68	2.12	1.68	1.34	1.08	0.84	0.74
	0.40H	1.13	2.81	4.13	3.75	2.76	2.19	1.73	1.38	1.11	0.87	0.76
	0.45H	1.18	2.91	4.29	3.89	2.87	2.27	1.80	1.43	1.15	0.90	0.79
	0.50H	1.23	3.05	4.48	4.06	3.00	2.37	1.88	1.49	1.21	0.94	0.83
	0.55H	1.30	3.21	4.73	4.29	3.16	2.50	1.98	1.58	1.27	1.00	0.87
	0.60H	1.39	3.43	5.05	4.57	3.37	2.67	2.12	1.68	1.36	1.06	0.93
	0.65H	1.50	3.71	5.46	4.95	3.65	2.89	2.29	1.82	1.47	1.15	1.01
	0.70H	1.65	4.09	6.02	5.46	4.02	3.19	2.52	2.01	1.62	1.27	1.11
	0.75H	1.87	4.62	6.81	6.17	4.55	3.60	2.85	2.27	1.83	1.43	1.26
	0.80H	2.19	5.42	7.98	7.24	5.34	4.23	3.35	2.66	2.15	1.68	1.48
	0.85H	2.73	6.74	9.92	9.00	6.63	5.25	4.16	3.31	2.67	2.09	1.84
	0.90H	3.77	9.32	13.72	12.44	9.17	7.26	5.75	4.57	3.69	2.89	2.54
	0.95H	6.75	16.69	24.56	22.27	16.42	13.00	10.30	8.19	6.61	5.17	4.54

2)水槽试验

(1)试验条件。

试验在波流水槽中进行,根据原体泥沙水力特性,比较几种轻质模型沙的密度、试验要求的粒径、沉降速度和起动流速,通过预备试验,最后选取密度为1.45t/m^3、中值粒径为0.023mm的粉煤灰作为模型沙。

潮位选择平均中潮位2.43m;波浪选择20年一遇的大浪分布。水槽试验主要模型比尺见表3.2-59,试验条件见表3.2-60。

水槽试验主要模型比尺表 表3.2-59

名　　称	符　　号	比　尺　值
模型比尺	λ_l、λ_h	15
流速比尺	λ_u	3.87
波高比尺	λ_H	15
波周期比尺	λ_T	3.87
含沙量比尺	λ_S	0.51
挟沙能力比尺	λ_{S*}	0.51

不同水深处原型、模型波浪和水流条件表(平均中潮位:2.43m) 表3.2-60

防沙堤高程(m)	自然水深(m)	原型值(20年一遇)				模　型　值			
		水深(m)	$H_{1/3}$(m)	$T_{1/3}$(s)	流速(m/s)	水深(m)	$H_{1/3}$(cm)	$T_{1/3}$(s)	流速(m/s)
+4.0	-3	5.43	3.00	7.6	0.36	36.2	20.0	1.96	0.09
	-4	6.43	3.24	7.6	0.36	42.9	21.6	1.96	0.09
	-5	7.43	3.33	7.6	0.36	49.5	22.2	1.96	0.09
	-6	8.43	3.42	7.6	0.36	56.2	22.8	1.96	0.09
	-7	9.43	3.51	7.6	0.36	62.9	23.4	1.96	0.09
+2.5	-8	10.43	3.57	7.6	0.36	69.5	23.8	1.96	0.09
+1.0	-9	11.43	3.64	7.6	0.36	76.2	24.3	1.96	0.09
	-10	12.43	3.70	7.6	0.36	82.9	24.7	1.96	0.09
	-11	13.43	3.75	7.6	0.36	89.5	25.0	1.96	0.09
	-12	14.43	3.80	7.6	0.36	96.2	25.3	1.96	0.09
	-13	15.43	3.85	7.6	0.36	102.9	25.7	1.96	0.09

注:$H_{1/3}$表示1/3大波的平均波高;$T_{1/3}$表示1/3大波的平均周期。

(2)试验结果。

建堤前航道沿程、建堤后堤外侧沿程、建堤后堤内侧沿程含沙量垂线分布试验结果分别见表 3.2-61 ~ 表 3.2-63。

建堤前航道沿程含沙量垂线分布(单位:kg/m³)　　表 3.2-61

试验条件	测层	垂线位置(底高程,m)										
		-3	-4	-5	-6	-7	-8	-9	-10	-11	-12	-13
波浪作用	表层	4.69	3.49	2.23	1.97	1.39	1.05	0.88	0.76	0.56	0.51	0.43
	0.2H	5.40	3.82	2.98	2.20	1.83	1.84	1.06	0.94	0.84	0.82	0.79
	0.4H	6.03	4.67	3.19	2.56	2.11	2.03	1.29	1.20	0.91	0.85	0.82
	0.6H	7.57	5.21	3.49	2.84	2.71	2.13	1.53	1.28	1.06	1.02	0.92
	0.8H	9.18	8.60	6.83	4.19	4.05	2.51	2.41	2.35	1.31	1.18	1.16
	底层	15.79	12.76	11.78	10.13	9.82	7.68	5.73	5.49	5.30	5.05	4.20
	垂线平均	7.68	6.09	4.70	3.57	3.26	2.58	1.92	1.78	1.41	1.33	1.20
波浪+水流	表层	5.33	5.05	4.60	2.81	2.23	2.14	1.70	1.13	0.92	0.74	0.61
	0.2H	5.95	5.67	5.01	2.89	2.58	2.22	1.82	1.59	1.12	0.89	0.78
	0.4H	6.84	6.45	5.92	3.55	3.00	2.54	2.17	1.98	1.36	0.97	0.91
	0.6H	8.55	8.29	7.73	5.66	3.93	3.28	3.00	2.77	2.00	1.65	1.24
	0.8H	11.65	10.45	10.37	7.62	5.81	4.81	4.34	3.99	3.29	2.62	2.09
	底层	22.20	20.89	19.99	16.45	11.44	11.03	7.28	6.64	6.16	5.38	4.98
	垂线平均	9.35	8.77	8.27	5.87	4.43	3.89	3.16	2.84	2.26	1.84	1.56

建堤后堤外侧沿程含沙量垂线分布(单位:kg/m³)　　表 3.2-62

试验条件	测层	垂线位置(底高程,m)										
		-3	-4	-5	-6	-7	-8	-9	-10	-11	-12	-13
堤顶高程(m)		+4.0	+4.0	+4.0	+4.0	+4.0	+2.5	+1.0	+1.0	+1.0	+1.0	+1.0
波浪作用	表层	6.70	4.93	4.18	3.98	2.57	2.51	2.03	1.69	1.45	1.21	1.14
	0.2H	7.00	5.44	4.70	4.60	3.07	2.80	2.21	1.82	1.50	1.43	1.33
	0.4H	7.34	5.48	5.47	5.30	4.06	3.40	2.26	1.94	1.93	1.57	1.45
	0.6H	8.31	6.91	6.50	5.70	5.41	4.01	2.82	2.51	2.33	2.03	1.81
	0.8H	10.75	9.63	8.81	7.12	7.13	5.69	3.90	3.66	3.29	3.15	2.73
	底层	16.10	13.63	12.48	11.93	10.20	9.01	6.37	5.92	5.87	4.33	3.89
	垂线平均	8.96	7.35	6.76	6.14	5.21	4.33	3.08	2.75	2.54	2.19	1.97

续上表

试验条件	测层	垂线位置(底高程,m)										
		-3	-4	-5	-6	-7	-8	-9	-10	-11	-12	-13
波浪+水流	表层						3.13	2.67	2.16	1.87	1.56	1.44
	0.2H						3.54	2.78	2.44	2.22	1.74	1.53
	0.4H						4.07	3.07	2.84	2.61	2.22	1.84
	0.6H						4.48	3.58	3.47	3.11	2.86	2.45
	0.8H						5.50	4.94	4.53	4.06	3.74	3.27
	底层						9.24	8.45	7.71	6.98	5.79	4.71
	垂线平均						4.76	3.99	3.64	3.29	2.85	2.43

建堤后堤内侧沿程含沙量垂线分布(单位:kg/m^3)　　表3.2-63

试验条件	测层	垂线位置(底高程,m)										
		-3	-4	-5	-6	-7	-8	-9	-10	-11	-12	-13
堤顶高程(m)		+4.0	+4.0	+4.0	+4.0	+4.0	+2.5	+1.0	+1.0	+1.0	+1.0	+1.0
波浪作用	表层	0.94	0.79	0.63	0.61	0.57	0.48	0.46	0.44	0.40	0.38	0.34
	0.2H	0.98	0.86	0.66	0.67	0.59	0.52	0.50	0.45	0.43	0.39	0.36
	0.4H	1.13	0.92	0.74	0.71	0.63	0.60	0.60	0.55	0.48	0.46	0.41
	0.6H	1.31	1.11	0.81	0.77	0.74	0.73	0.71	0.68	0.52	0.49	0.47
	0.8H	1.49	1.33	1.00	0.92	0.88	0.83	0.80	0.74	0.63	0.58	0.52
	底层	1.80	1.54	1.17	1.13	1.00	0.94	0.90	0.81	0.68	0.64	0.61
	垂线平均	1.26	1.08	0.82	0.79	0.73	0.68	0.66	0.61	0.52	0.49	0.45
波浪+水流	表层						0.56	0.52	0.47	0.44	0.41	0.37
	0.2H						0.61	0.56	0.51	0.49	0.46	0.42
	0.4H						0.68	0.65	0.60	0.54	0.52	0.51
	0.6H						0.79	0.73	0.68	0.60	0.57	0.52
	0.8H						0.89	0.94	0.85	0.71	0.66	0.61
	底层						1.13	1.18	0.98	0.92	0.84	0.74
	垂线平均						0.76	0.75	0.67	0.60	0.57	0.52

3.2.3.2 潜堤减淤效果分析

研究潜堤减淤效果的方法主要有物理模型试验、现场观测和三维的水动力泥沙数值模拟试验三种。

潜堤减淤效果取决于堤顶的过顶水量和过顶沙量,而越堤的水量又由堤顶过流和堤顶越浪两部分组成。当防沙堤堤顶高程在最低水位以下且低于某设计波浪的波谷时[图 3.2-56a)],堤顶以上水层的泥沙在水流和波浪的作用下可全部越过防沙堤,这种情况只要知道堤前含沙量即可估算越堤沙量;当堤顶进一步升高时,越浪造成的过堤沙量将逐渐占主要部分[图 3.2-56b)],这种情况较为复杂,可通过堤前、堤后的含沙量分析防沙堤的截沙率。

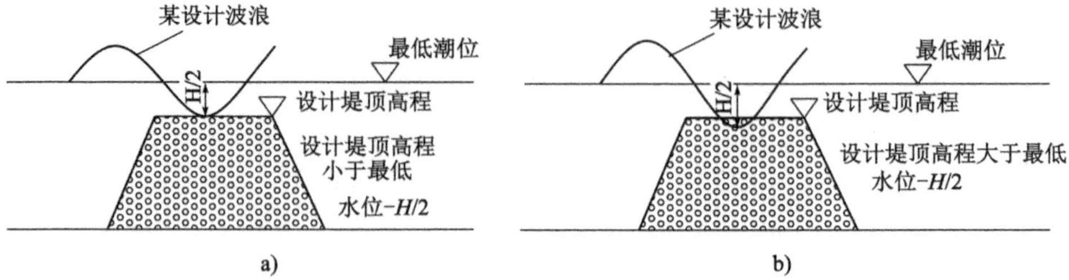

图 3.2-56　堤顶高程与水位关系图

1)潜堤防淤效果分析

当防沙堤堤顶高程在最低水位以下且低于某设计波浪的波谷时,防淤效果 η 可表示为:

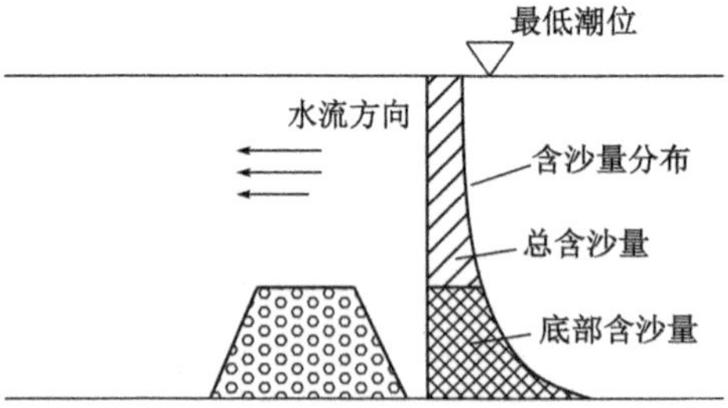

图 3.2-57　挡沙示意图

$$\eta = \frac{S'}{S_0} \qquad (3.2\text{-}49)$$

式中:η——防淤效果;

S'——堤前防沙堤拦截的沙量;

S_0——堤前的总沙量。

挡沙示意图如图 3.2-57 所示。

现利用理论计算得到的黄骅港 10 年一遇骤淤的含沙量,分析不同水深处不同堤顶高程的防淤效果,经整理得表 3.2-64。

黄骅港 10 年一遇骤淤不同水深处不同堤顶高程的防淤效率　表 3.2-64

堤顶位置	等深线							
	-6m	-7m	-8m	-9m	-10m	-11m	-12m	-13m
水面	100%	100%	100%	100%	100%	100%	100%	100%
0.05H	97%	98%	98%	98%	99%	99%	99%	99%
0.10H	95%	95%	96%	97%	97%	98%	98%	98%
0.15H	93%	93%	95%	95%	96%	97%	97%	98%
0.20H	90%	91%	93%	94%	95%	96%	96%	97%

续上表

堤顶位置	等 深 线							
	-6m	-7m	-8m	-9m	-10m	-11m	-12m	-13m
0.25*H*	88%	89%	91%	92%	93%	94%	95%	96%
0.30*H*	85%	87%	89%	90%	92%	93%	94%	95%
0.35*H*	83%	85%	87%	89%	90%	92%	93%	94%
0.40*H*	80%	82%	85%	87%	89%	90%	92%	93%
0.45*H*	77%	80%	83%	85%	87%	89%	91%	92%
0.50*H*	74%	77%	80%	83%	85%	87%	89%	91%
0.55*H*	71%	74%	77%	80%	83%	86%	88%	90%
0.60*H*	67%	71%	75%	78%	81%	83%	86%	88%
0.65*H*	64%	67%	71%	75%	78%	81%	84%	86%
0.70*H*	59%	63%	67%	71%	75%	78%	81%	84%
0.75*H*	54%	58%	63%	67%	71%	74%	78%	81%
0.80*H*	47%	52%	56%	61%	65%	69%	73%	76%
0.85*H*	39%	43%	48%	52%	57%	61%	65%	69%
0.90*H*	26%	30%	34%	38%	42%	46%	50%	54%

注：表中第一列为相对水深。

如果分别令黄骅港-6m等深线以外潜堤防淤效率为60%、70%和80%，则从表3.2-64中可得各水深处相应的堤顶高程和绝对高度，见表3.2-65、表3.2-66。

不同防淤效率对应的堤顶高程 表3.2-65

防淤效率	等 深 线							
	-6m	-7m	-8m	-9m	-10m	-11m	-12m	-13m
60%	-3.4m	-4.5m	-5.6m	-6.7m	-7.9m	-9.0m	-10.1m	-11.1m
70%	-2.3m	-3.3m	-4.5m	-5.7m	-7.0m	-8.2m	-9.4m	-10.6m
80%	-0.9m	-1.8m	-2.8m	-3.9m	-5.2m	-6.5m	-7.9m	-9.3m

不同防淤效率对应的潜堤绝对高度 表3.2-66

防淤效率	等 深 线							
	-6m	-7m	-8m	-9m	-10m	-11m	-12m	-13m
60%	2.6m	2.5m	2.4m	2.3m	2.1m	2.0m	1.9m	1.9m
70%	3.7m	3.7m	3.5m	3.3m	3.0m	2.8m	2.6m	2.4m
80%	5.1m	5.2m	5.2m	5.1m	4.8m	4.5m	4.1m	3.7m

从表3.2-65、表3.2-66中可知：在某一固定的防淤效率下，从 –6m 水深向外，堤顶高程逐渐降低，防沙堤绝对高度逐渐减小，如图3.2-58所示。

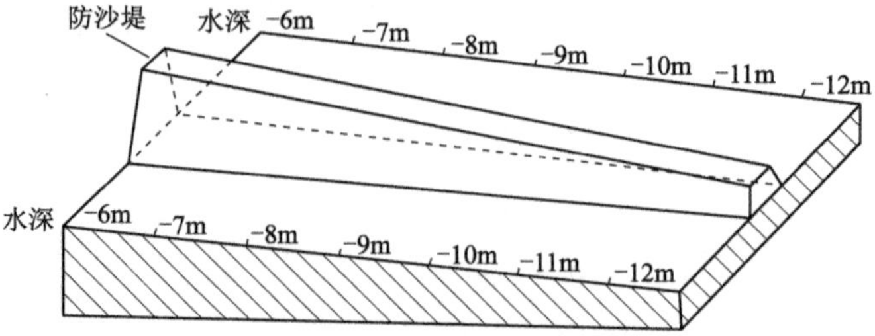

图3.2-58　潜堤示意图

需要指出两点：①上述结果均为理论公式计算所得，从定性角度来讲无问题，从定量角度来讲仍需研究，因此暂不能被实际工程应用；②对于 –6m 以内属于破碎带范围，在破碎波下含沙量垂线分布上下均匀，不适用上述分析，也不宜为潜堤。

2)潜堤截沙率分析

当防沙堤堤顶高程如图3.2-56b)所示时，减淤效果可采用截沙率 η 表示，截沙率的定义如下：

$$\eta' = \frac{s_1 - s_2}{s_1} \tag{3.2-50}$$

式中：η'——截沙率；

s_1——堤前含沙量；

s_2——堤后含沙量。

截沙量应和堤顶高程有关，可用下式表示：

$$\eta' = f\left(\frac{h_1}{h_0}\right) \tag{3.2-51}$$

式中：h_1——堤顶水深；

h_0——堤身所在处水深。

式(3.2-51)可用简单的指数关系表示：

$$\eta' = \alpha \times \exp\left(\frac{\beta \times h_1}{h_0}\right) \tag{3.2-52}$$

式中：α、β——试验系数。

本书就是通过水槽试验和分析，建立 η' 和 h_1/h_0 的关系式，并得出系数 α 和 β 的具体值。

针对京唐港和黄骅港泥沙特性，河海大学和天津水运工程科学研究院分别进行了水槽试验,得出了有价值的结果。以下为利用京唐港 –5m 处防沙堤的水槽断面试验结果分析截沙率的实例。

现利用上述试验资料整理成 –5m 水深处的截沙率 η 与 h_1/h_0 关系,如图 3.2-59所示。从图 3.2-59 中可见,试验结果点分布较为均匀,分布趋势较为明显,规律性较好。由图可得 $\alpha = 0.64$,$\beta = -3.1$,即:$\eta' = 0.64 \times \exp(-3.1 \times h_1)/h_0$。为了使用方便,可得出拟合曲线和上、下两条包络线,并制作表 3.2-67 供使用。

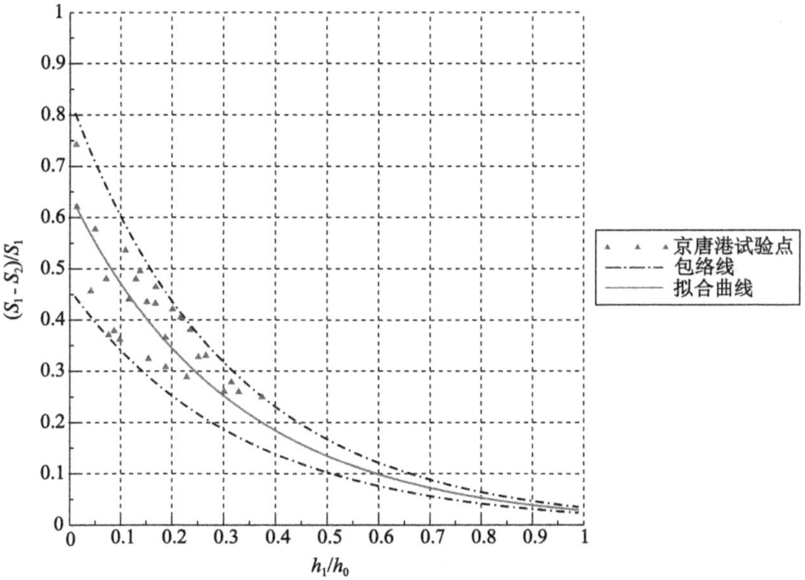

图 3.2-59 京唐港 –5m 水深处 η' 与 h_1/h_0 的关系

京唐港 –5m 水深处 h_1/h_0 与 η' 对应表 表 3.2-67

h_1/h_0	截沙率	误差	h_1/h_0	截沙率	误差
0.10	47.2%	±13.1%	0.55	11.6%	±2.7%
0.15	40.3%	±11.0%	0.60	9.9%	±2.3%
0.20	34.5%	±9.3%	0.65	8.5%	±1.9%
0.25	29.5%	±7.8%	0.70	7.2%	±1.6%
0.30	25.2%	±6.5%	0.75	6.2%	±1.3%
0.35	21.6%	±5.5%	0.80	5.3%	±1.1%
0.40	18.5%	±4.6%	0.85	4.5%	±0.9%
0.45	15.8%	±3.9%	0.90	3.9%	±0.8%
0.50	13.5%	±3.2%	0.95	3.3%	±0.7%

需要指出的是：

(1) h_1/h_0 越接近1，曲线应该越靠近横轴。从图形来看，后半部分似乎有一定偏差，这是由于缺乏较低堤顶高程的试验数据造成的，今后还需进行更多试验来补充。

(2)不同港口的水沙环境不同，同一港口不同水深处的含沙量也不相同，因此同一堤高的潜堤减淤效果在不同港口及同一港口的不同水深处均不相同。在港口工程实际应用中，对于不同水深处的潜堤均需开展截沙试验。本小节中表3.2-67和图3.2-59仅为京唐港 -5m 水深处潜堤截沙断面的试验结果，在实际应用中，可依上述分析方法分别建立不同水深处的关系曲线后，参考确定不同水深处的潜堤顶高程。

3.2.3.3 近岸浅水区防沙堤合理高程

对于粉沙质海岸而言，大多数滩地平坦，波浪破碎范围宽阔，近岸浅水区含沙浓度高，港口防沙堤建设在这一区域一般都采用出水堤，并且为了减少越堤沙量，防沙堤还要有一定的高度，但防沙堤高度增加，投资量也必然增长，因此，选择一个什么样的高度最为经济合理就成为投资建设者和设计人员十分关心的问题。本小节从防淤减淤和工程投资两个角度对黄骅港近岸浅水区的防波挡沙堤的合理高度进行讨论。

1)不同堤顶高程越沙量的计算

(1)理论基础。

防沙堤建成后，进入掩护区内的水体将由两部分布组成，一部分是从口门直接进入港内的水体，另一部分是越过堤顶进入港内的水体，进港沙量也同样由这两部分水体带入，分别由下式表示：

$$Q = Q_1 + Q_2 \tag{3.2-53}$$

$$q_1 = Q_1 S_0 + Q_2 S_1 \tag{3.2-54}$$

式中：Q——进港总水量；

Q_1——从口门进入水量；

Q_2——越堤水量；

S_0——口门含沙量；

S_1——越堤水体含沙量；

q_1——进港沙量。

由于防沙堤堤顶的越浪及高潮时的过流会造成掩护区内航道淤积量的增加，与水体不发生越堤时相比，这个增加的淤积量称为净增量 q_Δ，可由下式计算：

$$q_{\Delta} = q_1 - QS_0 \tag{3.2-55}$$

进一步可得：

$$q_{\Delta} = Q_2(S_1 - S_0) \tag{3.2-56}$$

可见，掩护段内的净增淤积量与越堤的水量、越堤水体含沙量和口门含沙量有关。

(2)越堤水量计算公式。

越堤的水量由越浪量和高水位下的堤顶过流量两部分组成。对于越浪量，采用《港口与航道水文规范》推荐公式计算：

$$Q_{21} = 0.07^{\frac{H'_c}{H_{1/3}}} \exp\left(0.5 - \frac{b_1}{2H_{1/3}}\right) B \cdot K_A \cdot \frac{H_{1/3}^2}{T_p}\left[\frac{0.3}{\sqrt{m}} + t \cdot h\left(\frac{d}{H_{1/3}} - 2.8\right)^2\right] \cdot \ln\sqrt{\frac{gT_p^2 m}{2\pi H_{1/3}}} \tag{3.2-57}$$

式中：Q_{21}——单位时间单宽堤顶的越浪量(m^3/ms)；

H'_c——堤顶到静水面的高度；

B——经验系数；

K_A——护面结构影响系数；

$H_{1/3}$——1/3 波高；

m——防沙堤坡度；

T_p——谱峰周期；

h——水深；

t——时间。

对于过顶流量，由下式计算：

$$Q_{22} = lH_{\Delta}Vt\cos\theta \tag{3.2-58}$$

式中：Q_{22}——过流量(m^3)；

l——堤长；

H_{Δ}——堤顶以上水深；

V——水流速度；

θ——流速与防沙堤轴线夹角。

当 $l=1, t=1$ 时为单位时间单宽过堤流量。

(3)计算依据。

①潮位以 2004 年黄骅港万吨杂货码头全年潮位资料为依据。

②波浪要素以黄骅港近期长时段的实测波浪资料为依据。

③流速、含沙量等均以黄骅港实测资料为依据。

④防沙堤布置及断面基本结构形式参照黄骅港整治工程的防沙堤布置及形式，断面示意图如图 3.2-60 所示。

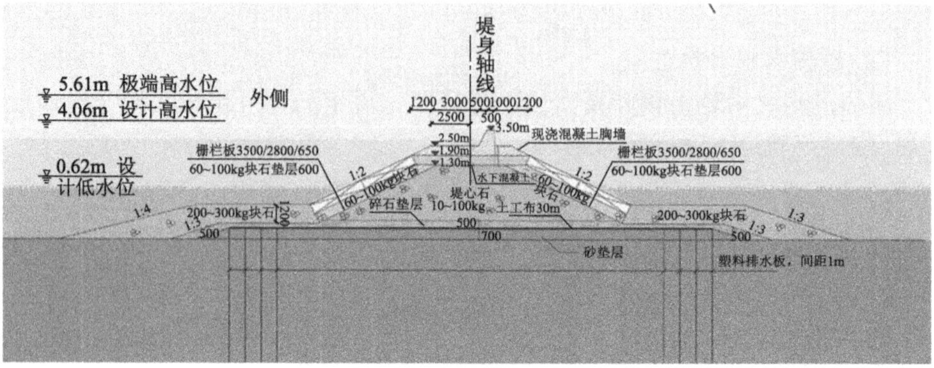

图 3.2-60　防沙堤断面示意图(尺寸单位:mm)

(4)计算组次。

计算组次见表 3.2-68。

计 算 组 次　　表 3.2-68

组次	1	2	3	4	5	6	7
顶高程(m)	1.5	2.0	2.5	3.0	3.5	4.0	4.5

(5)计算结果。

根据黄骅港的各项参数，其中波浪采用年均波浪、水位采用逐时水位，计算了全年的越堤水量和全年因越堤而使港内净增的淤积量，结果见表 3.2-69 和图 3.2-61。

全年的越堤水量和港内净增的淤积量计算结果　　表 3.2-69

堤顶高程(m)	1.5	2.0	2.5	3.0	3.5	4.0	4.5
越堤水量(万 m^3)	3416189	2132310	1134980	450036	95208	5022	100
净增淤积量(万 m^3)	219.0	136.7	72.8	28.8	6.1	0.3	0.0

由计算结果可见，随着堤顶高程的增加，港内的淤积量迅速减少，当堤顶高程达到 3.5m 以上时已经基本不再有因越堤水体而造成的淤积。因此，从减淤角度讲，堤顶高度在 3.5m 左右，即平均高潮位处，是较为理想的高度。

2)近岸浅水区合理堤高的讨论

以上讨论了不同堤顶高程下掩护区内全年因越堤水体而使港内净增加的淤

积量，下面将从投资角度，以黄骅港整治工程的实际投资额和规模为参数，讨论不同堤顶高程的经济合理性。

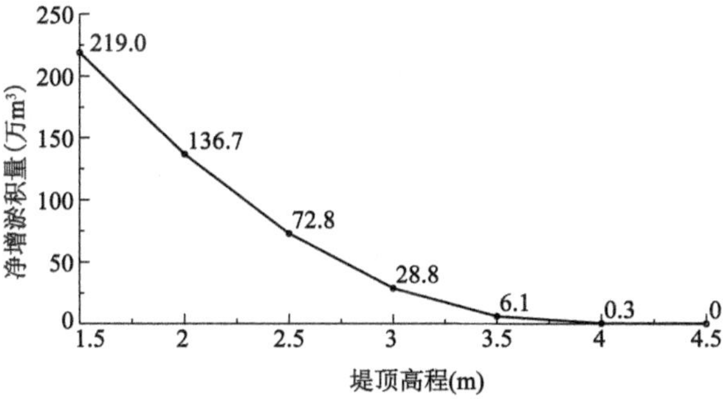

图 3.2-61　越堤造成港内年净增的淤积量

这里主要讨论两项内容：一是不同堤顶高程的防沙堤在其使用年限内，掩护单位长度的航道，其投资额平均到每年所发生的费用；二是每年由于越堤水体造成的掩护区航道净增的淤积量和平均到单位长度内所要发生的疏浚维护费用。其他内容暂不考虑。

首先我们依据黄骅港外航道的整治工程防沙堤的规模（长 21.628km）及其实际的投资额，估算了黄骅港整治工程防沙堤每延米的平均造价，并假设防沙堤使用年限为 50 年，同时考虑维护费用和贷款利率进一步估算了黄骅港防沙堤每延米年均投资费用，并以此为投资依据估算了不同堤顶高度的防沙堤掩护每延米航道的年均投资费用。计算结果见表 3.2-70。

防沙堤掩护每延米航道的年均投资费用表　　表 3.2-70

堤顶高程(m)	1.5	2.0	2.5	3.0	3.5	4.0	4.5
费用(元)	1848	2117	2402	2705	3024	3360	3712

注：双堤掩护每延米航道。

进一步，我们再以黄骅港实际疏浚维护费用（约 18.5 元/m^3）为依据，估算了因越堤水体而造成港内每延米航道的净增淤积量的年均疏浚维护费用，计算结果见表 3.2-71。

每延米航道净增淤积量的年均疏浚维护费用表　　表 3.2-71

堤顶高程(m)	1.5	2.0	2.5	3.0	3.5	4.0	4.5
费用(元)	3858	2408	1282	508	116	6	0

将表 3.2-70、表 3.2-71 中数据绘制于同一坐标系下，结果如图 3.2-62 所示。

通过图表可见，随着堤顶高程的不断增加，防沙挡沙堤的投资费用也逐渐增加，但维护疏浚费用逐渐降低。

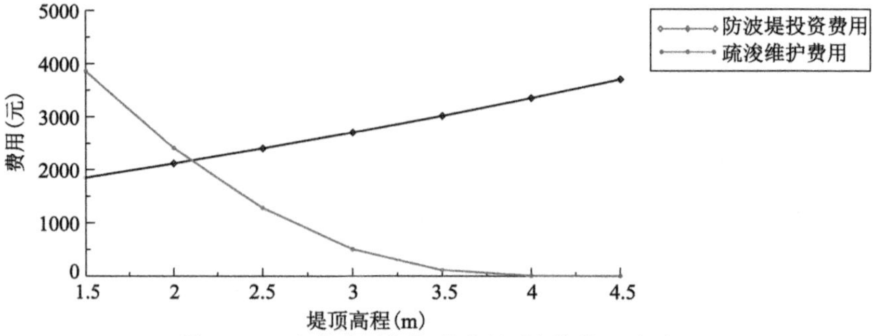

图 3.2-62　年均费用曲线(掩护每延米航道，50 年内)

假设这两项费用之和可代表防波挡沙堤工程掩护每延米航道的年均总投资费用，可得表 3.2-72 和图 3.2-63。

防波挡沙堤工程掩护每延米航道的年均总投资费用表　　表 3.2-72

堤顶高程(m)	1.5	2.0	2.5	3.0	3.5	4.0	4.5
总费用(元)	5706	4525	3684	3213	3140	3366	3712

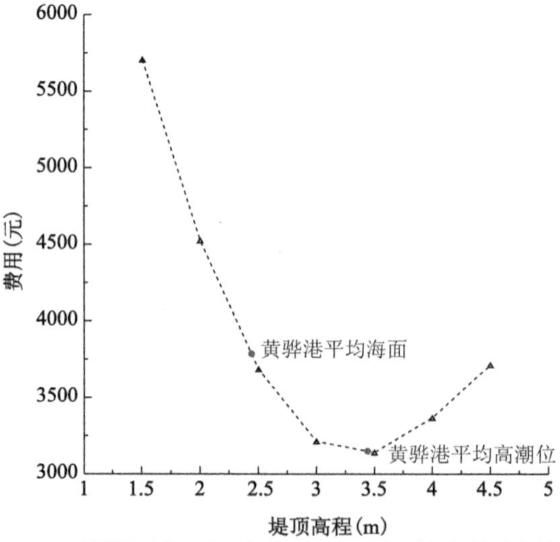

图 3.2-63　不同堤顶高程防沙堤掩护每延米航道的年均总投资费用

从以上图表可见，随着防沙挡沙堤堤顶高程的增加，防沙堤工程掩护每延米航道的年均投资费用逐渐降低，当堤顶高程在 3.5m 左右时费用降至最低点，之后投资费用又开始提升。由此可见，堤顶高程在 3.5m 左右，即平均高潮位附近，是比较经济合理的高度。

3.2.3.4 高程设置总结

(1)堤前含沙量随着波浪要素的增大而增大。

(2)堤顶越浪量随波浪增大而增大,因此,越沙量也应随波浪增大而增大。

(3)截沙量随堤顶高程增大而减小。

(4)越沙量随堤顶水深增加而增大。

(5)不同港口的水沙环境不同,同一港口不同水深处的含沙量垂线分布也不相同,因此,在同一堤顶高程的潜堤布置下,不同港口以及港口的不同水深处,潜堤的减淤效果均不相同。在港口工程的实际应用中,可参照此法分别建立不同水深处的堤顶高程与截沙率的关系曲线,再进一步确定某一减淤率下不同水深处的潜堤顶高程。

(6)潜堤减淤效果的好坏取决于堤顶高程,但堤顶高程的选取不能仅从减淤效果来确定,堤顶高减淤效果好,但潜堤造价也高;堤顶低潜堤造价降低,但减淤效果也变差。因此,合理的堤顶高程应在减淤效果和工程造价之间,综合经济评价而确定。

(7)根据已有粉沙质海岸港口工程的潜堤防淤的经验,波浪破碎造成水体含沙量上下趋于均匀,防沙堤顶越沙量大,破碎带内不宜采用潜堤,破碎带以外,只要波浪不破碎含沙量分布为上小下大,采用潜堤可得到较好效果,堤顶高程可平行于滩面坡度或采用更大坡度逐渐降低。

(8)黄骅港海岸近岸浅水区不宜采用潜堤,堤顶高度设在平均高潮位左右,是较为理想的高度。

3.3 整治工程的实施

黄骅港始建于1997年,至2002年建成第一期工程并试运营,但航道工程水深始终未能达标,在大浪袭击下,外航道多次发生严重骤淤,并出现大范围疏浚土难挖段,使港口运营和建设面临困难,蒙受了巨大的经济损失。为了解决黄骅港一期建设中航道严重回淤问题,黄骅港建设指挥部组织了多家科研及设计单位开展了黄骅港泥沙淤积机理及整治方案研究,提出了多种意见,归纳为两种基本观点:一种观点认为黄骅港航道淤积主要是滩面泥沙在波浪、潮流共同作用下局部搬运所致,“波浪掀沙,潮流输沙”是黄骅港航道泥沙淤积的主要机理,沿堤流输沙对航道淤积有一定影响但不是主要因素,整治方案以延堤挡沙为最佳,防沙堤堤头应伸出破波带和沿岸浑浊带;另一种观点认为黄骅港航道淤积主要是沿岸流遇防沙堤形成沿堤流并携带近岸高含沙量水体向外输移所致,整治方案以治理沿堤流为主。后经多次专家会议讨论,并在交通运输部天津水运科学研究所大量的研究资料及现场实测资料的事实依据下,最终肯定了第一种观点,一致认为“整治与疏浚相结合”是治理黄骅港外航道淤积的正确原则,延伸防沙堤是有效的整治措施。

随后,根据黄骅港一期航道的设计要求和泥沙淤积研究结果,制定了黄骅港一期整治工程的整治标准:在相当于年最大骤淤重现期 10 年一遇的情况下,能保证 3.5 万 t 级煤船不碍航满载乘潮出港,即航道通航水深 -9.8m,经维护性疏浚后满足 5 万 t 级煤船满载乘潮出港条件,航道通航水深 -11.5m。

在既定一期整治标准的前提下,经研究并对各方案进行了综合比较后,形成第一期整治工程方案:采用双堤延伸,从老堤头(水深 -2.5m)向外海延伸 10.5km(水深 -6.0m),其中前 8km 段顶高程为 +3.5m(出水堤),后 2.5km 段顶高程从 +3.5m 渐变至 -1.0m(潜堤)。延堤整治工程的平面布置图如图 3.3-1 所示,防沙堤典型横断面如图 3.3-2 所示。

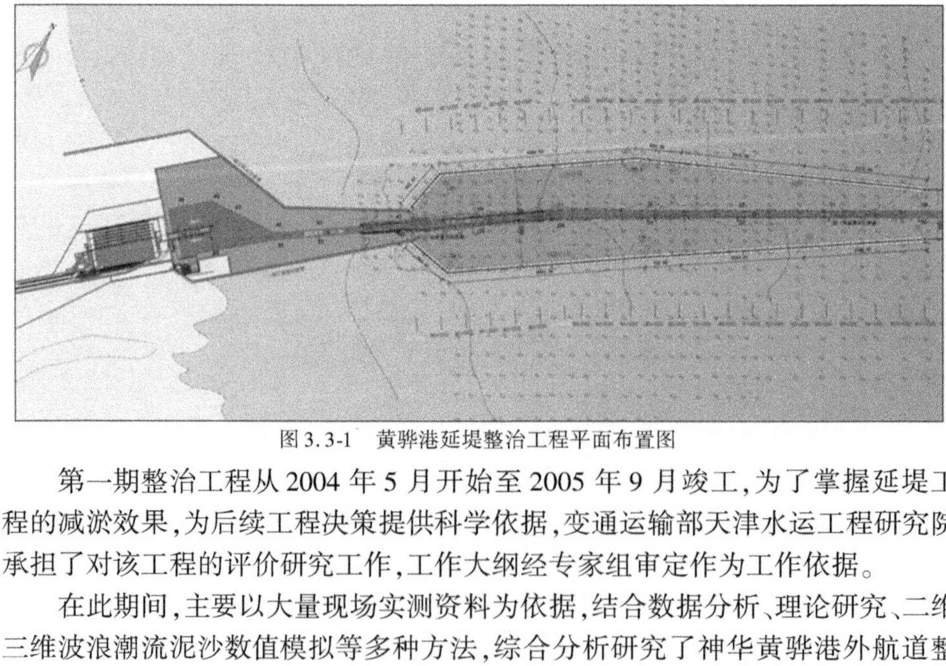

图 3.3-1　黄骅港延堤整治工程平面布置图

第一期整治工程从 2004 年 5 月开始至 2005 年 9 月竣工,为了掌握延堤工程的减淤效果,为后续工程决策提供科学依据,变通运输部天津水运工程研究院承担了对该工程的评价研究工作,工作大纲经专家组审定作为工作依据。

在此期间,主要以大量现场实测资料为依据,结合数据分析、理论研究、二维三维波浪潮流泥沙数值模拟等多种方法,综合分析研究了神华黄骅港外航道整治疏浚后的减淤增深效果。

经研究认为,黄骅港外航道采用延堤减淤和疏浚增深的方法,取得了良好效果,外航道抗骤淤能力增强,减淤效果明显,淤积土的可挖性有了根本性的改善,疏浚效率大为提高,航道水深逐步稳定提高,达到了预期的整治目标。

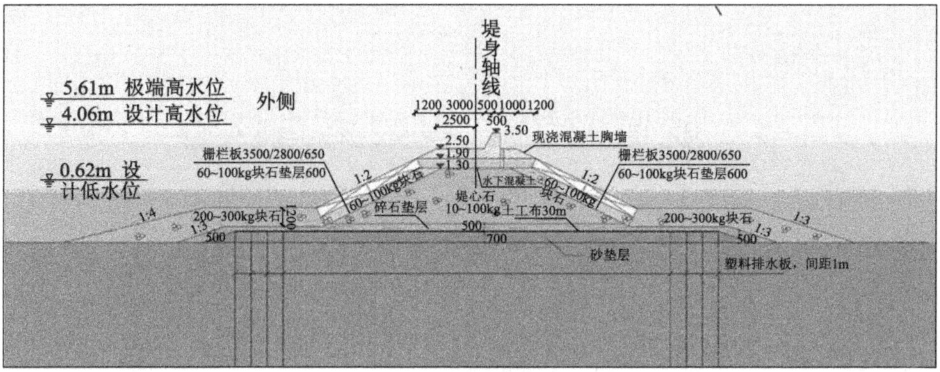

a)典型横断面1

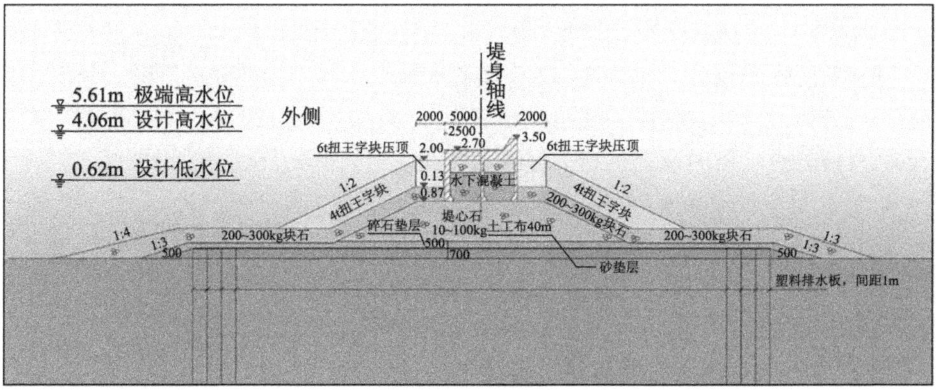

b)典型横断面2

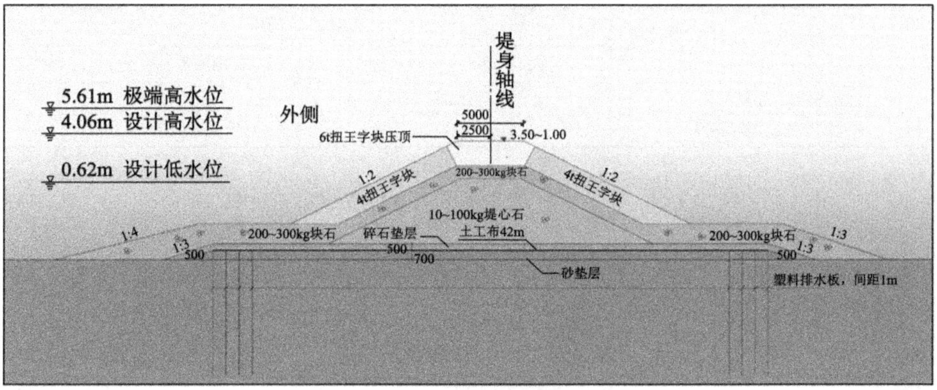

c)典型横断面3

图 3.3-2　防沙堤典型横断面图(尺寸单位:mm)

4 航道整治工程效果与评价

4.1 整治工程效果

4.1.1 减淤效果

整治工程施工以来,黄骅港海区6级以上大风过程共发生了48次,施工过程中造成明显淤积的大风有7次,工程结束后造成明显淤积的有6次。为分析黄骅港防沙堤延伸后的减淤效果,我们对这13次实测大风淤积与工程前同水平的大风淤积进行了对比分析,并对工程后及工程前曾出现过的典型大风过程进行了工程前后淤积的数值模拟分析。下面系统总结工程以来的大风淤积情况及减淤效果情况。

4.1.1.1 历次大风实测淤积情况

1)第一次(2004年9月6日)

大风风况:NE向,属一般大风,重现期为每年一遇。

实测淤积量:W0+000~W21+000段淤积量为36.2万m^3。

掩护段内外实测淤积情况见表4.1-1。

第一次大风后实测淤积情况 表4.1-1

项目	位置	
	W0+000~W10+500	W10+500~W21+000
淤积量(万m^3)	16.6	19.6
平均淤积厚度(m)	0.09	0.15

2)第二次(2004年9月14—15日)

大风风况:NNE向,属一般大风,重现期为每年一遇。

实测淤积量:W0+000~W21+000段淤积量为50.3万m^3。

掩护段内外实测淤积情况见表4.1-2。

第二次大风后实测淤积情况 表4.1-2

项目	位置	
	W0+000~W10+500	W10+500~W21+000
淤积量(万m^3)	33.5	16.8
平均淤积厚度(m)	0.23	0.12

3)第三次(2004 年 10 月 25 日)

大风风况:E ~ ENE 向,属一般大风,重现期为每年一遇。

实测淤积量:W0 +000 ~ W26 +000 段淤积量为 103 万 m^3。

掩护段内外实测淤积情况见表 4.1-3。

第三次大风后实测淤积情况 表 4.1-3

项目	位置	
	W0 +000 ~ W10 +500	W10 +500 ~ W26 +000
淤积量(万 m^3)	37.8	65.2
平均淤积厚度(m)	0.25	0.31

4)第四次(2004 年 11 月 24—25 日)

大风风况:NE ~ ENE 向,本次大风为整治工程施工以来较大的一次风过程,作用时间不长,但短时阵风较强。从气象站资料反映,重现期为 1 ~2 年。本次大风和历年大风过程相比处于中等强度水平,但从渤海及渤海海峡 2004 年 11 月 24—25 日天气图反映出,由于气旋过境而造成的风场外移,使外海波浪影响到黄骅港海区,单纯应用气象站资料不足以描述两日黄骅港海区的风浪过程。因此,由波况分析,重现期为 4 年。

实测淤积量:W0 +000 ~ W24 +000 段淤积量为 161 万 m^3。

掩护段内外实测淤积情况见表 4.1-4。

第四次大风后实测淤积情况 表 4.1-4

项目	位置	
	W0 +000 ~ W10 +500	W10 +500 ~ W24 +000
淤积量(万 m^3)	40.3	120.7
平均淤积厚度(m)	0.30	0.64

5)第五次(2004 年 12 月 22 日)

大风风况:NE ~ ENE 向,属一般大风,重现期为每年一遇。

实测淤积量:W0 +000 ~ W24 +000 段淤积量为 62.5 万 m^3。

掩护段内外实测淤积情况见表 4.1-5。

第五次大风后实测淤积情况 表 4.1-5

项目	位置	
	W0 +000 ~ W10 +500	W10 +500 ~ W24 +000
淤积量(万 m^3)	7.3	55.2
平均淤积厚度(m)	0.06	0.29

6)第六次(2005 年 3 月 10—12 日)

大风风况:ENE 向,自整治工程以来 2005 年 3 月 10 日大风能量为最小,但接下来的两日内(3 月 11—12 日)仍有断断续续的 5 ~6 级 N 向风的作用,由此看本次大风过程,风强度不大,作用历时较长,从大风能量来看略小于 2004 年 10 月 25 日大风,应属于 1 年一遇的大风过程。

实测淤积量:W0 +000 ~ W23 +000 段淤积量为 47.5 万 m^3。

掩护段内外实测淤积情况见表 4.1-6。

第六次大风后实测淤积情况 表 4.1-6

项　　目	位　　置	
	W0 +000 ~ W10 +500	W10 +500 ~ W23 +000
淤积量(万 m^3)	6.8	40.8
平均淤积厚度(m)	0.04	0.23

7)第七次(2005 年 8 月 8—9 日)

大风风况:“麦莎”台风过境,风向 N ~ NE 向,本次大风略强于多年平均水平,据黄骅港及新村站资料计算的风能可知大风强度一般,属 1 ~2 年一遇。

实测淤积量:W0 +000 ~ W28 +000 段淤积量为 93.1 万 m^3。

掩护段内外实测淤积情况见表 4.1-7。

第七次大风后实测淤积情况 表 4.1-7

项　　目	位　　置	
	W0 +000 ~ W10 +500	W10 +500 ~ W28 +000
淤积量(万 m^3)	41.1	52.0
平均淤积厚度(m)	0.29	0.20

8)第八次(2005 年 9 月 20 日)

大风风况:风向 ENE 向,6 级风持续 14h,从风能来看属于 1 ~2 年一遇,但较大波浪(1.0m 以上)持续 34h。

实测淤积量:W0 +000 ~ W28 +000 段淤积量为 128 万 m^3。

掩护段内外实测淤积情况见表 4.1-8。

第八次大风后实测淤积情况 表 4.1-8

项　　目	位　　置	
	W0 +000 ~ W10 +500	W10 +500 ~ W28 +000
淤积量(万 m^3)	40.5	87.6
平均淤积厚度(m)	0.29	0.35

9)第九次(2005 年 10 月 21 日)

大风风况:风向 ENE 向,6 ~7 级风持续 11h,从风能来看属于 1 ~2 年一遇,但较大波浪(1.0m 以上)持续 32h。

实测淤积量：W0 +000 ~ W31 +000 段淤积量为 116.7 万 m^3。

掩护段内外实测淤积情况见表 4.1-9。

第九次大风后实测淤积情况　　表 4.1-9

项　　目	位　　置	
	W0 +000 ~ W10 +500	W10 +500 ~ W31 +000
淤积量（万 m^3）	14.9	101.8
平均淤积厚度（m）	0.12	0.35

10）第十次（2006 年 3 月 11—12 日）

大风风况：风向 ENE 向转 N 向，3 月 11 日 ENE 向 6 级风持续 6h，但较大波浪（1.0m 以上）持续 18h；3 月 12 日 N 向 6 级风持续 14h，较大波浪（1.0m 以上）持续 17h 以上。从风能来看属于 1 ~2 年一遇。

实测淤积量：W0 +000 ~ W32 +000 段淤积量为 85 万 m^3。

掩护段内外实测淤积情况见表 4.1-10。

第十次大风后实测淤积情况　　表 4.1-10

项　　目	位　　置	
	W0 +000 ~ W10 +500	W10 +500 ~ W32 +000
淤积量（万 m^3）	24.7	60.4
平均淤积厚度（m）	0.18	0.19

11）第十一次（2006 年 11 月 21 日）

大风风况：2006 年 11 月 22—23 日大风风向为 ENE 向风，风能属 1 ~2 年一遇，略强于 2005 年 8 月台风“麦莎”过境时的大风能量。从风能来看属于 1 ~2 年一遇。

实测淤积量：W0 +000 ~ W20 +000 段淤积量为 131 万 m^3。

掩护段内外实测淤积情况见表 4.1-11。

第十一次大风后实测淤积情况　　表 4.1-11

项　　目	位　　置	
	W0 +000 ~ W10 +500	W10 +500 ~ W20 +000
淤积量（万 m^3）	44.5	86.5
平均淤积厚度（m）	0.26	0.62

12）第十二次（2007 年 3 月 3—4 日）

大风风况：风向为 ENE 转 N 向，其中 ENE ~ NE 向 15h，NNE ~ N 向 37h，以北向风为主。18h 6 级风，18h 7 级风，15h 8 级风，1h 9 级风，总历时 52h。大风有效风能重现期为 5 ~6 年，是 2005 年 9 月整治工程结束至今最大一次风过程。

实测淤积量：N1 +000 ~ W30 +000 段淤积量为 191 万 m^3。

掩护段内外实测淤积情况见表 4.1-12。

第十二次大风后实测淤积情况 表 4.1-12

项　　目	位　　置	
	N1 +000 ~ W10 +500	W10 +500 ~ W30 +000
淤积量(万 m^3)	74.6	116.4
平均淤积厚度(m)	0.37	0.36

13)第十三次(2007 年 5 月 8—9 日)

大风风况:向 E 到 ENE,以 ENE 向为主,自 2007 年 5 月 8 日 8:00 起至 5 月 9 日 3:00 止。其中 6 级风作用 17h,7 级风作用 2h,8 级风作用 1h,共计 20h。大风有效风能重现期为 3 年一遇。

实测淤积量:W0 +000 ~ W30 +000 段淤积量为 159 万 m^3。

掩护段内外实测淤积情况见表 4.1-13。

第十三次大风后实测淤积情况 表 4.1-13

项　　目	位　　置	
	W0 +000 ~ W10 +500	W10 +500 ~ W30 +000
淤积量(万 m^3)	55.6	103.4
平均淤积厚度(m)	0.39	0.40

4.1.1.2 工程后实测大风淤积分布特点

1)大风淤积量的变化情况

整治工程实施以来所发生的 13 次大风淤积和整治工程前同等风浪条件下的大风淤积相比,外航道淤积量均有一定程度的下降,掩护段内淤积量降低明显,原有强淤积段消失。

2)掩护段内淤积的变化情况

W0 +000 ~ W10 +500 段内减淤量淤积量大幅下降。从图 4.1-1 可见,随着工程建设的进展,该段淤积迅速减小,到整治工程结束原有的强淤段已经消失。

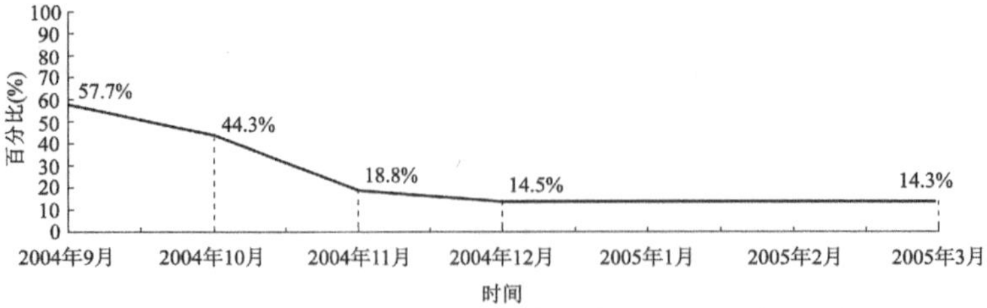

图 4.1-1 W10 +500 以内淤积量占航道总淤积量的变化趋势

掩护段内的减淤率在逐渐提高,对于一般大风而言,W10 +500 以内的减淤率应在 80% 以上,减淤效果十分可观。如遇重现期较高的大风淤积,减淤率会有下降。

3)新口门附近段淤积情况

新口门外2.5km范围内(W10+500~W13+000段)淤积和整治工程前的老口门外2.5km段相比淤积量有一定程度的减少,但是和整治前同一位置(即W10+500~W13+000段)相比,淤积量有一定程度的增加。整治后航道开挖深度和长度的加大、两滩上泥沙运移,以及离岸流和沿堤流变化均对口门附近的淤积量有影响,且情况十分复杂,需进一步观测和分析。

4)口外开敞航道段的淤积情况

W13+000以外淤积量有所增加,原因初步分析有三点:①整治工程延堤至W10+500,掩护不到外侧广泛的开敞航道;②落潮及归槽水流加强,使进入航道的泥沙数量增加;③整治工程后航道开挖水深及开挖长度增加,打破了原有地形,航槽更加明显,也是导致的外侧航道内淤积量增加的一个原因。除上述三个原因外,对抛泥区泥沙的扩散也应给予足够的重视,需专题研究。

5)工程结束后一般大风淤积的淤积厚度分布

图4.1-2为利用整治工程前后一般大风的实测淤积厚度分布整理得到的整治工程前后一般大风淤积厚度分布的对比。

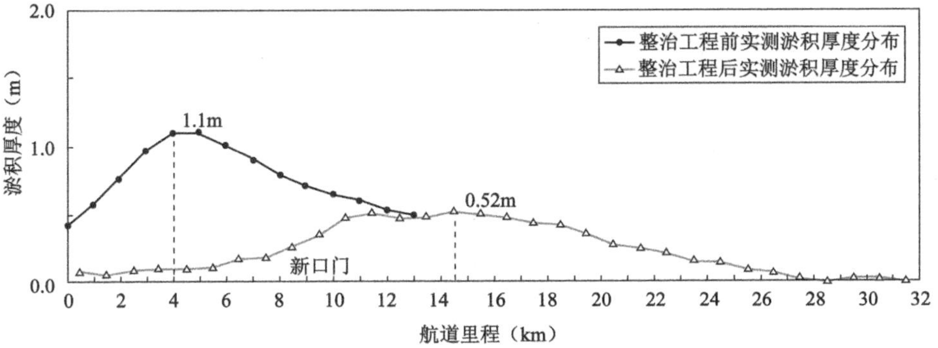

图4.1-2 整治工程前后大风淤积厚度分布

注:本图淤积厚度为1~2年一遇大风实测淤积平均淤积厚度分布。

从图4.1-2中可以看出,淤积厚度相对较大区段位于W8+500~W19+500处,原有的W4+000~W6+000段的强淤段消失,最大淤积厚度也有较大幅度的下降,下降约53%,淤积重心和整治工程前相比已经外移,这对降低疏浚费用、提高维护效率起到了积极的作用。

4.1.1.3 工程前后实测大风淤积减淤效果对比

减淤率应依据工程后实测的大风的淤积资料确定,寻找整治工程前已经掌握的同等风浪条件下的实测大风淤积情况,通过两者的比较获得。但是实际操作中很难找到工程前后完全相同两次风浪过程的淤积,即便有近似者,所得到的减淤率的变化幅度也较大，因此，可根据已经掌握的实测大风淤积情况，按同一重现期下的大风淤积统一归类后，再对整治工程前后的淤积一一对比分析减淤率，结果见表4.1-14。

实测大风淤积减淤效果表(1～2年一遇)　　表4.1-14

工程后日期	工程前日期	掩护段减淤率(%)			W10+500～W13+000段减淤率(%)			全段减淤率(%)
		W0+000～W8+000	W8+000～W10+500	W0+000～W10+500	工程前(万 m^3)	工程后(万 m^3)	净增减(万 m^3)	
整治工程施工中(潜堤)								
2004年8月6日	2002年9月2日	34.5	54.4	38.3	12.2	5.75	6.45	40.4
	2002年9月19日	15.6	45.8	21.7	10.4	5.75	4.65	25.3
	2003年9月17日	35.6	49.7	38.0	18.5	5.75	12.75	44.4
2004年9月6日	2002年9月2日	88.4	28.0	76.9	12.2	10.11	2.09	68.2
	2002年9月19日	85.1	14.4	70.7	10.4	10.11	0.29	60.1
	2003年9月17日	88.6	20.6	76.8	18.5	10.11	8.39	70.3
2004年9月14日	2002年9月2日	63.8	9.3	53.3	12.2	6.95	5.25	51.8
	2002年9月19日	53.3	(7.8)	40.8	10.4	6.95	3.45	39.6
	2003年9月17日	64.4	(0.1)	53.1	18.5	6.95	11.55	55.0
2004年10月25日	2002年9月2日	46.9	49.3	47.4	12.2	9.8	2.4	43.3
	2002年9月19日	31.6	39.7	33.2	10.4	9.8	0.6	29.0
	2003年9月17日	47.8	44.0	47.1	18.5	9.8	8.7	47.1
2004年11月24日	2002年9月2日	60.3	(25.2)	43.9	12.2	28.48	(16.28)	18.1
	2002年9月19日	48.9	(49.0)	28.8	10.4	28.48	(18.08)	(2.6)
	2003年9月17日	61.0	(38.2)	43.6	18.5	28.48	(9.98)	23.6
2004年12月22日	2002年9月2日	95.9	64.3	89.8	12.2	10.91	1.29	78.3
	2002年9月19日	97.9	57.5	87.1	10.4	10.91	(0.51)	72.8
	2003年9月17日	98.3	60.6	89.8	18.5	10.91	7.59	79.7
(潜堤)平均减淤率		67.7	33.2	61.0	13.9	10.3	3.5	52.1
整治工程竣工之后								
2005年3月10日	2002年9月2日	95.7	69.0	90.5	12.2	6.54	5.66	84.2
	2002年9月19日	94.5	63.1	88.0	10.4	6.54	3.86	80.2
	2003年9月17日	95.8	65.8	90.5	18.5	6.54	11.96	85.2
2005年9月20日	2002年3月1日	78.3	21.0	65.4	16.9	21.5	(4.58)	53.7

续上表

工程后日期	工程前日期	掩护段减淤率(%)			W10 +500 ~ W13 +000 段减淤率(%)			全段减淤率(%)
		W0 +000 ~ W8 +000	W8 +000 ~ W10 +500	W0 +000 ~ W10 +500	工程前(万 m^3)	工程后(万 m^3)	净增减(万 m^3)	
整治工程竣工之后								
2005 年 10 月 21 日	2002 年 9 月 2 日	86.3	49.7	79.3	12.2	18.9	(6.69)	59.8
	2002 年 9 月 19 日	82.3	40.2	73.7	10.4	18.9	(8.49)	49.6
	2003 年 9 月 17 日	86.5	44.5	79.2	18.5	18.9	(0.39)	62.5
2006 年 3 月 11 日	2002 年 9 月 2 日	76.8	19.0	65.7	12.2	10.8	1.44	57.9
	2002 年 9 月 19 日	70.1	3.6	56.5	10.4	10.8	(0.36)	47.2
	2003 年 9 月 17 日	77.2	10.6	65.5	18.5	10.8	7.74	60.7
工程前后平均减淤率		79.6	26.9	69.3	14.16	15.78	(1.62)	55.9

注:表中括号内为增加值。

从表 4.1-14 可得出以下结论。

(1)施工过程中大风淤积情况与施工前对比结果为:W0 +000 ~ W8 +000 段减淤率 67.7%,W8 +000 ~ W10 +500 段减淤率 33.2%,W0 +000 ~ W10 +500 减淤率 61.0%;口门外 2.5km 范围内淤积量略减;W0 +000 ~ W13 +000 段减淤率 52.1%。整治工程施工过程之中发生 7 次大风,风能重现期均为 1 ~ 2 年。在此期间的工程情况是,2004 年 9 月 W0 +000 ~ W10 +500 段全程堤顶高程达到 ±0m,随后为防沙堤加高阶段,至 2005 年 9 月工程竣工,该阶段大风淤积均发生于防沙堤未出水时,因此,可以反映潜堤状态下的减淤情况。

(2)整治工程 2005 年 9 月竣工之后:W0 +000 ~ W8 +000 段减淤率 79.6%,W8 +000 ~ W10 +500 段减淤率 26.9%,W0 +000 ~ W10 +500 减淤率 69.3%;口门外 2.5km 范围内淤积量略有增加。可见,工程全部竣工之后掩护段的减淤率又增加了近 10%,已达 70% 左右。

(3)从 W8 +000 ~ W10 +500 的潜堤段来看,整治工程结束后比防沙堤出水前的减淤率要低 6.3%,并且口门外部分开敞航道段的淤积量不减反增,可见,由于防沙堤的延长和出水,使口门段附近的淤积量有所增加。但就全段的减淤效果来讲,仍是防沙堤出水后的效果为最佳,更重要的是防沙堤的出水,使得原有的强淤积段消失,即便外侧仍有相对较高的淤积段,相比原有强淤段,淤积强度也有较大幅度的下降,对一般大风而言下降约 53%,这对提高航道遭遇大风淤积后的通航水深有着决定性的作用。

对于非一般大风过程,如 2007 年 3 月 3—4 日,该场大风为整治工程结束以来遇到的最大一次大风过程,其中 6 级风 18h,7 级风 18h,8 级风 15h,9 级风 1h,

总历时52h,有效风能重现期为5～6年。从实测的淤积量来看,本次大风造成黄骅港航道淤积191万m^3。按掩护段内、外同宽度航道计算,掩护段内淤积量占总量的36%,掩护段外淤积量占总量的64%;最大淤积厚度为0.95m。虽没有工程前同等风况下的实测淤积量可进行比较,但大风后未影响通航,生产不受任何影响,亦足以证明整治工程对非一般大风的防沙减淤效果非常显著。

4.1.1.4　工程前后大风淤积数值模拟

表4.1-15为整治工程实施以来7次大风过程的计算回淤量与未建整治工程时的回淤量计算结果的比较。

整治工程实施以来7次大风过程计算回淤量与未建整治工程时的回淤量计算结果比较　表4.1-15

大风日期	整治状态	淤积情况					
		外航道淤积量(万m^3)	掩护区(W0+000～W10+500)淤积量(万m^3)	非掩护区(W10+500～W32+000)淤积量(万m^3)	外航道减少淤积量(万m^3)	掩护区减淤率(%)	外航道减淤率(%)
2004年11月24日	工程前	352	239	113			
	工程后	191	47	144	161	80.3	45.7
2004年12月22日	工程前	249	161	88			
	工程后	98	27	71	151	87.0	60.6
2005年3月10日	工程前	124	80	44			
	工程后	71	16	55	53	80.0	42.7
2008年8月8日	工程前	142	113	29			
	工程后	73	16	57	69	85.8	48.6
2005年9月20日	工程前	143	82	61			
	工程后	80	15	65	63	81.7	44.1
2005年10月21日	工程前	198	118	80			
	工程后	130	24	106	68	79.7	34.3
2006年3月10日	工程前	114	70	44			
	工程后	67	9	58	47	87.1	41.2

从数学模型计算结果来看,掩护区内计算减淤率均超过80%。整治工程减淤效果十分明显。此外,整治工程实施后沿堤向外水流增强,与整治工程实施前相比,掩护区外航道淤积量有所增加,从计算结果看最大增加量为31万m^3,但相对于减淤量而言,增加量较少。

4.1.1.5 减淤原因

新防沙堤拦截了滩面上的底部泥沙,包括高浓度含沙水体和推移质,且新建防沙堤延伸出破波线以外。新防沙堤建设前历次大风天的淤积分布表明,大风淤积的强淤位置均发生在破波带以内。25 年一遇的大风浪破波位置最外到 W13 +000 附近(表 4.1-16),10 年一遇的最外到 W8 +000 附近,而整治期间所发生的历次大风及其风浪过程均属一般过程,破波必然发生于 W8 +000 以内,新防沙堤已经延伸出破波线以外,掩护了航道原有强淤积段,所以降低了外航道的淤积总量。

建堤前不同重现期大风的破波线位置　　表 4.1-16

重现期	项目			
	波向	平均高潮位(3.58m)	平均中潮位(2.43m)	平均低潮位(1.28m)
25 年	NE ~ ENE	−3.9m (W3 +000 附近)	−5.2m(W7 +000 ~ W8 +000)	−6.5m(W13 +000 附近)
15 年	NE ~ ENE	−3.1m(口门附近)	−4.3m(W5 +000 ~ W6 +000)	−5.6m(W9 +000 附近)
10 年	NE ~ ENE	−2.7m(口门附近)	−4.0m(W4 +000 附近)	−5.2m(W7 +000 ~ W8 +000)

减淤效果与重现期有关,以往的研究结果表明,随风浪的加大,外航道的强淤位置会相应地外移,且向外很长的一段都有比较大的淤积量,所以风浪过程的重现期越大,减淤效果可能越小。

4.1.1.6 整治工程减淤效果总结

(1)施工过程中发生了 7 次较明显的大风淤积过程,工程状况属潜堤阶段,从减淤效果看,W0 +000 ~ W8 +000 段减淤率 67.7%,W8 +000 ~ W10 +500 段减淤率 33.2%,W0 +000 ~ W10 +500 减淤率 61.0%;口门外 2.5km 范围内淤积量略有减少;W0 +000 ~ W13 +000 段减淤率 52.1%。

(2)整治工程竣工后:W0 +000 ~ W8 +000 段减淤率 79.6%,W8 +000 ~ W10 +500 段减淤率 26.9%,W0 +000 ~ W10 +500 减淤率 69.3%;口门外 2.5km范围内淤积量略有增加;W0 +000 ~ W13 +000 段减淤率 55.9%。可见,掩护段的减淤率已达 70% 左右,与工程前预测结果(一般大风减淤率 73%)基本一致。

(3)新口门附近的淤积量和整治工程前的老口门附近相比有一定程度的减

少，但和防沙堤延伸至此前相比，淤积量有一定程度的增加，原因初步分析为：整治工程延堤至 W10 +500，大风天防沙堤外侧水流有所加强、归槽水流加强，使进入航道的泥沙数量增加；整治工程后航道开挖水深及开挖长度增加，打破了原有地形，航槽更加明显，这也是导致的外侧航道内淤积量增加的一个原因。除上述原因之外，对抛泥区泥沙的扩散也应给予足够的重视。

4.1.2 回淤土可挖性及淤积重心变化

4.1.2.1 问题的提出

黄骅港延堤以前，大风天外航道不仅回淤量剧增，水深锐减，严重碍航，而且回淤土十分难挖，疏浚效率较低，严重影响了外航道的顺利开挖及迅速复航。如2000 年冬大风骤淤后，由于淤积严重及淤积段的回淤土极难开挖，不得不将航道南偏 4.5°，躲开难挖段，另辟新航道。又如，2003 年 10 月 11—13 日特大风浪引发骤淤，严重的淤积和难挖的回淤土，使黄骅港遭受了惨痛的损失。因此，评价回淤土可挖性的改善情况，也是评价整治工程效果的重要内容之一。

4.1.2.2 回淤土难挖段的特点

决定回淤土可挖性的主要因素是疏浚土的密实程度。对于密实程度的评判指标复杂而多样，要选择合适的指标来评判整治工程后黄骅港外航道疏浚土的改善情况，首先要了解黄骅港外航道回淤土难挖段的特点。

回淤土难挖段主要有以下几个特点：

(1)可挖性最差段位置一般发生于破波带以内，范围与历次大风的强淤段基本一致。

(2)泥沙粒径较粗。图 4.1-3 所示为整治工程前历次大风后航道内回淤土平均中值粒径分布，由图可见内航道颗粒较细，外航道泥沙颗粒的纵向分布上内粗外细，中值粒径范围在 0.0368 ~0.0108mm 之间，平均中值粒径为 0.0196mm。

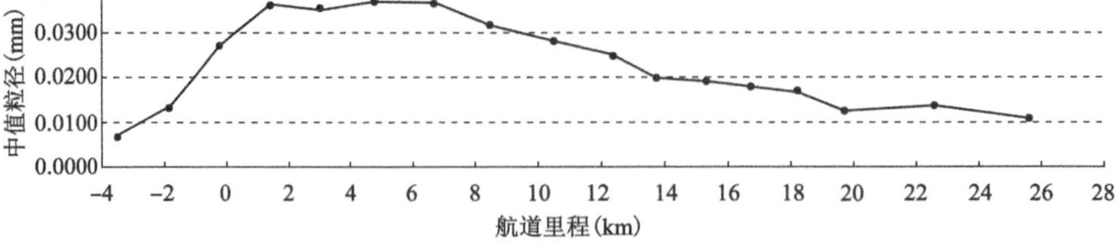

图 4.1-3 整治前黄骅港历次大风后航道内回淤土平均中值粒径沿程分布

(3)粒径级配较好,压缩性小。回淤土的压缩性与颗粒级配有关,评判粒径级配有两个重要的指标,即不均匀系数(C_u)和曲率系数(C_c)。

表4.1-17所列为2004年3月外航道内原状表层样特征粒径分布。从表中的数据可得W21+000以内平均土粒不均匀系数为4.9,平均曲率系数为1.44,中值粒径在0.028~0.034mm之间,可见级配较为均匀,因而该段回淤土压缩性小,有较高的密实度。W21+000以外粉土逐渐减少至没有,表层大部分为淤泥,土质特性为高塑性,疏浚较为容易。

(4)难挖段长,标贯击数大,密实度大,黏土含量小。

2004年3月外航道内原状表层样特征粒径分布 表4.1-17

位置	指标					岩土名称及其特征
	d_{50}	d_{10}	d_{60}	C_u	C_c	
W0+000	0.031	0.011	0.037	3.28	1.09	粉土,灰褐色,含云母,稍密状
W3+000	0.033	0.008	0.039	4.61	1.33	粉土,灰褐色,土质均匀,稍密~中密状
W7+000	0.028	0.006	0.033	5.81	1.74	粉土,灰褐色,含云母,土质均匀,稍密~中密状
W11+000	0.031	0.008	0.037	4.67	1.33	粉土,灰褐色,含云母和多量沙粒,稍密~中密状
W15+000	0.028	0.005	0.033	6.68	1.94	粉土,灰褐色,土质均匀,稍密~中密状
W21+000	0.034	0.009	0.040	4.32	1.20	粉土,灰褐色,土质均匀,稍密状
W27+000	0.024	0.002	0.029	12.01	3.04	粉土,灰褐色,含云母和多量沙粒,稍密~中密状
W33+000	0.007	—	0.010	—	—	淤泥,流塑状,高塑性,土质均匀
W39+000	0.006	—	0.009	—	—	淤泥,流塑状,高塑性,土质均匀

注:1.表中粒径单位为mm;第2、3、4、5、6列依次为中值粒径、有效粒径、限制粒径、不均匀系数和曲率系数。

2.依《疏浚岩土分类标准》(JTJ/T 320—96),粉土分为黏质粉土和沙质粉土,M_c为黏粒含量,其中:黏质粉土,$d>0.075$mm颗粒小于总量的50%,塑性指数$I_p \leq 10$,黏粒含量($d<0.005$mm)M_c,$10\% \leq M_c < 15\%$;沙质粉土,$d>0.075$mm颗粒小于总量的50%,塑性指数$I_p \leq 10$,黏粒含量($d<0.005$mm)M_c,$3\% \leq M_c < 10\%$。

难挖土是指外航道内由回淤及疏浚等综合因素而形成的粉土层(土层分类见表4.1-17 中说明),该层在航道内半段分布连续且厚度大,航道外半段厚度逐渐减小。

该层的各项指标分别如下。

①粉土层厚度。

黄骅港外航道2004 年3 月的地质剖面示意图及粉土层分布图如图4.1-4 所示。

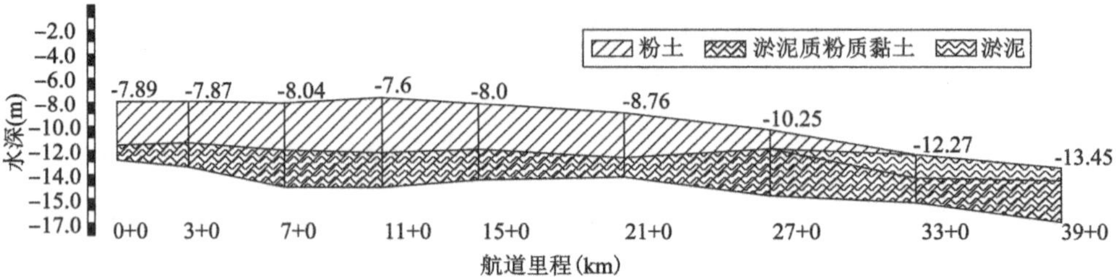

a) 黄骅港外航道工程地质剖面示意图

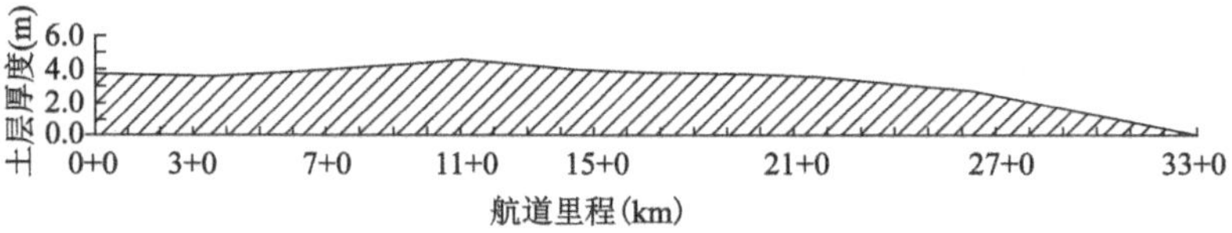

b) 黄骅港外航道粉土层沿程厚度分布图

图4.1-4　地质剖面示意及粉土层分布图(2004 年3 月)

由图4.1-4 可知,粉土层分布于W0 +000 ~ W27 +000 段,分布连续,厚度为2.50 ~4.60m,平均厚度3.7m;W11 +000 附近最厚(4.60m),该层的底高程为 −11.47 ~ −12.75m,平均底高程为 −11.9m;W27 +000 以外没有粉土层,表层为淤泥,底高程为 −14.27 ~ −14.45m,厚度1.0 ~2.0m;淤泥质粉质黏土层分布于粉土层和淤泥层的下部,分布连续。

粉土层分布范围广且厚,粉土层的最小底高程为 −11.47m,说明W27 +000 以内航道段浚深至 −11.47m 以前均较难疏浚,但该层的形成机理复杂并与大风回淤及疏浚施工有关。

②标贯击数。

根据2004 年3 月黄骅港外航道内贯入试验得粉土层标贯击数:最大标贯击数28 击,位于W11 +000 附近;最小标贯击数5 击,位于W21 +000 附近,平均标贯击数13.8 击。按《疏浚与吹填工程设计规范》(JTS 181-5—2012)规定疏浚级别为9 级,较难疏浚。W11 +000 附近粉土层最厚,且平均标贯击数最高。

③密实度。

评判土的密实度指标很多,主要分两类——无黏性土和黏性土。对于无黏性土,工程上一般用相对密实度(D_r)来衡量无黏性土的松紧程度,其定义为:

$$D_r = \frac{e_{max} - e_0}{e_{max} - e_{min}} \tag{4.1-1}$$

式中:e_0、e_{max}、e_{min}——无黏性土的天然孔隙比、最大孔隙比和最小孔隙比。

相对密实度的实用表达式为:

$$D_r = \frac{(\rho_d - \rho_{dmin})\rho_{dmax}}{(\rho_{dmax} - \rho_{dmin})\rho_d} \tag{4.1-2}$$

式中:ρ_d、ρ_{dmax}、ρ_{dmin}——无黏性土的天然干密度、最大干密度和最小干密度。在工程上无黏性土的密实度区分为:$0 < D_r \leqslant 1/3$ 为疏松的;$1/3 < D_r \leqslant 2/3$ 为中密的;$2/3 < D_r \leqslant 1$ 为密实的。

对于黏性土的状态,可用液性指数来判别,其定义为:

$$I_L = \frac{\omega - \omega_p}{\omega_L - \omega_p} = \frac{\omega - \omega_p}{I_p} \tag{4.1-3}$$

式中:ω、ω_p、ω_L、I_p——天然含水率、塑限、液限和塑性指数。

在工程上,黏性土的状态可区分为:当 $\omega \leqslant \omega_p$ 时,$I_L \leqslant 0$ 土处于坚硬状态;当 $\omega_p < \omega \leqslant \omega_L$ 时,$0 < I_L \leqslant 1.0$ 的土处于可塑状态;当 $\omega_L < \omega$ 时,$I_L > 1.0$ 的土处于流动状态。

黄骅港外航道的回淤土属于黏性土范畴,因此,可以用液性指数判别土的状态。表 4.1-18 所列为 2004 年 3 月黄骅港外航道表层土样的各项指标。

2004 年 3 月黄骅港外航道表层土样塑性指数、液性指数 表 4.1-18

项目	航道里程									
	W0 + 000	W3 + 000	W7 + 000	W11 + 000	W15 + 000	W21 + 000	W27 + 000	W33 + 000	W39 + 000	平均
ω	28.0%	26.5%	25.9%	23.3%	24.6%	23.5%	24.5%	67.1%	55.4%	33.4%
ω_L	29.7%	29.8%	31.1%	31.1%	31.0%	29.9%	36.7%	40.2%	43.3%	33.6%
ω_p	22.4%	24.5%	24.0%	23.5%	24.9%	22.4%	20.2%	21.2%	21.7%	22.7%
I_p	7.3	5.3	7.1	7.6	6.1	7.5	6.3	20.8	21.6	10.9
I_L	0.77	0.38	0.27	<0	<0	0.15	0.22	2.21	1.56	0.98
土的状态	可塑	可塑	可塑	坚硬	坚硬	可塑	可塑	流动	流动	—
备注	原状	原状	原状	原状	原状	原状	扰动	扰动	扰动	—

由表4.1-18可见,W11+000和W15+000附近回淤土密实性最高,这与2003年10月11—13日大风的强淤段对应;W33+000~W39+000段属自然地形,其本底土未受疏浚的扰动影响;W27+000以内的其他各段均属于可塑状态,从指标来评判,其密实性较高。

④细颗粒含量。

黄骅港外航道难挖土是粉土,是回淤土的细颗粒被带走、粗颗粒沉降所造成。回淤土中细颗粒和粗颗粒的比例会影响疏浚土的可挖性,为便于和整治工程后进行比较,将2004年3月黄骅港外航道沿程的颗粒组成情况列于表4.1-19中。

2004年3月黄骅港外航道沿程的颗粒组成 表4.1-19

位置	粉粒(%)			黏粒(%)	
	0.075~0.05mm	0.05~0.01mm	0.01~0.005mm	0.005~0.002mm	<0.002mm
W0+000	18.4	72.8	5.1	1.9	1.8
W3+000	24.7	63.9	5.5	4.0	1.9
W7+000	10.9	73.7	6.5	4.4	4.5
W11+000	21.4	66.3	5.8	3.6	2.9
W15+000	12.0	71.6	6.3	5.2	4.9
W21+000	16.5	71.2	5.7	4.3	2.3
W27+000	5.0	73.3	7.0	5.4	9.3
W33+000	9.8	28.4	22.5	12.7	26.6
W39+000	8.9	28.6	20.3	16.9	25.3

(5)回淤土密实快,密实后湿密度大。回淤初期密度较小,大致在1.45g/cm^3左右,2~3天后即可达到1.78g/cm^3以上。

为了研究其沉积和密实的规律和特性,研究人员曾于2002年11月至2003年3月开展了沉积密实试验。试验表明:1天后的密度可达1.7g/cm^3以上,2天后即可达到1.78g/cm^3以上,5天后可达1.80g/cm^3以上。

另据2003年10月大风后现场的实测结果反映,航道内回淤物的平均密重度为1.99g/cm^3,由此可见,航道底质的沉积和密实速度很快。

(6)难挖段泥浆进舱浓度偏低。疏浚船舶的泥浆进舱浓度(简称“进舱浓度”)直接反映着航道内疏浚土质可挖性的好坏,进舱浓度的计算公式为:

$$进舱浓度=\frac{\gamma_{泥浆}-\gamma_{水}}{\gamma_{原状}-\gamma_{水}}\times 100\% \tag{4.1-4}$$

式中：$\gamma_{泥浆}$——进舱泥浆的相对密度；

$\gamma_{水}$——海水的相对密度；

$\gamma_{原状}$——航道内原状土的相对密度。进舱浓度是指进舱的原状土占泥浆的体积比率。

经统计，2002 年无风期黄骅港外航道的疏浚船舶的泥浆进舱浓度最小为 9%（位于 W4 +000 ~ W8 +000 段），最大为 18%，平均进舱浓度为 14.7%；2003 年 10 月 11—13 日大风后（2004 年 3 月）疏浚船进舱浓度在 12.68% ~16.52% 之间，平均进舱浓度 14.2%，按疏浚施工经验，该浓度偏低。

4.1.2.3　整治工程实施后外航道底质及疏浚挖泥情况

1）整治工程实施后外航道底质的各项指标

（1）d_{50}的分布。

图 4.1-5 为整治工程前后航道内 d_{50}的分布比较图。

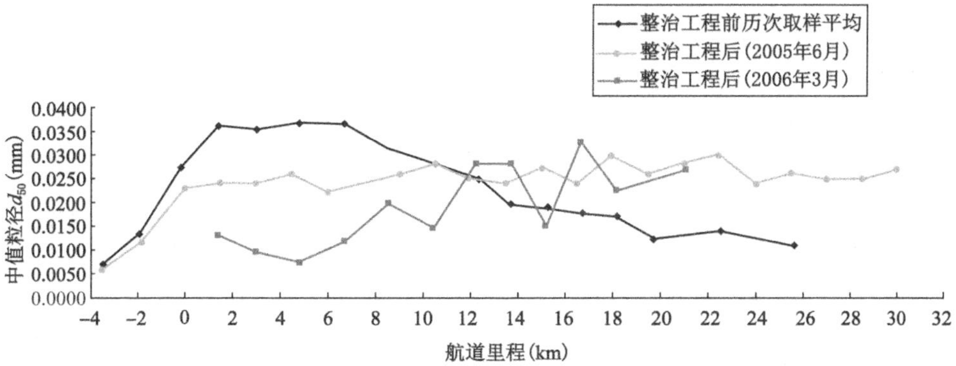

图 4.1-5　整治工程前后航道内 d_{50}分布比较图

从图 4.1-5 可知，2005 年 6 月的 d_{50}分布和整治工程前相比不同区段共呈现了三种变化：①W10 +000 以内 d_{50}下降，该段泥沙细化；②W10 +000 ~ W12 +000 段基本不变；③从 W12 +000 向外 d_{50}上升。至 2006 年 3 月，掩护段以内回淤土的 d_{50}进一步下降，掩护段以外基本上维持在 2005 年 6 月的水平上。

从整治后期 d_{50}的沿程分布来看，外航道分布较为均匀，平均 d_{50}为 0.0257mm，最大 d_{50}为 0.030mm。整治工程结束之后 d_{50}的分布特征则已经完全不同于整治工程之前，总体趋势是内小外大，有掩护段的航道内 d_{50}明显减小，W10 +500 以内 d_{50}平均为 0.0127mm。

W10 +000 以内细化，这是由于新防沙堤发挥了挡沙作用，使进入航道的粗颗粒泥沙减少所致；W10 +000 ~ W12 +000 段 d_{50}值和老口门处基本一致，只是和老口门相比，该 d_{50}值从新口门处外推了 1.5km 左右。

从曲线对比来看，新口门外的开敞航道段泥沙似乎粗化，但不能就此而判别外航道有粗化的趋势。因为，航道的浚深及开挖段的外延，使航道内本底土质受到了扰动，又在水力筛选的作用下，细颗粒被带走，粗颗粒沉积下来，从而导致 d_{50} 变大。但是，也仍有其他可能因素的影响，如滩面泥沙粗化和抛泥区的泥沙扩散问题等，因此，仍需时日观测。

(2)航道底质的粒径级配及压缩性。

表4.1-20所列为2005年6月航道内土样的特征粒径、不均匀系数和曲率系数。

2005年6月航道内土样特征粒径 表4.1-20

<table>
<tr><th rowspan="2">位　置</th><th colspan="5">2005年6月</th><th colspan="2">2004年3月</th></tr>
<tr><th>d_{50}(mm)</th><th>d_{10}(mm)</th><th>d_{60}(mm)</th><th>C_u</th><th>C_c</th><th>C_u</th><th>C_c</th></tr>
<tr><td>W0+000~W21+000</td><td>0.025</td><td>0.007</td><td>0.030</td><td>4.68</td><td>1.51</td><td>4.90</td><td>1.44</td></tr>
<tr><td>W24+000</td><td>0.024</td><td>0.003</td><td>0.029</td><td>8.95</td><td>2.48</td><td colspan="2" rowspan="3">粉土层逐渐消失
表层大部分为淤泥</td></tr>
<tr><td>W27+000</td><td>0.025</td><td>0.005</td><td>0.029</td><td>6.18</td><td>1.78</td></tr>
<tr><td>W30+000</td><td>0.027</td><td>0.005</td><td>0.032</td><td>6.69</td><td>2.11</td></tr>
</table>

从表中可知，W21+000以内土粒不均匀系数平均为4.68，曲率系数平均为1.51。与2004年3月分析结果相比，不均匀系数平均减小了0.22，曲率系数增加了0.06，反映了细颗粒含量增加，但密实性变化甚微，总体来讲仍属级配较好可压缩性小的土质。然而，考察该段航道的平均水深为-10.28m，仍高于2004年所考察的粉土层底高程(-11.9m)1.62m，说明现阶段该段所开挖的航道土仍为整治工程前的大风回淤土。W21+000以外和整治工程前相比发生了明显的变化。整治工程前，W21+000以外粉土层厚度小，分布不连续，表层大部分为淤泥，土质特性为高塑性，疏浚是较为容易的，而2005年6月的底质勘察结果显示，W21+000以外航道内粗颗粒含量增加，W21+000~W30+000段不均匀系数平均7.27，曲率系数平均2.12，压缩性变小，密实性增大。

(3)粉土层的厚度。

2005年6月的黄骅港外航道地质剖面示意图如图4.1-6所示。

图中地质剖面反映了W30+000以内仍有连续的粉土层，在勘测深度内，粉土层厚度在0.06~2.05m之间，粉土层底高程为-12.52~-10.88m，平均底高程-11.96m，与2004年6月相比粉土层平均底高程有所下降。从纵向分布上看，掩护段的粉土层厚度在减小，掩护段以外粉土层的厚度有所增加，但航道内粉土层的平均厚度已经大幅下降，这是航道浚深的结果。由于本次勘察钻孔深度最大为 2.0m，因此，从剖面图分析，W1 +500 ~ W3 +000 段和 W15 +000 ~ W27 +000 段粉土层厚度要大于 2.05m。

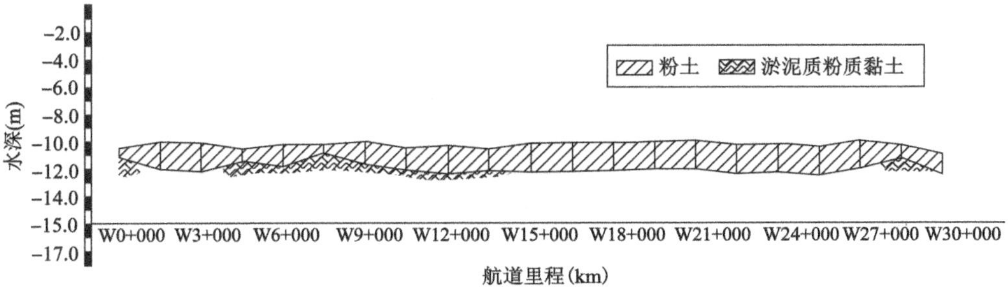

图 4.1-6　2005 年 6 月黄骅港外航道地质剖面示意图

由此可见，掩护段内疏浚难度在降低，外侧开敞航道段疏浚难度相比整治前有一定程度的增加，但是否会有新的难挖段出现仍需观测。

(4)标贯击数。

根据 2005 年 6 月黄骅港外航道内贯入试验得粉土层标贯击数：最大标贯击数 29 击，最小标贯击数 3 击，平均标贯击数 13.6 击。上述结果和 2004 年 3 月相比基本没有变化。

整治工程结束后至今，外航道内尚未进行标贯试验，但从粒径的分布来看，掩护段内较 2005 年 6 月有所不同。

(5)沉积密实试验。

整治工程后，据对掩护段航道内底质表层样品的沉积密实试验反映：样品沉积 2 ~ 3 天后的平均密度和整治工程前相比减小了 13%，说明掩护段内底质的沉积密实速度有所减缓，这对疏浚维护是有利的。

(6)密实度。

从 2005 年 6 月黄骅港外航道表层土样的塑性指数、液性指数来看(表 4.1-21)，W27 + 000 段以内表层土样均属于可塑状态，密实程度和整治工程前相比(2004 年 3 月)无明显变化。

2005 年 6 月黄骅港外航道表层土样塑性指数、液性指数　　表 4.1-21

位　置	2004 年 3 月					2005 年 6 月	
	ω	ω_L	ω_p	I_p	I_L	I_p	I_L
W0 +000	24.7%	29.1%	22.1%	7.0	0.37	7.3	0.77
W3 +000	25.9%	33.0%	24.2%	8.8	0.19	5.3	0.39

续上表

位　　置	2004 年 3 月					2005 年 6 月	
	ω	ω_L	ω_p	I_p	I_L	I_p	I_L
W6 +000	23.1%	31.4%	23.2%	8.2	<0	7 +0　7.1　0.27 11 +07.6　<0	
W9 +000	27.5%	34.0%	24.4%	9.6	0.32		
W12 +000	26.6%	32.6%	23.0%	9.6	0.38		
W15 +000	24.5%	32.1%	22.4%	9.7	0.22	6.1	<0
W18 +000	25.7%	32.5%	24.7%	7.8	0.13	—	—
W21 +000	25.7%	32.7%	25.6%	7.1	0.01	7.5	0.15
W24 +000	22.8%	30.5%	20.5%	10.0	0.10	—	—
W27 +000	24.3%	30.7%	23.8%	6.9	0.07	6.3	0.22
W30 +000	29.1%	31.5%	22.1%	9.4	0.74	—	—
平均	25.4%	31.8%	23.3%	8.5	0.25		

(7)粒径组成。

黄骅港外航道底质粒径组成经历了一个变化过程,分析结果表明,2005 年6 月和 2004 年 3 月相比,粒径小于 0.005mm(黏粒)的含量在 W27 +000 以内全部增加,只在 W30 +000 的一个测点细颗粒含量减小,航道内回淤物质的黏粒含量则大幅提高;到 2006 年 3 月,掩护段以内回淤物质的黏粒含量又提高到了一个新的水平。从这个变化过程来看,掩护段航道内的回淤物质已经发生了根本性的改变,不再以刷滩泥沙为主,而是依悬移质形式进入航道落淤的泥沙为主(图 4.1-7)。

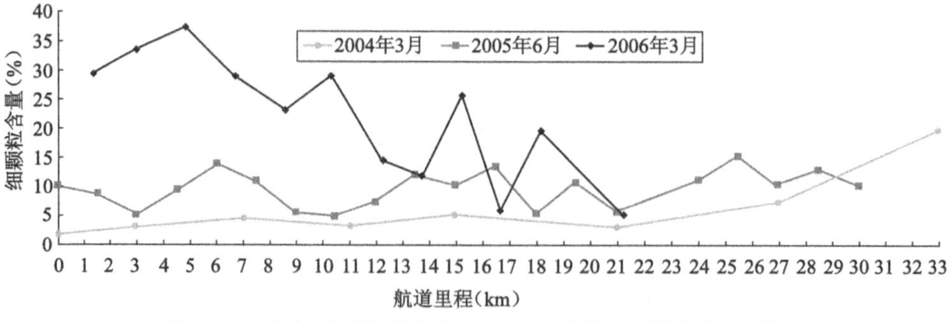

图 4.1-7　整治工程前后粒径小于 0.005mm 颗粒含量沿呈分布曲线

2)整治工程后疏浚船泥浆进舱浓度

进舱浓度能够最直观地反映疏浚土的可挖性。图 4.1-8 为整治工程前后的航道内平均泥浆进舱浓度分布曲线,由图可见,整治工程前(2002 年 5 月和 2004 年3 月)航道内各段的进舱浓度基本维持在 14% ~16% 之间,变化不大;到

2005 年 5 月航道内疏浚船舶的泥浆进舱浓度有了较大幅度的提高,沿程进舱浓度在 17.59% ~26.19%之间,平均进舱浓度 21.53%;整治工程结束后,到 2006 年3 月,全航道的泥浆进舱浓度已经达到了 27.14%,疏浚效率明显提高。

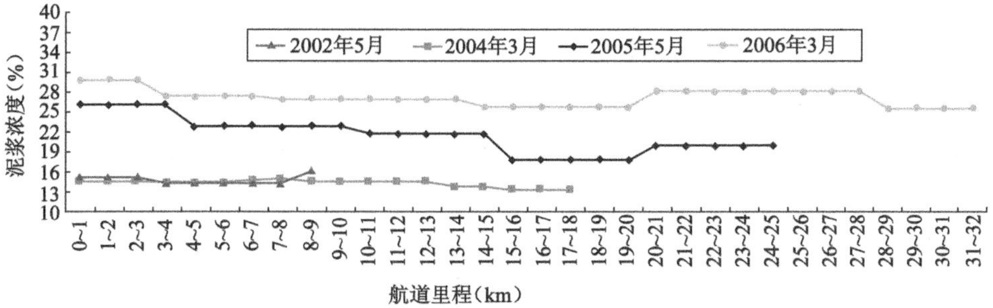

图 4.1-8　整治工程前后泥浆进舱浓度过程线比较

从整治工程后疏浚船舶的进舱浓度线可见,航道内沿程进舱浓度的分布特征为:W0 +000 ~ W3 +000 段的进舱浓度最高,平均为 29.78%;其次为 W20 +000 ~ W28 +000 段,平均为 28.03%;再次为 W4 +000 ~ W14 +000 段,平均为 27.01%;泥浆进舱浓度较低段为 W15 +000 ~ W20 +000 和 W25 +000 ~ W32 +000 段,浓度分别为 25.84% 和 26.63%。航道内最低进舱浓度与整治工程前相比提高了约 11%。

由此可见,整治后航道的疏浚维护情况明显好转,掩护段以内的疏浚改善情况最好,外侧开敞段次之。

需要指出的是,进舱浓度的提高不能仅归结于延堤的工程效果,同时疏浚船舶在本区长期施工作业所积累的经验及施工机械及方法的改进,也对泥浆进舱浓度的提高起了重要的作用。

4.1.2.4　可挖性改善的原因

可控性改善主要有以下三个原因:

(1)新防沙堤拦截了滩面上的底部泥沙,包括高浓度含沙水体和推移质,进入航道内粗颗粒泥沙锐减,细颗粒含量相对增加,进而改善了航道内泥沙的粒径组成,降低了掩护段内航道底沙的密实度。

(2)新建防沙堤延伸出破波线以外,掩护了大风淤积的强淤位置,难挖段一般又位于大风淤积的强淤段,故可挖性必然会有所提高。

(3)疏浚船舶在本区长期施工作业所积累的经验,加之因本地泥沙的特点而进行的疏浚机械和方法的改进,大大提高了疏浚效率。

4.1.2.5 淤积重心的变化

淤积重心是指航道内淤积土物理重心的位置，可由下式近似求得：

$$X = \frac{\sum(\Delta h_i x_i)}{\sum \Delta h_i} \tag{4.1-5}$$

式中：X——淤积重心位置；

x_i——航道内的不同里程；

Δh_i——与航道里程对应的淤积厚度。

以整治工程前后8场典型的大风淤积为依据，经整理计算后得表4.1-22所列结果。

淤积重心统计表 表4.1-22

<table>
<tr><td rowspan="3">整治前</td><td>日期</td><td>2003年
10月11日</td><td>2002年
4月21日</td><td>2002年
10月17日</td><td>2003年
9月17日</td><td colspan="2">2003年
11月6日</td></tr>
<tr><td>重心里程</td><td>10.2km</td><td>9.3km</td><td>6.8km</td><td>6.1km</td><td colspan="2">6.0km</td></tr>
<tr><td>平均位置</td><td colspan="6">7.7km</td></tr>
<tr><td rowspan="3">整治中、
整治后</td><td>日期</td><td>2004年
11月24日</td><td>2004年
12月22日</td><td>2005年
3月10日</td><td>2005年
9月20日</td><td>2005年
10月21日</td><td>2006年
3月11日</td></tr>
<tr><td>重心里程</td><td>14.0km</td><td>15.6km</td><td>15.6km</td><td>13.8km</td><td>16.2km</td><td>15.1km</td></tr>
<tr><td>平均位置</td><td colspan="6">15.1km</td></tr>
</table>

整治工程实施后，航道内淤积土的重心位置明显外移。整治前，大风淤积重心的平均位置为航道里程7~8km，整治工程实施后淤积重心的位置已经外移至航道里程15~16km，淤积重心外推7km左右，淤积重心距抛泥区的距离缩短了约7km。总体来讲，淤积重心的外移对降低疏浚维护费用、降低能耗起到了积极的作用。

4.1.2.6 整治工程后回淤土可挖性小结

(1)中值粒径 d_{50}。

整治工程结束之后，d_{50}的分布特征已经完全不同于整治工程之前，总体趋势是内小外大，有掩护段的航道内 d_{50}明显减小，W10+500以内 d_{50}平均为0.127mm。

新口门外的开敞航道段和整治前相比，泥沙中值粒径变大，原因与航道的浚深及开挖段的外延导致航道内底质的扰动，在水力筛选的作用下将细颗粒带走、粗颗粒沉积有关，同时滩面泥沙粗化和抛泥区泥沙扩散的影响可能存在，仍需要进一步观测和研究。

(2)密实性。

回淤土粒细颗粒增加,特别是掩护段内增加幅度较大,但密实性变化不大,总体来讲仍属级配较好可压缩性小的土质。

(3)黏粒含量。

粒径0.005mm(黏粒)的含量增加,说明整治工程后大风天进入掩护断航道的回淤泥沙中细颗粒含量所占比例有所增加,进入航道的粗颗粒有所减少。

(4)泥浆进舱浓度。

整治工程前(2002年5月和2004年3月),航道内各段的进舱浓度基本维持在14%~16%之间,变化不大,到2005年5月航道内疏浚船舶的泥浆进舱浓度有了较大幅度的提高,沿程进舱浓度在17.59%~26.19%之间,平均进舱浓度21.53%;整治工程结束后,到2006年3月,全航道的泥浆进舱浓度已经达到了27.14%,疏浚效率明显提高。

(5)整治工程实施后,大风淤积的重心位置明显外移。淤积重心外推7km左右,重心距抛泥区的距离缩短了7km左右。淤积重心的外移对降低疏浚维护费用以及减小能耗起到了积极的作用。

4.1.3 通航水深的改善

4.1.3.1 问题的提出

黄骅港外航道整治工程的主要目的是提高外航道在遭受到大风淤积后的通航水深,保证港口生产运营不受影响,这比单纯减少淤积量更显重要。因此,大风淤积后航道通航水深的改善情况也是评价整治工程效果的一个至关重要的指标。

黄骅港一期工程的设计通航水深外航道底高程为-9.5m,1998年试开挖,2000年正式开工,2001年进一步提高标准至底高程为-11.5m,但在施工过程中,屡次遭大风袭击,骤淤不断,外航道始终未达标。2004年5月防沙堤延伸工程动工,2004年8月南、北两堤堤头延伸至W10+500左右,堤头由-2.5m延伸至-5.6m。堤顶高程为±0m,随后堤顶高程进一步加高至+3.5m,至2005年9月整治工程全面竣工,这期间通航水深总体保持在-10m左右,且疏浚清淤效率比较理想。工程结束后至今,航道水深一直稳步加大,现通航水深已达-13.0m以上,通航情况得到了根本性的改善。

4.1.3.2 整治工程实施后大风后水深情况

1)第一次(2004年9月6日)

第一次(2004年9月6日)大风前后水深基本情况见表4.1-23。

第一次大风前后水深基本情况表　　表 4.1-23

内　容	风前(9 月 1 日)	风后(9 月 7 日)
外航道最大水深及位置	9.4m,W12 +800 附近	9.2m,W12 +800 附近
外航道最小水深及位置	8.4m,W0 +700 附近	8.4m,W0 +700 附近
外航道平均水深	8.9m	8.8m
外航道水深变化量最小值及位置	0.0m,W6 +000 以内	
外航道水深变化量最大值及位置	0.4m,W10 +500 附近	
外航道平均水深变化量	0.1m	

2004 年 9 月 6 日为 NE 向一般大风,重现期为每年一遇。大风前航道内平均水深 8.9m,最大水深 9.4m,最浅段位于 W0 +700 附近,最小水深为 8.4m;大风后航道内平均水深变为 8.8m,最大水深 9.2m,最浅段位于 W0 +700 附近,最小水深为 8.4m,淤积最重区域位于 W10 +500 附近。

2)第二次(2004 年 9 月 14—15 日)

第二次(2004 年 9 月 14—15 日)大风前后水深基本情况见表 4.1-24。

第二次大风前后水深基本情况表　　表 4.1-24

内　容	风前(9 月 9 日)	风后(9 月 16 日)
外航道最大水深及位置	9.3m,W12 +800 附近	9.1m,W2 +800 ~ W3 +000 段,W12 +800,W14 +100
外航道最小水深及位置	8.7m,W2 +500,W7 +400 ~ W7 + 300, W8 + 100, W10 + 500,W10 +900,W11 +300	8.4m,W8 +100 附近
外航道平均水深	8.9m	8.7m
外航道水深变化量最小值及位置	0.0m,W2 +000 ~ W3 +000 段	
外航道水深变化量最大值及位置	0.4m,W8 +100 ~ W10 +000 段	
外航道平均水深变化量	0.2m	

2004 年 9 月 14—15 日为 NNE 向一般大风,重现期为每年一遇。大风前航道内平均水深 8.9m,最大水深 9.3m,最小水深为 8.7m;大风后航道内平均水深变为 8.7m,最大水深 9.1m,最浅段位于 W8 +100 附近,最小水深为 8.4m,淤积最重区域位于 W8 +100 ~ W10 +000 段。

3)第三次(2004 年 10 月 25 日)

第三次(2004 年 10 月 25 日)大风前后水深基本情况见表 4.1-25。

第三次大风前后水深基本情况表　　表 4.1-25

内　　容	风前(10 月 23 日)	风后(10 月 27 日)
外航道最大水深及位置	9.9m,W24 +600 ~ W25 +000 段	9.8m,W24 +700 ~ W24 +800 段
外航道最小水深及位置	9.1m,W15 +000 ~ W15 +500 段和 W20 +100 ~ W20 +500 段	8.7m,W20 +200 附近
外航道平均水深	9.5m	9.2m
外航道水深变化量最小值及位置	0.0m,W23 +300 ~ W23 +500 段	
外航道水深变化量最大值及位置	0.6m,W5 +000 和 W18 +900 ~ W19 +500 段	
外航道平均水深变化量	0.3m	

2004 年 10 月 25 日为 E ~ ENE 向一般大风,重现期约为每年一遇。大风前航道内平均水深 9.5m,最大水深 9.9m,最浅段位于 W15 +000 ~ W15 +500 和 W20 +100 ~ W20 +500 段,最小水深为 9.1m;大风后航道内平均水深变为 9.2m,最大水深 9.8m,最浅段位于 W20 +200 附近,最小水深为 8.7m,淤积最重区域为 W5 +000 附近和 W18 +900 ~ W19 +500 段。

4)第四次(2004 年 11 月 24 日)

第四次(2004 年 11 月 24 日)大风前后水深基本情况见表 4.1-26。

第四次大风前后水深基本情况表　　表 4.1-26

内　　容	风前(11 月 19 日)	风后(11 月 27 日)
外航道最大水深及位置	10.0m,W0 +200 和 W0 +800 ~ W1 +000 段和 W6 +200 和 W9 +900	10.0m,W0 +900
外航道最小水深及位置	9.2m,W18 +100 和 W20 +100 ~ W20 +500 段	8.6m,W11 +000 ~ W11 +100 和 W15 +400
外航道平均水深	9.6m	9.2m
外航道水深变化量最小值及位置	0.0m,W3 +000 以内和 W23 +000 以外	
外航道水深变化量最大值及位置	0.9m,W11 +500,W11 +600,W12 +000,W12 +200,W14 +300,W15 +000	
外航道平均水深变化量	0.4m	

2004 年 11 月 24 日为 NE ~ ENE 向大风,本次大风为整治工程施工以来最大的一次风过程,作用时间不长,但短时阵风较强。由波况分析,重现期为 4 年。

大风前航道内平均水深9.6m，最大水深10.0m，最浅段位于W18+100和W20+100~W20+500段，最小水深为9.2m；大风后航道内平均水深变为9.2m，最大水深仍为10.0m，最浅段位于W11+100附近和W15+400附近，最小水深为8.6m，淤积最严重区域为W11+000~W15+000之间。

5)第五次(2004年12月22日)

第五次(2004年12月22日)大风前后水深基本情况见表4.1-27。

第五次大风前后水深基本情况表 表4.1-27

内　　容	风前(12月21日)	风后(12月25日)
外航道最大水深及位置	10.0m,W1+000附近	10.0m,W1+200附近
外航道最小水深及位置	9.3m,W10+900~W11+100段	9.0m,W11+000~W11+300段
外航道平均水深	9.7m	9.5m
外航道水深变化量最小值及位置	0.0m,W8+000以内	
外航道水深变化量最大值及位置	0.5m,W16+800~W17+000,W17+400~W17+500	
外航道平均水深变化量	0.2m	

2004年12月22日为NE~ENE向一般大风，重现期为每年一遇。大风前航道内平均水深9.7m，最大水深10.0m，最浅段位于W10+900~W11+100段，最小水深为9.3m；大风后航道内平均水深变为9.5m，最大水深10.0m，最浅段位于W11+000~W11+300段，最小水深为9.0m，淤积最严重区域为W16+800~W17+500之间。

6)第六次(2005年3月10—12日)

第六次(2005年3月10—12日)大风前后水深基本情况见表4.1-28。

第六次大风前后水深基本情况表 表4.1-28

内　　容	风前(3月3日)	风后(3月13日)
外航道最大水深及位置	10.0m,W13+200~W14+500	10.0m,W13+600~W14+000
外航道最小水深及位置	9.5m,W0+000~W0+300,W1+400~W2+400,W10+800~W11+400	9.2m,W17+300~W17+500
外航道平均水深	9.7m	9.5m
外航道水深变化量最小值及位置	0.0m,W8+000以内	

续上表

内　　容	风前(3月3日)	风后(3月13日)
外航道水深变化量最大值及位置	0.4m,W14+100附近,W16+700~W17+100,W17+400~W17+600,W19+600~W20+000	
外航道平均水深变化量	0.2m	

2005年3月10~12日为ENE向大风,本次大风强度不大,但作用历时较长,属于每年一遇的大风过程。

大风前航道内平均水深9.7m,最大水深10.0m,最浅段位于老口门附近及W10+800~W11+400段,最小水深为9.5m;大风后航道内平均水深变为9.5m,最大水深10.0m,最浅段位于W17+300~W17+500段,最小水深为9.2m,淤积最严重在W16+700~W20+000段。

7)第七次(2005年8月8—9日)

第七次(2005年8月8—9日)大风前后水深基本情况见表4.1-29。

第七次大风前后水深基本情况表　　表4.1-29

内　　容	风前(8月3日)	风后(8月10日)
外航道最大水深及位置	11.5m,W13+800	11.2m,W18+300~W18+500
外航道最小水深及位置	10.43m,W26+000~W27+000	10.31m,W26+000~W27+000
外航道平均水深	10.91m	10.67m
外航道水深变化量最大值及位置	0.44m,W13+800~W14+100	
外航道平均水深变化量	0.24m	

2005年8月8—9日为N~NE向大风,本次大风过程,风强度不大,但受台风影响增水明显,属于1~2年一遇的大风过程。

大风前航道内平均水深10.91m,最大水深11.5m,最浅段位于老口门附近及W26+000~W27+000段,最小水深为10.43m;大风后航道内平均水深变为10.31m,最大水深11.2m,最浅段位于W26+000~W27+000段,最小水深为10.31m,淤积最严重在W11+000~W18+000及W4+000以内两段。

8)第八次(2005年9月20日)

2005年9月20日为ENE向大风,本次大风过程风强度不大,从风能来看属于1~2年一遇,但较大波浪(1.0m以上)持续34h。

大风前航道内平均水深11.4m,最大水深11.85m,最浅段位于W3+000~

W4 +000,最小水深为 11.24m;大风后航道内平均水深变为 11.3m,最大水深 11.6m,最浅段位于 W11 +000 ~ W12 +000 段,最小水深为 11.03m。第八次(2005 年 9 月 20 日)大风前后水深基本情况见表 4.1-30。

第八次大风前后水深基本情况表 表 4.1-30

内　　容	风前(9 月 19 日)	风后(9 月 26 日)
外航道最大水深及位置	11.85m,W13 +000 ~ W14 +000	11.6m,W24 +000 ~ W25 +000
外航道最小水深及位置	11.24m,W3 +000 ~ W4 +000	11.03m,W11 +000 ~ W12 +000
外航道平均水深	11.4m	11.3m
外航道水深变化量最大值及位置	0.63m,W10 +000 ~ W11 +000	
外航道平均水深变化量	0.1m	

9)第九次(2005 年 10 月 21 日)

2005 年 10 月 21 日大风风向为 ENE 向,6 ~ 7 级风持续 11h,从风能来看属于 1 ~ 2 年一遇,较大波浪(1.0m 以上)持续 32h。

大风前航道内平均水深 11.6m,最大水深 12.0m,最浅段位于 W28 +000 ~ W29 +000,最小水深为 10.9m;大风后航道内平均水深变为 11.4m,最大水深 11.73m,最浅段位于 W15 +000 ~ W16 +000 段,最小水深为 11.16m。第九次(2005 年 10 月 21 日)大风前后水深基本情况见表 4.1-31。

第九次大风前后水深基本情况表 表 4.1-31

内　　容	风前(10 月 19 日)	风后(10 月 24 日)
外航道最大水深及位置	12.0m,W13 +000 ~ W14 +000	11.73m,W13 +000 ~ W14 +000
外航道最小水深及位置	10.9m,W28 +000 ~ W29 +000	11.16m,W15 +000 ~ W16 +000
外航道平均水深	11.6m	11.4m
外航道水深变化量最大值及位置	0.65m,W14 +000 ~ W15 +000	
外航道平均水深变化量	0.2m	

10)第十次(2006 年 3 月 11—12 日)

2006 年 3 月 11—12 日大风风向 ENE 向转 N 向,3 月 11 日 ENE 向 6 级风持续 6h,但较大波浪(1.0m 以上)持续 18h;3 月 12 日 N 向 6 级风持续 14h,较大波浪(1.0m 以上)持续 17h 以上。从风能来看属于 1 ~ 2 年一遇。

大风前航道内平均水深 12.82m，最大水深 13.63m，最浅段位于 W14 +000 ~ W15 +000，最小水深为 12.42m；大风后航道内平均水深变为 12.77m，最大水深 13.62m，最浅段位于 W14 +000 ~ W15 +000 段，最小水深为 12.34m。第十次（2006 年 3 月 11—12 日）大风前后水深基本情况见表 4.1-32。

第十次大风前后水深基本情况表 表 4.1-32

内　　容	风前（3 月 7 日）	风后（3 月 14 日）
外航道最大水深及位置	13.63m，W28 +000 ~ W29 +000	13.62m，W28 +000 ~ W29 +000
外航道最小水深及位置	12.42m，W14 +000 ~ W15 +000	12.34m，W14 +000 ~ W15 +000
外航道平均水深	12.82m	12.77m
外航道水深变化量最大值及位置	0.38m，W15 +000 ~ W16 +000	

11）第十一次（2006 年 11 月 21 日）

2006 年 11 月 21 日大风风向为 ENE 向风，风能属 1 ~ 2 年一遇，略强于 2005 年8 月台风“麦莎”过境时的大风能量。$H_{1/3}$在 1 ~ 2m 的波高持续 34h，2 ~ 3m 波高 18h，3m 以上波高 3h，最大有效波 3.37m，大于 1m 有效波总历时 55h。

风前航道内平均水深 13.44m，最浅段位于 W11 +000 ~ W12 +000，最小水深为 13.23m；大风后航道内平均水深变为 13.02m，最浅段位于 W17 +000 ~ W18 +000 段，最小水深为 12.47m。第十一次（2006 年 11 月 21 日）大风前后水深基本情况见表 4.1-33。

第十一次大风前后水深基本情况表 表 4.1-33

内　　容	风前（11 月 17 日）	风后（11 月 24 日）
外航道最大水深及位置	14.36m，W27 +000 ~ W28 +000	13.54m，W4 +000 ~ W5 +000
外航道最小水深及位置	13.23m，W11 +000 ~ W12 +000	12.47m，W17 +000 ~ W18 +000
外航道平均水深	13.44m	13.02m
外航道水深变化量最大值及位置	0.84m，W15 +000 ~ W16 +000	

12）第十二次（2007 年 3 月 3—4 日）

2007 年 3 月 3—4 日大风向为 ENE 转 N 向，其中 ENE ~ NE 向 15h，NNE ~ N 向 37h，以北向风为主。－6.5m 水深处测波资料显示，1 ~ 2m 波高 39h，2 ~ 3m 波高 29h，3m 以上波高 5h，有效波高大于 1m 总历时 73h。无论从大风能量还是从波浪能量来看均为整治工程结束至今最大。大风有效风能重现期为 5 ~6 年。

风前航道内平均水深 14.29m,最浅段位于 W10 +000 ~ W11 +000 段,最小水深为 13.39m;大风后航道内平均水深变为 13.93m,最浅段位于 W16 +000 ~ W17 +000 段,最小水深为 12.79m。第十二次(2007 年 3 月 3—4 日)大风前后水深基本情况见表 4.1-34。

第十二次大风前后水深基本情况表 表 4.1-34

内　容	风前(3 月 1 日)	风后(3 月 6 日)
外航道最大水深及位置	14.41m,W19 +000 ~ W20 +000	14.32m,W24 +000 ~ W25 +000
外航道最小水深及位置	13.39m,W10 +000 ~ W11 +000	12.79m,W16 +000 ~ W17 +000
外航道平均水深	14.29m	13.93m
外航道水深变化量最大值及位置	0.95m,W16 +000 ~ W17 +000	

4.1.3.3　通航水深的改善

1)大风淤积后通航水深比

每次大风淤积后都会降低外航道的可利用水深,然而每次淤积的影响程度不同,需有指标来衡量。现定义“大风淤积后通航水深比”(简称“通航水深比”)为指标来反映因淤积而造成外航道水深的变化,计算公式如下:

$$\text{通航水深比} = \frac{h_{\text{风后最浅水深}}}{h_{\text{风前水深}}} \tag{4.1-6}$$

通航水深比是航道遭受大风淤积后可利用水深所占淤前水深的比例,能够反映淤积后航道剩余水深的通航能力,通航水深比越大表明淤积后航道剩余水深通航能力越大,反之表明航道剩余水深通航能力越小;通航水深比不大于 1。

2)通航水深变化率

要分析整治工程的建设对于改善航道通航水深的效果,就必须比较整治前、后航道的通航水深情况。现用指标“通航水深变化率”来衡量整治工程对航道水深的改善情况,计算公式如下:

$$\text{通航水深变化率} = \frac{\text{整治后通航水深比} - \text{整治前通航水深比}}{\text{整治前通航水深比}} \times 100\% \tag{4.1-7}$$

通航水深变化善率反映整治工程对航道遭受大风淤积后的水深改善情况,

能够衡量整治工程对于提高淤后航道剩余水深通航能力的效果。该指标由同一场大风在整治前后的两个通航水深比决定。通航水深变化率越大，说明整治工程对于提高淤后航道剩余水深的效果越好。

3)通航水深变化汇总表

整治工程以来历次大风淤积后的水深变化情况见表4.1-35。

历次大风通航水深变化汇总表 表4.1-35

大风日期	整治前同等条件下大风淤积实测	整治后大风淤积实测	通航水深变化率(%)
	通航水深比		
2005年8月8—9日	0.88	0.94	7
2004年11月24—25日	0.70	0.90	29
2005年3月10日	0.88	0.95	8
2004年10月25日	0.86	0.92	7
2004年9月14日—15日	0.88	0.93	6
2004年9月6—7日	0.88	0.94	7
2004年12月22日	0.88	0.93	6
2005年9月20日	0.89	0.96	8
2005年10月21日	0.88	0.96	9
2006年3月11—12日	0.90	0.96	7
2006年11月21日	0.88	0.92	5
平均	0.86	0.94	9

从表4.1-35中可知，整治工程实施以来的历次大风的通航水深比在0.90～0.96之间，平均为0.94，说明一般大风淤积后航道水深的94%仍可利用，而工程后的几次大风显示淤积后航道可利用水深已经达到96%。而整治前如遇这几次大风，则大风淤积后航道可利用水深降为85%左右。由此可见，整治后如遇大风淤积，航道可利用水深较整治前有明显好转。但要指出的是，通航水深比是航道遭受大风淤积后可利用水深所占淤前水深的比例，表中历次大风淤积后的剩余可利用水深均为风前水深的90%以上，但上述大风均为一般大风过程，对于重现期较高的大风过程，风后可利用水深下降是必然的。

通航水深改善率反映了在遭受大风之后的航道剩余水深通航能力和整治前相比的改善情况，从表4.1-35可知，航道剩余水深的通航能力和整治前相比增加了7%～29%，平均增加了9%，这一指标可用来衡量施工期一般大风淤积下的航道水深改善情况。

通航水深改善率与通航水深比这两个指标均与重现期有关,重现期越大,通航水深比越小,剩余水深的通航能力越小,反之则越大;然而不同的重现期通航水深改善率不同,因此,暂不能确定通航水深改善率与重现期的关系。

4.1.3.4 整治工程实施后航道水深的变化趋势

黄骅港一期工程设计航道底高程为 -11.5m,能满足 5 万 t 级煤船满载乘潮出港条件,二期工程设计航道底高程 -12.3m,航道设计为 6.5t 级标准。整治工程实施之前,由于大风淤积一直未达到标准,整治工程实施后航道水深快速稳步地增加。从图 4.1-9 中可见,2005 年底水深已达 5 万 t 级煤船满载乘潮出港要求,达到一期设计标准,2006 年 3 月达到了二期工程航道设计标准,至今通航水深已经达到 -13.0m 以上,超出了二期设计标准,通航呈现良好态势。虽然整治工程中及工程后黄骅港外航道又遭受了数次大风的袭击,但航道水深均未出现碍航情况,经短时间的维护性疏浚,一直保持在较好且稳定的通航状态,且仍在稳步增深。

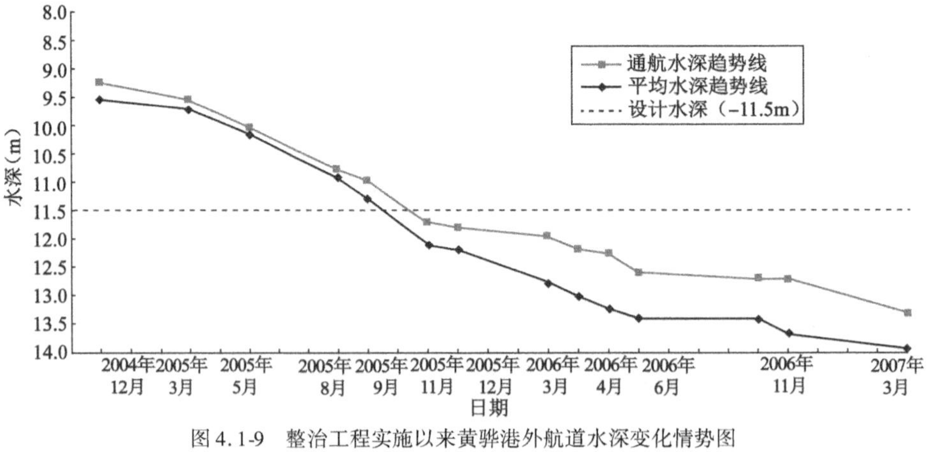

图 4.1-9 整治工程实施以来黄骅港外航道水深变化情势图

4.1.3.5 整治工程后通航水深改善的原因

历次大风天的淤积分布表明,强淤位置发生在破波带以内,新堤已经延伸出破波线以外,航道从 -6m 自然水深才开始进入开敞段,堤的延伸已经掩护了原有强淤位置,从而减小了最大淤积厚度,也就增加了风后最小水深,这必然使通航水深比得到提高,此即整治后航道水深改善的最主要原因。

4.1.3.6 通航水深小结

(1)整治工程后 3 个月,黄骅港外航道通航水深就达到了一期设计标准(-11.5m),2006 年 3 月达到了二期航道设计标准(-12.3m),至今航道通航水

深已经达到 -13.0m 以上,并仍在稳步增加。

(2)整治工程后历次大风淤积后的剩余可利用水深均在风前水深的 90% 以上,和整治前相比增加率为 7% ~29% ,平均增加了 9% ,通航水深的抗骤淤能力显著增强。

(3)通航水深改善的主要原因是新堤延伸出了破波带,掩护了原有强淤段,减小了最大淤积厚度。

(4)整治工程后航道的通航水深和平均水深的变化趋势证明:采用"整治与疏浚相结合"的治理原则,是保证黄骅港通航水深快速稳步提升决定性因素。

4.1.4 整治效果总结

(1)整治工程后减淤效果明显,主要表现在:

①抗骤淤能力加强,整治工程实施至今发生 48 次大风,其中 13 次明显淤积,均未影响通航;

②掩护段减淤率可达 70% 以上;

③口门外最大淤积厚度明显减小;

④口门外高淤积厚度段相对工程前缩短。

(2)淤积土可挖性得到根本性改善,主要表现在:

①疏浚船舶挖泥进舱浓度提高,工程前泥浆进舱浓度维持在 14% ~16% 之间;工程后泥浆平均进舱浓度已经达 27% 以上;

②掩护段内颗粒变细,黏土含量增加,进入航道粗颗粒泥沙减少,可挖性提高;

③难挖段消失;

④淤积重心外移约 7km,缩短了抛泥距离;

⑤疏浚效率明显提高。

(3)航道水深稳步增加。

①口门外大风骤淤后碍航段消失;

②航道水深逐步稳定增加,自整治工程建设以来至 2006 年底,每月平均增深约 12cm,2005 年底达到 -11.5m,2006 年底已达 -13.0m 以上。

4.2 整治工程方案评价

4.2.1 问题的提出

为了解决黄骅港一期建设中航道严重回淤问题,国内外多家科研及设计单位参与了黄骅港泥沙淤积机理及整治方案研究，提出了多种意见，归纳为两种基本观点：一种观点认为黄骅港航道淤积主要是滩面泥沙在波浪、潮流共同作用下局部搬运所致，“波浪掀沙，潮流输沙”是黄骅港航道泥沙淤积的主要机理，沿堤流虽有一定影响但不是主导因素；另一种观点认为黄骅港航道淤积主要是沿岸流遇防沙堤形成沿堤流并携带近岸高含沙量水体向外输移所致。

可见，整治工程结束以后沿堤流的存在和发展与否，对整治工程的合理性以及今后如何进一步整治起到关键作用。如果沿堤流很大，且随堤身的延长而发展，对淤积起主导作用，则继续采用延堤减淤的方案是不可取的，必须采用遏止沿堤流的方案；如果沿堤流很小，且随堤身的延长而发展得很慢或随堤身的延长而有所削弱，则沿堤流仍不是淤积的主要原因，延堤减淤的整治方案是可行的。因此，分析沿堤流的发展对评价延堤整治工程合理与否及考虑进一步整治会起到指导性的作用。

第一期整治工程方案采用双堤延伸，从老堤头向外海延伸 10.5km 自然水深大约为 -6.0m，其中前 8km 段采用出水堤，顶高程为 +3.5m。为了减小由于延伸防沙堤而可能造成的堤头段水流强度的增大，后 2.5km 段采用了潜水堤，顶高程从 +3.5m 渐变至 -1.0m。因此，本节将从“沿堤流”和“口门局部流场”两个方面评价本工程方案。

4.2.2 整治工程后沿堤流与离岸流情况

4.2.2.1 沿堤流与离岸流的形成与特点

在风、浪、流等多因素综合作用下，近岸地区存在着十分复杂的流系，修建防沙堤后，又增加了一个重大干涉，流系更加复杂，但从分析外航道骤淤角度考虑，本小节着重分析防沙堤外侧附近的水流情况。各种复杂流系可归纳成三大类，即：离岸流、沿堤流和堤头绕流。其特点分述如下。

离岸流：这类流系的生成动力为向岸风浪，当向岸风形成风浪后，一方面是外海风浪向岸边传播时，波高增大，至破波线处，波浪破碎，形成激流，冲向岸边，使水位抬高；另一方面是向岸风拖曳水面质点至岸边而使水位抬高，两者合成风浪增水。由于本地区岸滩平缓，破波线离岸边较远，因此，风浪增水中以风增水为主，水表面因风力拖曳而向岸边推进，使岸边水位抬高，同时在水压力梯度的作用下，为平衡风增水，下层水体向离岸方向形成离岸流（图 4.2-1）。离岸流的水源是风吹的表面水流，离岸流的动力是水压力梯度，水压力梯度随离岸的距离增加而减小，水深又随离岸距离的增大而增大，因此，离岸流会随离岸距离的增大而减弱。

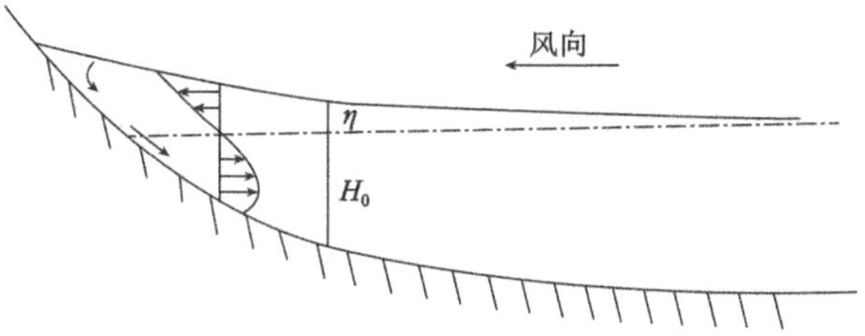

图 4.2-1 向岸风引起的风增水及底部回流

沿堤流是沿堤身流动水体的总称,包括沿岸流、风吹流、浪生流、潮流等各种流遇堤阻挡后的沿堤流动。本地区沿岸流很弱,可以不计;潮流是经常性的,因此,大风浪时附加的流主要是风吹流和浪生流形成的沿堤流,此外离岸流遇到堤的阻挡后也会沿堤流动而成为沿堤流的一部分。

沿堤流在平面分布上的特点是在与堤身垂直的横向流速分布上,流速随与堤身的距离增大而减小,距堤身越近流速越大,在与堤身平行的纵向上,流速从堤身内段至堤头逐渐增加。由于这种流速的作用,地形发生了相应的变化,在堤外侧,沿堤形成一条冲刷沟,从堤根至堤头逐渐加深。离岸流的流速在与堤身垂直的横断面上分布较均匀,并随水深的增加而向外逐渐减弱,但床面冲刷不大。

堤头绕流只在堤头处形成较大的流速,并形成较深的冲刷坑。

4.2.2.2 现场实测情况

有代表性的无风天大潮期北堤头外侧三个固定测站的流速过程(图 4.2-2)表明:在垂直于北堤轴线的方向上涨潮最大流速外侧大,堤根处小;三个固定测站的落潮流速相差不大,且各站涨潮流速大于落潮流速;南堤外侧涨、落潮的流速相差不大。

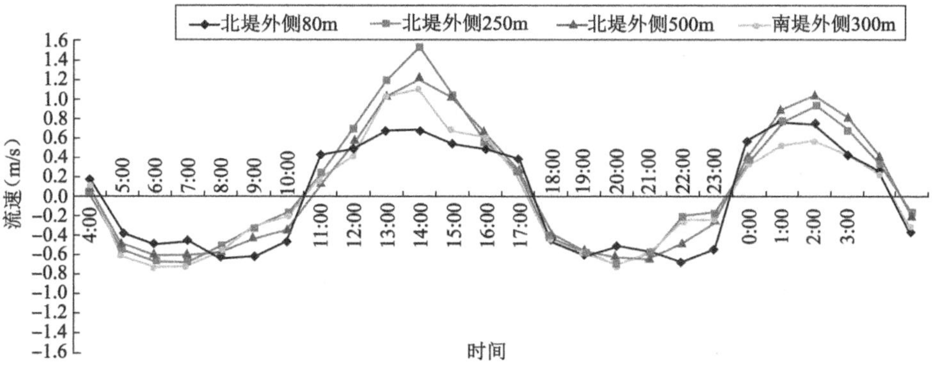

图 4.2-2 大潮期北堤头外侧三个固定测站的流速过程线(2005 年 7 月 22—23 日)

北堤外侧固定测点的流速横向分布上,涨潮时远离堤处的流速较大,靠近堤流速小,这反映了绕流的性质。

2006 年 6 月 15—16 日,在航道里程 W9 + 750 和 W10 + 250 处南北堤外侧分别进行了 ADCP 的 24h 全潮流速、流向测量。从测量结果看,自然潮流状况下(即无风天)防沙堤外侧涨潮流速大于落潮流速,同时北堤外涨落潮流速均大于南堤外侧的流速(表 4.2-1)。其中北堤外侧测量范围内涨潮流速是落潮流速的 1.03 ~1.41 倍,平均值为 1.32 倍;南堤外侧测量范围内涨潮流速是落潮流速的 1.31 ~1.49 倍,平均值为 1.38 倍。

防沙堤外侧潮段平均流速分布(中潮) 表 4.2-1

至堤距离(m)	北堤外侧(W9 +750 ~ W10 +250)			南堤外侧(W9 +750 ~ W10 +250)		
	落潮流速(m/s)	涨潮流速(m/s)	涨潮流速/落潮流速(m/s)	落潮流速(m/s)	涨潮流速(m/s)	涨潮流速/落潮流速(m/s)
1100	0.42	0.55	1.33	0.38	0.53	1.39
1000	0.41	0.57	1.40	0.40	0.52	1.32
900	0.43	0.57	1.34	0.38	0.49	1.31
800	0.43	0.57	1.33	0.37	0.49	1.33
700	0.43	0.61	1.41	0.36	0.50	1.38
600	0.43	0.60	1.40	0.33	0.47	1.42
500	0.43	0.59	1.38	0.35	0.46	1.33
400	0.42	0.57	1.35	0.33	0.47	1.43
300	0.43	0.53	1.23	0.32	0.46	1.44
200	0.43	0.45	1.03	0.30	0.44	1.49
平均值	0.42	0.56	1.32	0.35	0.48	1.38

从潮段平均流速在垂直防沙堤的 ADCP 测线上的分布来看(表 4.2-1 和图 4.2-3),北堤涨潮时,距堤 200m 处流速相对外侧较小,再向外流速略大,落潮时断面上流速分布较为均匀;南堤外侧在距堤 200 ~ 1000m 的范围内涨落潮流速略有差别,外侧流速略大于堤根处流速。

因此,从上述在无风天的测流情况中可以看出,在无风天(5 级以下风)或无壅水条件下,防沙堤的延长没有造成防沙堤外侧落潮期向外水流的明显加强,就不受大风及壅水影响的自然潮流而言,现有防沙堤外侧沿堤流未见明显发育。

大风天的情况则有所不同。从图 4.2-4 中可见:N 向大风天北堤头外侧落潮时期沿堤向下的流速增加,大于涨潮流速,并且历时延长;南堤外侧涨、落潮流速则差异不大,只是落潮水流历时延长(原因是测点靠近堤头受绕流影响)。由此可见,在偏 N 向大风作用下,北堤外侧离岸流的加强会使沿堤下泄的水流加强,并导致落潮方向水流历时延长。

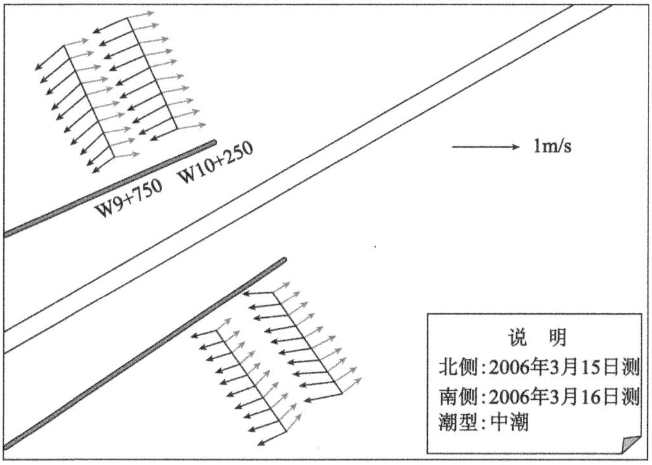

图 4.2-3 防沙堤堤头外侧潮段平均流速、流向矢量分布图

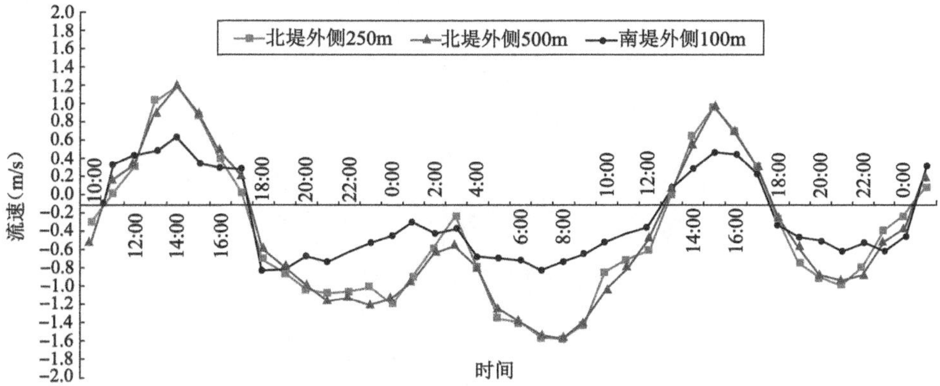

图 4.2-4 大风天(N 向)堤头外侧三个固定测站的流速过程线(2005 年 8 月 8—9 日)

而在 E 向风的作用下又有所不同。如图 4.2-5 所示,在偏 E 向风的作用下,北防沙堤外侧涨、落潮流强度均未受到明显的影响,潮流历时也未见较大变化。由此可见,不同方向的大风对沿北堤外侧下泄水流的影响是不同的。

综上所述,从防沙堤外侧的实测流速可以反映出,在既无增水又无大风的自然潮流动力下,防沙堤外侧落潮期无较强沿堤向下的水流。而在 N 偏 W 向的大风作用并与落潮叠加的情况下,北堤外侧沿堤下泄水流会有所加强。

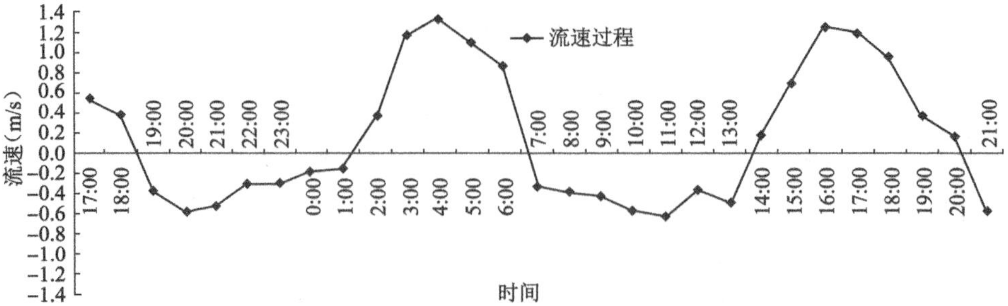

图 4.2-5　E 向大风口门附近测站流速过程线(2006 年 3 月 5—6 日)

4.2.2.3　遥感卫星图片情况

为了解防沙堤工程兴建后该海域含沙量的分布变化及近岸悬沙的输移情况,研究中收集了部分遥感卫星图片对该海域的悬沙进行了分析。本小节着眼于防沙堤外侧水流情况,节选了其中部分内容。

防沙堤延伸前,落潮时近岸悬浮泥沙在向外海输移过程中,由于受防沙堤堤头挑流作用的影响,在口门附近形成了直径约 5km 的悬沙团。

防沙堤延伸后,落潮时在新防沙堤口门附近水域仍然有较大范围的悬沙团,最大直径约 7km,比老口门处有所增加,中心大致位于 W13 +0 航道南侧。但从近岸浑浊带与悬沙团的关系看(图 4.2-6),悬沙团泥沙的主要来源不以近岸悬沙向外输移的泥沙为主,应是以防沙堤外侧,特别是以堤头附近滩面悬扬的泥沙为主导。

图 4.2-6　2004 年 10 月 3 日卫星图片及悬沙分布图

从水流角度来讲,堤头落潮时绕流明显,北侧落潮水流强于南侧;涨潮时堤头附近水流较为复杂。分析得出,堤头水流可分三股(图 4.2-7):一股在南防沙堤外侧向近岸水域流动,一股进入防沙堤内水域,一股绕过北防沙堤流向近岸。

而落潮时期，在口门附近形成的悬沙团则在这三股水流的作用下移动，其一在南防沙堤外侧沿堤向近岸移动，在堤根附近约2km范围内形成含沙量较高的悬沙区域，并随流速减弱而落淤；其二在涨潮流作用下向防沙堤内输沙，在掩护段内淤积；其三在堤头绕流作用下，向堤北近岸移动，在动力条件减小到一定程度后落淤。就整个海域的悬沙运动而言，该海域泥沙的总趋势为自岸向海；从落潮期堤头处表层悬沙的扩散范围来看，中心区最远可至W14+000左右，外围最远可以至W16+000附近，但不会影响到外侧大部的开敞航道段。

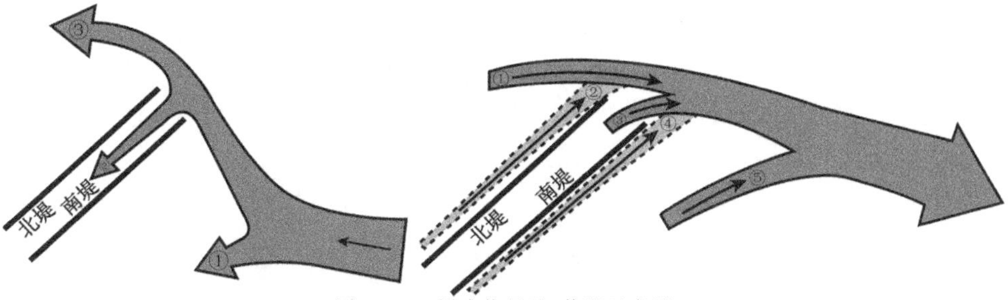

图4.2-7 堤头位置涨、落潮示意图

4.2.2.4 二维潮流数值模拟情况

1)整治工程后无风天和有风天流场的差异

从无风天和大风天流场比较情况来看，在不考虑风作用的情况下，计算纯潮流场堤外并不出现明显的向外水流的加强，大风作用后向外流动有明显的增强。从图4.2-8和计算结果可知，在一定风况和潮流组合情况下，由于风的作用，向外流速增大可达0.5m/s以上。

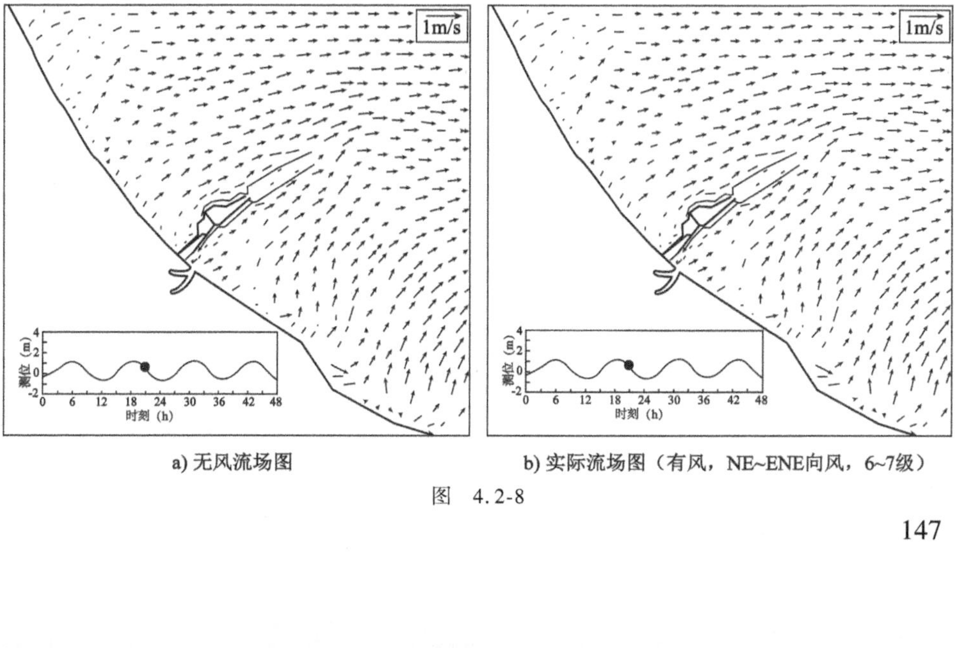

a) 无风流场图　　b) 实际流场图（有风，NE~ENE向风，6~7级）

图 4.2-8

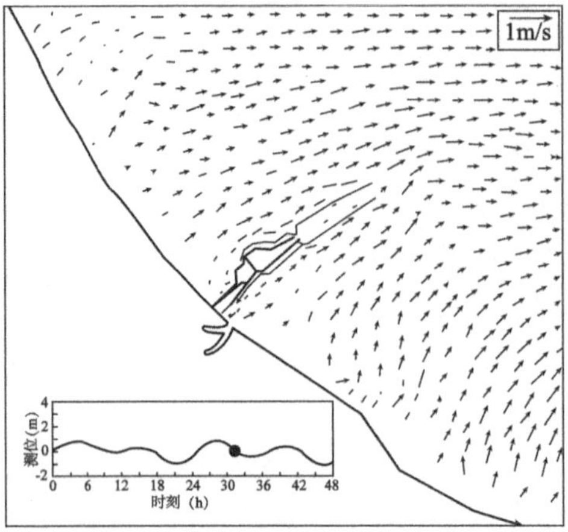

c) 无风流场图

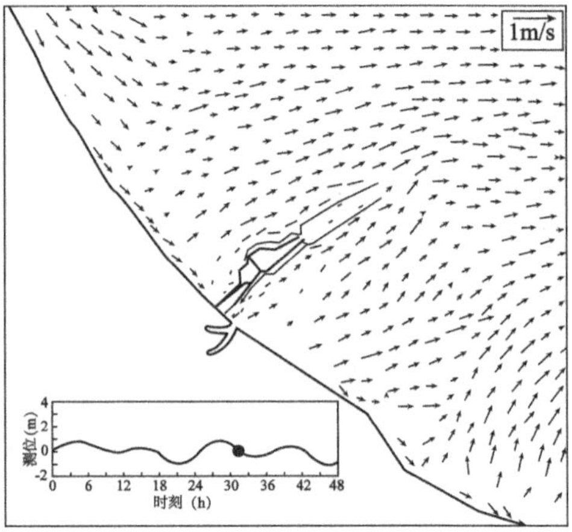

d) 实际流场图（有风，N~NNW向，6级）

图4.2-8　无风及有风情况下流场对比

2)不同风向大风天防沙堤外侧流场

图4.2-9～图4.2-11所示分别为整治工程竣工后2005年9月20日、2005年10月21日和2006年3月12日向外流速较大时刻(高潮位)的二维潮流数学模型的计算流场。

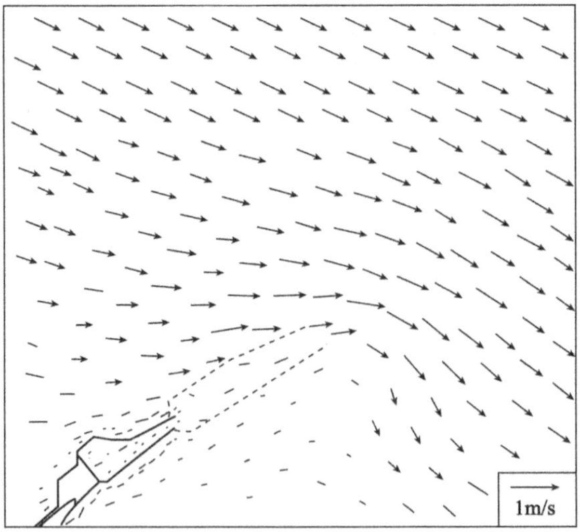

图4.2-9　2005年9月20日高潮位时刻流场(NE～ENE向风,6级)

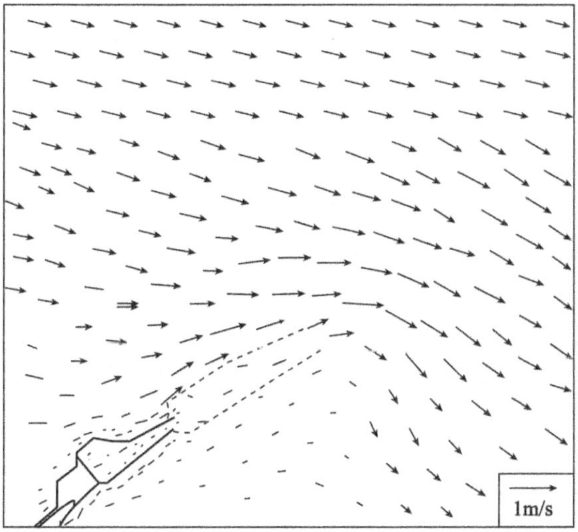

图 4.2-10　2005 年 10 月 21 日高潮位时刻流场
（NE ~ ENE 向风，6 ~ 7 级）

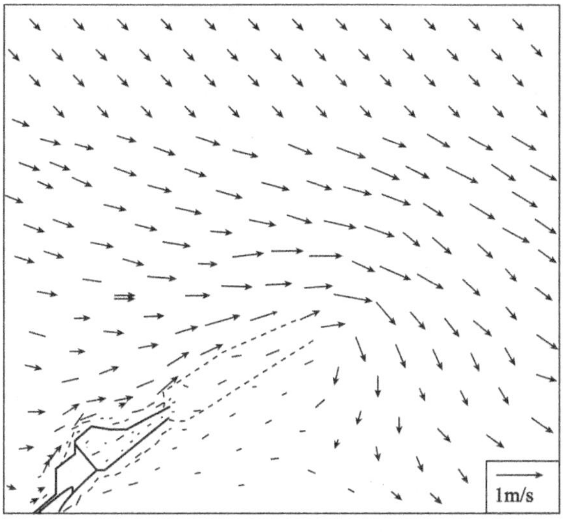

图 4.2-11　2006 年 3 月 12 日高潮位时刻流场
（N ~ NNW 向，6 级）

由图 4.2-9 ~ 图 4.2-11 可见，大风期间堤北侧附近流速有所加强，特别是 N 偏 W 向大风期间存在较大的向外流速。

图 4.2-12 ~ 图 4.2-14 分别显示了由于水流向外运动所造成的泥沙向外移动的情况。从泥沙运动的趋势上判断,大风天堤北侧外侧悬沙会随落潮水流向外移动,并在口门外与航道相交,对外航道淤积有一定贡献,但从淤积量的计算结果来看,这部分泥沙给外航道带来的淤积量有限。

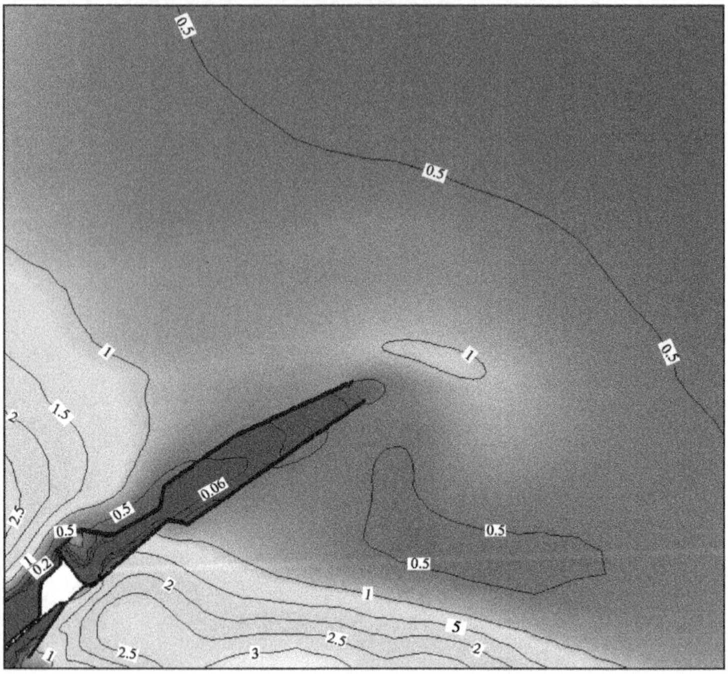

图 4.2-12　2005 年 9 月 20 日落急时刻泥沙场(单位:kg/m³)(NE ~ ENE 向风,6 级)

从计算结果可知,最大平均流速分别可达 1.06m/s、1.03m/s 和 0.96m/s。高潮位时,堤头附近流场表现出明显的绕流特性。

经整治工程前后流场比较可知,2005 年 9 月 20 日 18 时 40 分、10 月 21 日 19 时 20 分和 2006 年 3 月 12 日 16 时 30 分,W10 + 500 以外北侧向外流速最大分别增加达 0.40m/s、0.45m/s 和 0.52m/s。

综合实测与二维水动力计算结果可知:大风天沿堤向外较大水流的出现,往往和风向、潮汐的组合有关。较大水流不是在每个潮周期都出现,N 偏 W 的风作用是出现较大沿堤向外水流的主要原因。但实际上,造成黄骅港较大骤淤的大风却为 NE ~ E 向风,而该向风作用下又不会造成较大沿堤流,因此,影响黄骅港回淤的决定性因素是波浪,沿堤流对外航道淤积虽有一定贡献,但不是主要原因。

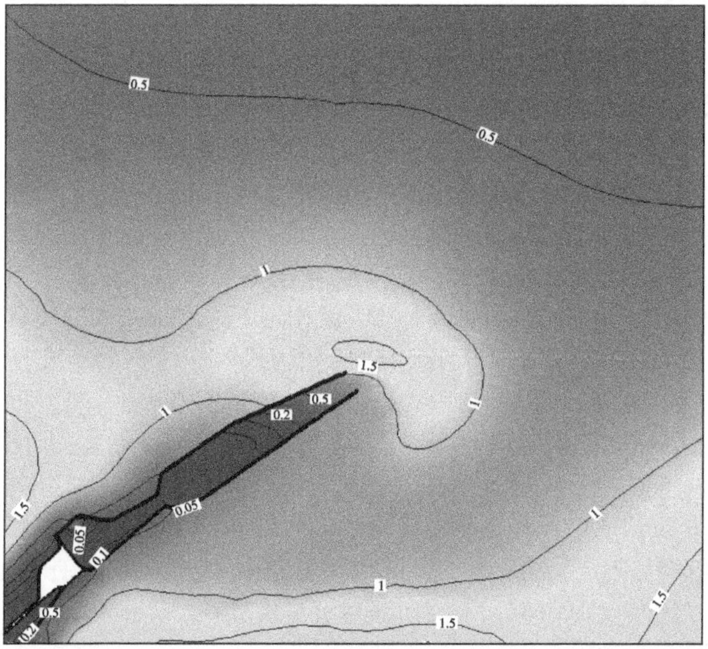

图 4.2-13　2005 年 10 月 21 日落急时刻泥沙场(单位:kg/m³)(NE ~ ENE 向风,6 ~ 7 级)

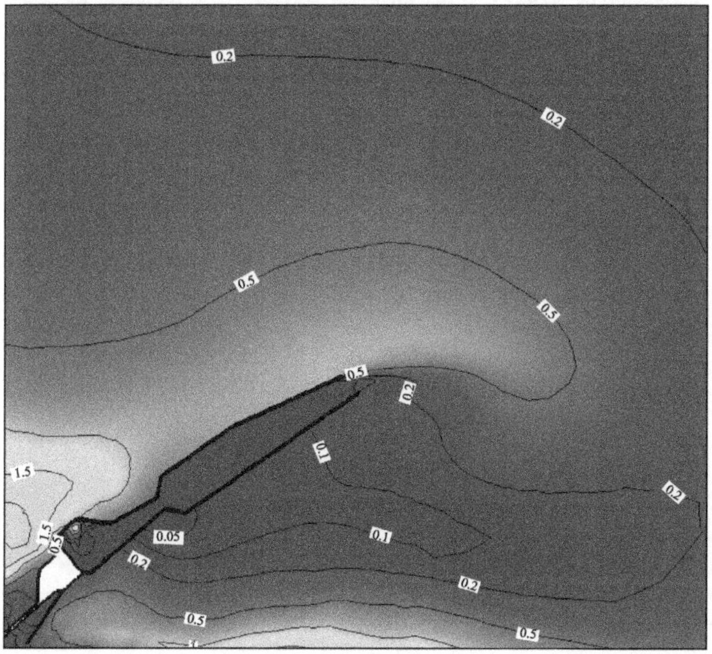

图 4.2-14　2006 年 3 月 12 日低潮位时刻泥沙场(单位:kg/m³)(N ~ NNW 向,6 级)

4.2.2.5 三维数值模拟流场情况

受潮流、大风、增水等作用的影响，黄骅港近岸及防沙堤附近流场及含沙量场三维特性显著，流系十分复杂，仅用二维模型还不足以反映各复杂流系对沿堤流的贡献。基于此，赵群博士建立了由三维潮流模型、浅水波浪模型、近岸准三维波生沿岸流模型和大角度波浪折射、绕射模型组成的系统三维模型，以进一步对黄骅港防沙堤附近流场进行研究。

模型对无风天、离岸风、向岸风等不同情况下的流场进行了计算，经分析认为，黄骅港口门附近流场在不同风向的大风作用下表现出不同的特点：

(1)向岸大风使近岸产生增水，其中受地形影响，南侧增水大于北侧增水；北侧涨潮沿堤流流速和涨潮历时均略有增加，但幅度不大，落潮无明显变化；南堤外落潮沿堤流的流速和历时都有明显增加，最大增幅达 0.4m/s，但从水流运动趋势来看，不影响外航道。

(2)偏 S 及偏 NW 风作用下有较大的风吹流和 0.2m/s 左右的波生沿岸流，使沿岸流遇防沙堤转为沿堤流；NW 风作用下，沿岸流和风吹流使堤北侧落潮沿堤流增加，增加幅度在 0.4m/s 左右，涨潮沿堤流减小；偏 S 向风作用下，南侧涨潮沿堤流增加，落潮沿堤流减小。

可见，这与实测情况基本吻合，即向岸风沿堤流无明显加大，在 NW 向大风作用下，堤北侧外侧落潮沿堤流速有所增大。

4.2.2.6 从大风淤积看沿堤流

如前文所述，沿堤流的出现与风向和潮汐的组合有关，离岸大风作用下沿堤流明显，向岸大风作用下沿堤流不明显，而实际发生的淤积恰与此相反，向岸大风作用下淤积严重，离岸大风作用下淤积较轻。

整治工程实施之前，从 2002 年 3 月至 2003 年 11 月发生了 12 场大风淤积，均为向岸大风，其中 E 向 3 次，ENE 向 6 次，NE 向 3 次。

整治工程实施后情况亦如此，从 2005 年 9 月整治工程竣工至今共出现 6 级以上大风 29 次，其中 17 次为离岸风，12 次为向岸风，其间发生了 6 次明显的大风淤积(表 4.2-2)，均为向岸大风造成。由此可见，外航道的骤淤并非由沿堤流造成，沿堤流仍不是造成黄骅港外航道淤积的主要因素。

工程后造成外航道明显淤积的大风风向 表 4.2-2

日期	2005 年 9 月 20 日	2005 年 10 月 21 日	2006 年 3 月 11 日	2006 年 11 月 21 日	2007 年 3 月 3 日	2007 年 5 月 8 日
风向	ENE	ENE	ENE 转 N	ENE	ENE 转 N	ENE

4.2.2.7 从防沙堤外侧地形变化看沿堤流对外航道淤积的影响

图4.2-15为2004年4月—2006年4月防沙堤附近滩面冲淤情势图。从这两年间的地形变化来看，防沙堤北侧滩面冲刷，其中北侧堤头附近冲刷程度最大，向内滩面冲刷程度较小；南堤潜堤段外侧冲刷，南堤内段外侧有较大面积的淤积；掩护区滩面除潜堤段冲刷，其余滩面发生淤积。

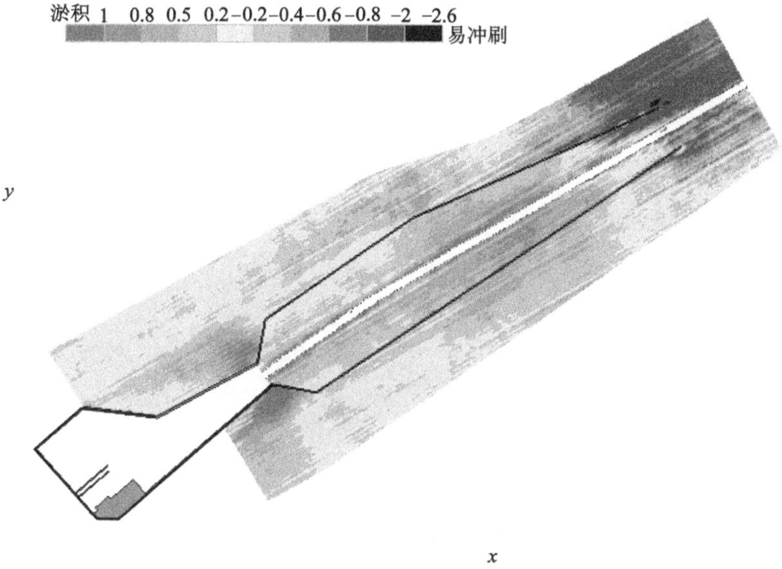

图4.2-15 2004年4月—2006年4月防沙堤附近滩面冲淤情势图

就北堤外的冲刷而言，有两种情况会造成滩面冲刷。第一种是大浪掀起床面泥沙，被潮流携带移动，这种情况只有在大风天气下才会出现。第二种是较强水流使床面泥沙起动并移动，而可能出现的较强水流又有四种：无增水和无大风情况下堤外侧的潮流、无增水和无大风情况下堤头的绕流、北侧增水造成的离岸流与落潮水流的共同作用以及偏N向或偏W向大风的风吹流与落潮水流的共同作用。从对北防沙堤外侧水流的分析结果来看，在无增水和无大风情况下的潮流强度并不突出，对堤外造成较大冲刷的可能性不大；堤头绕流只在堤头附近局部造成冲刷；其他两种水流则均有可能造成北堤外侧的冲刷。由此可见，北堤外侧的冲刷主要受偏N向大风的影响。

虽然北堤外侧地形冲刷，但并不意味着会给外航道带来较大的淤积。首先，被冲刷搬运的泥沙并不只向落潮方向移动,也不会全部落淤到航道中;其次,从统计的冲刷量值来看,年均冲刷超 200 万 m^3,即便冲刷总量全部进入航道淤积,所占份额也很小,由此可以判断,防沙堤外侧泥沙被水流冲刷并进入航道落淤的数量是有限的。

再从 2006 年 4 月—2007 年 4 月防沙堤附近滩面冲淤情势图来看(图 4.2-16),南、北防沙堤外侧变化不大,北堤头外侧略有冲刷。这说明,一方面,与整治工程初期的地形变化相比(图 4.2-15),地形变化放缓,正逐渐趋于平衡;另一方面,这一时期的动力条件代表一般年份,因此就一般年份而言,防沙堤外侧地形不会发生较大变化,这也表明了现两堤外侧在水流冲刷作用而带入到下游航道的泥沙数量有限。

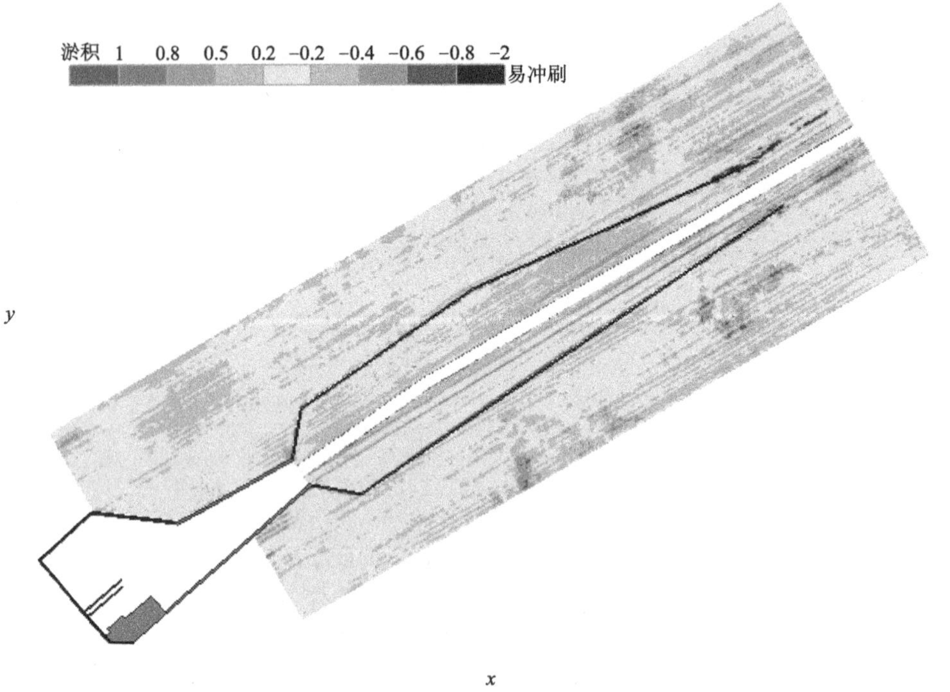

图 4.2-16　2006 年 4 月—2007 年 4 月防沙堤附近滩面冲淤情势图

图 4.2-15、图 4.2-16 表明堤头附近均有冲刷,这与堤头绕流有直接关系,在堤头附近可形成一定的冲刷范围,但不足以影响外航道淤积至量级上的变化。

4.2.2.8　整治工程后沿堤流小结

口门处实测流场的分布、堤外侧地形的变化、数值模拟等分析表明,延堤工程后沿堤流发展不明显，对航道淤积影响不大，航道淤积主要由波浪掀沙、潮流输沙所形成，延堤减淤的整治措施是正确的。

4.2.3 口门局部流场情况

黄骅港航道走向 59.5°～239.5°，涨潮流向 240°～300°，落潮流向 46°～97°。防沙堤延伸前，涨潮时期航道北侧一定海域内水体的补给有赖于航道南侧范围内跨越航道向北的水流，当防沙堤延伸出 10.5km 后，由于防沙堤的拦截作用，局部流场会发生变化，堤北侧一定范围内水体的补给将转由防沙堤口门外一定范围内单宽流量的增大来实现，因此，必然会在新的防沙堤头处形成较为集中的水流，影响口门段航道淤积和进出口门船舶的航行。

在初期设计时，为降低堤头处较为集中的水流，黄骅港整治工程防沙堤堤头段设计成斜坡式潜堤来分散堤头较为集中的流量，降低堤头可能增大的流速。

下面结合现场实测情况、口门局部流场物理模型试验和口门局部流场三维数值模拟的结果，分析防沙堤延伸后口门局部的流场情况。

4.2.3.1 现场实测情况

1）老口门附近流场情况

（1）现场实测情况。

2002 年 4—5 月，研究人员曾在老口门处进行水文全潮测验和流路追测。其中，2002 年 4 月 26 日（大潮）当日布设 4 条水文断面，分别位于防沙堤口门以内 480m 和口门以外 200m、700m、1200m 处。每条断面布设 3 条垂线，即航道中线和中线南、北各 180m，采用断面 3 个点流动观测。

（2）观测结果。

①口门以外各测点平均流向，涨潮为 255°，落潮为 80°，呈 WSW 和 ENE 向，属往复流性质。

②涨潮流速大于落潮流速。涨落潮平均流速横向分布为：北滩为 0.47m/s，航道为 0.36m/s，南滩为 0.43m/s，航道流速低于两滩流速。

③涨落潮平均流速自内向外纵向分布如下。

北滩：0.26m/s（口门内）、0.52m/s、0.46m/s 和 0.42m/s

航道：0.25m/s（口门内）、0.38m/s、0.30m/s 和 0.39m/s

南滩：0.12m/s（口门内）、0.38m/s、0.43m/s 和 0.44m/s

以上结果表明，口门内流速明显低于口门外流速；在口门以外，仅北滩流速自内向外呈衰减趋势，航道和南滩变化不明显。

④口门外大潮最大流速纵向分布见表 4.2-3。

口门外大潮最大流速纵向分布　　表 4.2-3

位置		距口门距离(m)		
		200	700	1200
北滩	涨潮(m/s)	0.81	0.73	0.53
	落潮(m/s)	0.97	0.73	0.54
航道	涨潮(m/s)	0.73	0.40	0.49
	落潮(m/s)	0.30	0.49	0.56
南滩	涨潮(m/s)	0.81	0.54	0.50
	落潮(m/s)	0.33	0.69	0.54

在口门附近700m水域范围内,潮流流速都有突出的强度,流速达0.7~1.0m/s。

⑤口门水域涨潮最大流速一般出现在半潮,即低潮后3h左右,落潮一般出现在高潮和高潮后1h。

⑥对老口门影响最大的主要是来自高潮时刻自北向南的横流。该时段特征值见表4.2-4。

高潮后1h横流特征　　表 4.2-4

距口门距离(m)	潮时(高潮后)	实测流速(m/s)	流向(°)	与航道轴线交角(°)	垂直航道流速分量(m/s)
200	1h	0.97	126	71	0.92
700	1h	0.73	102	47	0.53

2)新口门附近流场情况

(1)现场测验情况。

采用走航式流速仪(ADCP),分别在航道内、航道轴线南北两侧各300m,平行于航道轴线设3条测线,巡回观测。侧线宽度从30~31鼓(W12+200附近)至26~27鼓(W8+700附近)。另在口门外200m及航道南、北各300m处,设两个固定测站,采用旋桨式流速仪进行全潮观测。测量潮型包括大、中、小潮。

(2)观测结果。

①潮段平均流速、流向。

表4.2-5所列为2005年7月、2006年3月、2006年9月三次口门处测流的大潮、中潮、小潮的潮段平均流速。

从表4.2-5中可知:在涨潮时段内,口门外500m范围潮段平均流速要大于500m以外航道段平均流速。从历次实测的结果来看,口门外500m段最大潮段平均流速为0.64m/s,落潮期潮段平均流速均在0.50m/s以下。

从潮段平均流向与航道的夹角来看,涨潮时段内流速与航道的平均夹角在30°~60°之间。

新口门航道内潮段平均流速分布　　表 4.2-5

潮型		时间	口门外 0 ~ 500m		口门外 500 ~ 1000m		口门外 1000 ~ 1500m		口门外 1500 ~ 2000m	
			流速（m/s）	流向（°）	流速（m/s）	流向（°）	流速（m/s）	流向（°）	流速（m/s）	流向（°）
涨潮	大潮	2005 年 7 月	0.64	285	0.54	285	0.50	284	0.52	273
		2006 年 3 月	0.48	303	0.38	297	0.36	293	0.33	288
		2006 年 9 月	0.51	270	0.45	276	0.42	259	—	—
	中潮	2005 年 7 月	0.59	279	0.50	285	0.51	278	0.49	278
		2006 年 3 月	0.41	313	0.35	297	0.31	296	0.30	289
		2006 年 9 月	0.46	275	0.45	265	0.41	254	—	—
	小潮	2005 年 7 月	0.48	297	0.43	296	0.33	297	0.28	292
		2006 年 3 月	0.27	261	0.27	288	0.22	271	0.26	256
		2006 年 9 月	0.29	299	0.22	301	0.23	309	—	—
落潮	大潮	2005 年 7 月	0.42	76	0.43	81	0.48	81	0.45	82
		2006 年 3 月	0.39	63	0.42	61	0.46	77	0.41	77
		2006 年 9 月	0.37	96	0.39	95	0.39	67	—	—
	中潮	2005 年 7 月	0.38	72	0.39	65	0.40	70	0.35	71
		2006 年 3 月	0.34	92	0.37	99	0.34	75	0.34	83
		2006 年 9 月	0.31	66	0.40	58	0.40	78	—	—
	小潮	2005 年 7 月	0.36	70	0.40	77	0.34	72	0.38	53
		2006 年 3 月	0.21	76	0.25	73	0.26	73	0.25	72
		2006 年 9 月	0.30	62	0.22	53	0.21	74	—	—

②垂线平均最大流速、流向。

表 4.2-6 所列为 2005 年 7 月、2006 年 3 月、2006 年 9 月三次口门处测量的大潮、中潮、小潮的垂线平均最大流速。

从表 4.2-6 中可知：实测到的垂线平均最大流速出现在口门外 500m 范围内的涨潮期间，测得垂线平均最大流速值为 0.92m/s。从历次大潮期的实测数据可见，在这一范围内无大风等条件影响时，垂线平均流速最大值应在 0.90m/s 左右。口门外 500m 以外的流速呈递减趋势，从历次测得结果可知，口门外 500m 以外垂线平均流速均小于 0.75m/s。在落潮期内，垂线平均最大流速发生在口门外 500 ~ 1000m 范围内，落潮期内测得垂线平均最大流速为 0.68m/s。从历次测得数据可见,落潮期垂线平均最大流速明显小于涨潮期垂线平均最大流速,落潮期垂线平均最大流速均在0.70m/s以下。

从与航道的夹角上看,最大流速均发生在流速与航道的夹角较大时期,从表4.2-6中可见,涨潮期最大流速与航道的夹角范围在60°~90°之间。

新口门航道内垂线平均流速时刻流速值 表4.2-6

潮型		时间	口门外 0~500m		口门外 500~1000m		口门外 1000~1500m		口门外 1500~2000m	
			流速(m/s)	流向(°)	流速(m/s)	流向(°)	流速(m/s)	流向(°)	流速(m/s)	流向(°)
涨潮	大潮	2005年7月	0.87	297	0.77	285	0.70	295	0.70	277
		2006年3月	0.91	316	0.52	309	0.50	305	0.49	284
		2006年9月	0.92	328	0.61	312	0.57	285	—	—
	中潮	2005年7月	0.82	300	0.70	294	0.70	287	0.70	284
		2006年3月	0.81	319	0.50	287	0.45	254	0.44	300
		2006年9月	0.80	293	0.72	301	0.57	290	—	—
	小潮	2005年7月	0.52	302	0.47	297	0.44	296	0.38	285
		2006年3月	0.39	280	0.38	270	0.38	261	0.33	268
		2006年9月	0.50	331	0.33	308	0.32	298	—	—
落潮	大潮	2005年7月	0.53	79	0.60	83	0.61	81	0.64	71
		2006年3月	0.48	86	0.56	83	0.49	83	0.49	89
		2006年9月	0.68	80	0.68	94	0.60	88	—	—
	中潮	2005年7月	0.43	62	0.51	72	0.52	75	0.59	78
		2006年3月	0.46	93	0.52	78	0.43	84	0.39	62
		2006年9月	0.59	74	0.67	72	0.68	85	—	—
	小潮	2005年7月	0.38	53	0.46	68	0.48	65	0.43	28
		2006年3月	0.21	65	0.27	106	0.21	92	0.27	135
		2006年9月	0.33	38	0.31	89	0.24	129	—	—

③口门段航道内各级流速的历时分布。

涨潮期,口门外航道内500m范围内流速显著,其中潮段平均流速不突出,最大流速从量值上讲较大,但较大流速的发生不具有经常性。

口门外500m范围内,涨潮期间0.75~1.0m/s的垂线平均流速在大潮期持续时间一般为1h,实测最长一次为1h50min;中潮期持续时间均在1h以内;小潮期无0.75m/s以上流速。口门外500m范围以外,涨潮期间大于0.75m/s的垂线平均流速在大潮期持续时间一般在1h以内,中、小潮期间无0.75m/s以上的流速。

口门外500m范围内,涨潮期间在0.5~0.75m/s之间的垂线平均流速,从历次实测结果看,历时最长一次为220min,其他时间一般为1~1.5h。口门外500m范围以外,涨潮期间在0.5~0.75m/s的垂线平均流速一般为1h。测量期间虽有水体表层流速大于1.0m/s,但在水体垂线上流速的平均值均小于1.0m/s。这些流速发生的位置也集中在口门外500m的范围内。落潮流速测量期间几乎所测得的落潮垂线平均流速均小于0.5m/s。

可见,在涨潮期较大垂线平均流速的出现均发生于较大潮差的涨潮初期,历时普遍为1~2h。从半个月连续的测流资料来看,口门外500m范围内大于0.5m/s以上流速的发生时间约占整体时间的5.8%,不具有经常性。垂线平均流速大于1.0m/s以上的情况很少出现,就单纯的潮流而言,只有在较大潮差下涨潮初期才会在短时间内(一般历时不超1h)出现大于1.0m/s的垂线平均流速。

3)新口门段与原口门段航道内流速的比较

下面以整治工程后与2002年4月26日同潮差下的大潮为例,从4个方面对比新、老口门水流的变化。

(1)水体垂线上最大流速比较。

表4.2-7为涨潮时段新、老口门处水体垂线上最大流速的比较。

涨潮时段新、老口门处水体垂线上最大流速的比较　　表4.2-7

日　期	潮差(m)	口门外200m		口门外700m		口门外1200m	
		流速(m/s)	流向(°)	流速(m/s)	流向(°)	流速(m/s)	流向(°)
2002年4月26日	2.49	0.86	266	0.76	325	0.56	312
2006年9月21日	2.45	1.09	332	0.99	293	0.94	294
增加量(m/s)		0.23		0.23		0.38	

从涨潮时段的水体垂线上最大流速来看,现口门外三个断面的流速比老口门分别增加了0.23m/s、0.23m/s、0.38m/s。

但是仅从"涨潮"和"涨潮"的对比仍不能反映新、老口门处水体垂线上最大流速在量值上的变化情况,因此,将测量期间实测到的水体垂线流速上的最大值列于表4.2-8中(工程前出现于落潮期,工程后出现于涨潮期)。

水体垂线流速上的最大值　　表4.2-8

日　期	潮段	口门外200m		口门外700m		口门外1200m	
		流速(m/s)	流向(°)	流速(m/s)	流向(°)	流速(m/s)	流向(°)
2002年4月26日	落潮	1.02	122	0.86	106	0.64	108

续上表

日　期	潮段	口门外 200m		口门外 700m		口门外 1200m	
		流速(m/s)	流向(°)	流速(m/s)	流向(°)	流速(m/s)	流向(°)
2006 年 9 月 21 日	涨潮	1.09	332	0.99	293	0.94	294
增加量(m/s)		0.07		0.13		0.30	

从表 4.2-8 中可见,仅从口门外水体垂线上出现的最大值来讲,水体垂线上最大流速相差不大,仅增加了 0.07m/s,但从口门外一定范围内来看,水体垂线上的最大流速值有一定幅度的增加,在口外 1200m 范围内平均增加了 0.17m/s。

(2)垂线平均最大流速比较。

表 4.2-9 为涨潮时段新、老口门处垂线平均流速最大值的比较。

涨潮时段新、老口门处垂线平均流速最大值的比较　　表 4.2-9

日　期	潮差(m)	口门外 200m		口门外 700m		口门外 1200m	
		流速(m/s)	流向(°)	流速(m/s)	流向(°)	流速(m/s)	流向(°)
2002 年 4 月 26 日	2.49	0.73	275	0.40	294	0.49	269
2006 年 9 月 21 日	2.45	0.92	328	0.61	312	0.57	285
增加量(m/s)		0.19		0.21		0.08	

从涨潮时段的垂线平均的最大值来看,现口门外三个断面的流速比老口门分别增加了 0.19m/s、0.21m/s、0.08m/s;口门外一定范围内流速与航道的夹角也有所增加。

但是老口门处(W0 +000),最具影响的是高平潮期自航道北侧向南侧的落潮流,因此,同样不能仅比较“涨潮”和“涨潮”。我们再将新、老口门处的两个横跨航道流速最大值垂直航道的分量列于表 4.2-10 中进行比较。

新、老口门处的两个横跨航道流速最大值垂直航道的分量　　表 4.2-10

日　期	潮段	口门外 200m		口门外 700m	
		与航道夹角(°)	垂直航道流速分量(m/s)	与航道夹角(°)	垂直航道流速分量(m/s)
2002 年 4 月 26 日	落潮	71	0.92	47	0.53
2006 年 9 月 21 日	涨潮	91	0.92	70	0.54

从表 4.2-10 中可见,两个最大流速垂直航道分量的大小基本一致。但要指出的是,2002 年 4 月 26 日所测得的最大流速发生于航道北侧边缘,而 2006 年 9 月21 日所测得最大流速位于航道轴线上。因此,从这个角度来讲,如同样位于航道轴线处整治工程实施前的流速要小于整治工程实施后,从所掌握的实测值

来看,综合而言整治工程前、后口门段最显著的流速在数值上相差不大。

(3)涨潮潮段平均流速比较。

上述两点的比较是基于瞬时最大流速值的比较,此外还需比较在长时段内新、老两个口门处的平均流速情况。表4.2-11列出了涨潮时期新、老口门处潮段平均流速的比较情况。

涨潮时期新、老口门处潮段平均流速的比较 表4.2-11

日期	潮差(m)	口门外200m		口门外700m		口门外1200m	
		流速(m/s)	流向(°)	流速(m/s)	流向(°)	流速(m/s)	流向(°)
2002年4月26日	2.49	0.48	232	0.28	225	0.36	261
2006年9月21日	2.45	0.51	270	0.45	276	0.42	259
增加量(m/s)		0.03		0.17		0.06	

从涨潮时段的潮段平均流速来讲,现口门外三个断面的流速比老口门外分别增加了0.03m/s、0.17m/s、0.06m/s;口门外一定范围流速和航道的夹角平均增加了28°,与航道约成34°的夹角。从量值上来说,增加的数量有限。

(4)新、老口门较大流速历时比较。

上述三点从流速量值的角度对新、老口进行了比较,可见现口门段的流速相对于老口门段并没有发生大的变化,该段流速条件也未因防沙堤的延长而变差,这恰恰反映了潜堤消能的效果。

但是,新口门处较大流速历时有所延长。以大于0.5m/s流速为例(表4.2-12),同样位于口门外500m范围内,在相同的潮型下,新口门处历时要长1h左右,老口门处几乎很少出现0.5m/s以上流速,而新口门外在这个范围内仍会有1h左右大于0.5m/s的流速存在。

较大流速历时(单位:h) 表4.2-12

日期	潮差(m)	口门外500m范围内	500m~1000m	1000m~1500m
2002年4月26日	2.49	1h	0h	0.5h
2006年9月21日	2.45	2h	1h	1h

综合上述四点可见,新口门附近流速与老口门相比并没有明显增大,但同时也要指出,整治工程实施后集中流速的历时有所延长,应加以重视。

4.2.3.2 口门局部流场物理模型试验情况

通过现场实测资料的分析得知,双堤的延伸并未导致新口门处的水流强度较老口门处明显增强,这显然不能定量地反映出潜堤对口门段水流的影响。下面我们通过"黄骅港防沙堤口门流态局部物理模型试验研究"项目中,现口门流场与将W8+000~W10+500段堤顶高程提升至+3.5m后流场的比较,来分析潜堤给口门段流场带来的变化。

试验结果显示，W8 +000 ~ W10 +500 段堤顶高程提升至 +3.5m 后，航道中心线处口门段横向水流的强度不小于 0.90m/s 的范围由 0.5km 增加到1.20km，横向水流最大流速级变化不大，横向水流增大的范围达到了 W12 +000，航道线南北两侧各 300m 处横向水流不小于 1.00m/s 的范围也增大了 0.25km。

由此可见，现口门段潜堤对该段最大流速值的影响不大，但对于缩短口门段集中水流的范围十分有效。

4.2.3.3　口门局部流场三维数值模拟情况

口门局部流场的三维数值模拟结果显示，如果口门段潜堤全部设置为出水堤，则口门处最大流速位置与设置潜堤相比略靠外，但总体来讲流速变化不大。设置潜堤可以使涨潮最大横向流流速略有减小，但减小幅度不大，最大流速减小小于 0.1m/s，这一点与口门局部流程物理模型试验的结论一致。

4.2.3.4　口门局部流场情况小结

根据现场实测资料的比较、口门局部流场物理模型试验的结果和口门局部流场三维数值模拟结果，综合分析可得出以下结论：

(1)防沙堤延伸使局部流场变化，但不影响整体流场；

(2)与老口门相比，工程后新口门外一定范围内流速略有加大；显著流速的范围略有扩大，且历时较老口门处延长 1h 左右；

(3)堤头段设置成潜堤对于减小该段最大流速值作用有限，但对于缩短口门段集中水流的范围十分有效，消能效果显著。

4.2.4　整治工程实施后黄骅港运营的变化

2004 年，神华集团外航道整治工程竣工和“整治和疏浚相结合”航道治理方案开始实施，2005 年底航道水深疏浚至 -11.5m，达到了黄骅港一期工程设计要求；2006 年 3 月航道水深疏浚至 -12.3m，达到了黄骅港二期工程设计要求；2006 年底航道疏浚至 -13.0m 满足了 6 万 t 级的船舶全天候进出港需求。航道治理后，航道水深满足了港口生产需要，并不断提高航道的通过能力、船舶的装载率、港口的泊位利用率和港口对船东的服务水平，为港口的大发展奠定了坚实基础。

4.2.4.1　航道通过能力提升

如图 4.2-17 所示，2003 年，黄骅港港口的吞吐量为 3116.13 万 t、2004 年港口的吞吐量为 4543.015 万 t、2005 年港口的吞吐量为 6708.82 万 t、2006 年港口的吞吐量为8030.05万t;2007年达到8500万t;2003年进出港艘次为1423艘次、2004年进出港艘次为1902艘次、2005年进出港艘次为2450艘次、2006年进出港艘次为2808艘次。通过合理地生产组织并结合航道的实际情况,至2021年航道通过能力可达到1.0亿t。

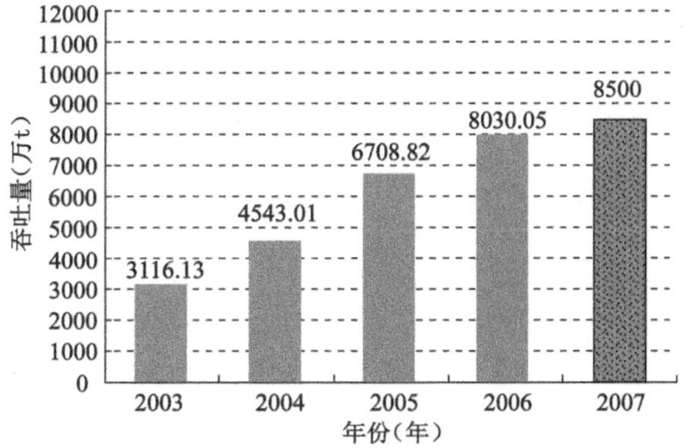

图4.2-17　黄骅港2003—2007年吞吐量发展情况

4.2.4.2　单船平均装载量和船舶的满载出港率明显提高

2003年黄骅港年单船平均装载量为2.19万t、2004年黄骅港年单船平均装载量为2.39万t、2005年黄骅港年单船平均装载量为2.79万t、2006年黄骅港年单船平均装载量为2.86万t;2003年2万t级船舶能满载出港、2004年3.5万t级船舶能满载出港、2005年5万t级船舶能满载出港、2006年7万t级船舶能满载出港;2006年3月结束了大型到黄骅港运输船舶到天津港二次加载的历史。黄骅港船舶年单船平均装载量和船舶的满载出港率大大提高,使更多更大的船型能够进入黄骅港装货,同时也为集团公司船东效益最大化创造了条件。

4.2.4.3　港口的泊位利用率得到显著提高

2003年港口泊位利用率为63.19%(一期)、2004年港口泊位利用率为73.05%、2005年港口泊位利用率为78.47%、2006年港口泊位利用率为82.45%,泊位利用率提高充分发挥了港口设备作业效率,同时也为港口和船东增加了效益。

4.2.4.4　港口服务水平提升

航道水深的加大使得80%以上的到港船舶满载后可随时进出港,港口的吞吐量不再受航道通航水深的限制,结束了中、小型船舶满载后潮等潮离港的历史,提高了港口泊位的年装载量,减少了运输船舶的在港时间。

航道的通航条件得到了改善。自防沙堤±0m高程合龙后,航道的水文环境发生了变化,黄骅港航道没有出现运输船舶搁浅的事故,整治工程的效果明显;采取积极的航道疏浚措施,大风后航道通航水深没有变化;提升了船舶进出港的安全性,赢得了船东的好评。

黄骅港整治工程的实施、防沙堤减淤效果的显现和航道通航条件的改善为国家的电煤运输做出了很大的贡献,也为黄骅港进一步向深水大港发展打下了坚实的基础。事实证明,黄骅港航道通航条件的改善为黄骅港的发展和神华集团的腾飞做出了巨大的贡献。

4.2.5 整治工程评价总结

(1)整治工程实施后口门局部流场变化,但不影响整体流场;与老口门相比,工程后新口门流速略有增加;显著流速的范围略有扩大;较大流速持续的时间延长1h左右;潜堤的设置缩短了口门段集中水流的范围,消能作用显著,但工程后集中流速的历时延长应加以重视。

(2)通过防沙堤外侧实测流场的分布、堤外侧地形的变化、二维及三维数值模拟等分析表明,整治工程实施后,沿堤流发展不明显,对航道淤积影响不大,"波浪掀沙、潮流输沙"仍是外航道淤积的主因,延堤减淤的整治措施是正确的。

(3)整治工程采用"整治与疏浚相结合"的原则,延堤减淤、疏浚增深,实践证明整治工程思路正确、方法合理、工程可靠。

(4)整治工程实施后航道水深稳定增加,航行条件改善,通过能力逐步提高,港口服务水平大大提升,为将黄骅港建设成为深水大港创造了有利条件,为神华集团的发展做出了巨大贡献。

(5)整治工程实施后的黄骅港航道得到了根本性的改观,已经具备了进一步向深水综合大港迈进的条件。

5 潜堤减淤研究

5.1 问题的提出

整治工程建成后的几年间，黄骅港航道不断发展，然而与之俱来的是疏浚维护量也逐年增加，骤淤对通航安全的威胁也悄然增长，口门以外仍有相对强淤区段，淤积仍然是黄骅港航道面临的突出问题。

从2016—2021年的大风骤淤来看，黄骅港航道每年有7～8次明显的大风淤积过程，其中淤积量在100万m^3以上骤淤有4～5次，每年仅骤淤累计接近千万立方米。2021年11月一场大风骤淤，大风在短短4天内给航道造成回淤近500万m^3，口门外局部段最大淤积厚度1.5m，航道通航水深从14.5m锐减到13m，可见大风骤淤仍是黄骅港航道通航安全面临的主要威胁之一。

从2016—2021年的年回淤总量来看，黄骅港航道每年仍有1500万～2000万m^3的回淤量，疏浚维护任务仍十分繁重。黄骅港航道建设完成7万t级双向航道后，随着航道等级提升，其每年回淤量会进一步增大，从而疏浚维护任务会变得更为繁重。

同时，黄骅港北侧综合港区已完成潜堤延伸，图5.1-1为综合港区、黄骅港煤炭港区位置图。历年观测证明，两港虽经历的动力过程基本一致，但综合港区航道淤积厚度明显降低。

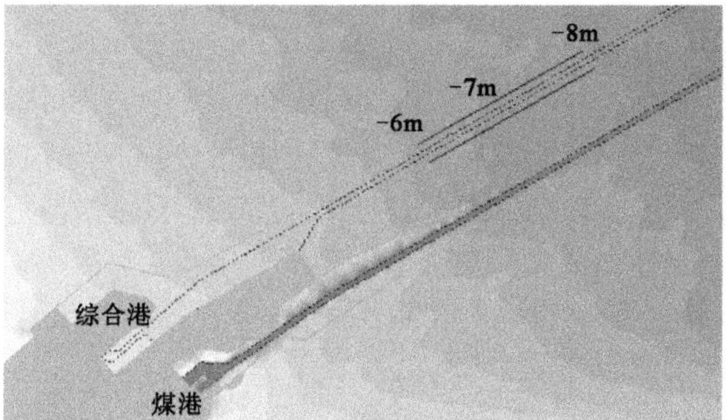

图5.1-1 综合港区、黄骅港煤港位置图

综合港区在航道尺度基本一致情况下，全航道淤积量为1200万～1500万m^3，较煤炭港区淤积量降低20%～30%；在回淤总量降低的同时，综合港区最大淤积厚度也有30%～40%的降低。因此，从实际工程看，进一步延伸防沙堤减淤是有效的。

5.2 进一步建设防沙堤工程的必要性

整治工程成功经验证明：防沙堤对于降低航道骤淤风险、在航道骤淤情况下保证港区正常运营和大幅减少港池、航道维护性疏浚量均有极其重要的作用。进一步延伸防沙堤的根本目的是“防范大风骤淤，提高通航标准，保障生产组织”。其必要性主要体现在以下4个方面。

(1)整治工程对黄骅港航道的快速发展起到了决定性作用。遵循“整治与疏浚相结合”的原则，2004年黄骅港实施了外航道整治工程，按照10年一遇的整治标准，将双堤从老堤头向外海延伸10.5km。整治工程实施后经观测和研究证明，黄骅港外航道采用延堤减淤和疏浚增深的方法取得了良好效果，外航道抗骤淤能力增强，减淤效果明显，淤积土的可挖性得到了根本改善，疏浚效率大为提高，航道水深稳步加大，达到了预期的整治目标。整治工程的建设保证了黄骅港的快速发展，港区煤炭运量迅速提升。黄骅港航道得以不断扩建，从最初的140m宽、-9.8m深、21km长，逐步提升到270m宽、-14.5m深、45km长。

(2)继续建设延堤工程是黄骅港航道通过能力稳定、安全的必要保障。大风骤淤仍是黄骅港航道通航安全的主要威胁，延伸防沙堤可有效提高航道抗骤淤能力。研究结果表明，延伸南侧潜堤至-8m水深可使航道最大骤淤厚度下降45%左右，在15年一遇大风作用时，最大淤积厚度从1.9m下降至1.1m，在45年一遇大风作用时，最大淤积厚度从3.3m下降至1.8m。

(3)延伸防沙堤有利于提高通航标准、优化生产组织、提高生产效率。黄骅港航道水深不仅可满足5万t级煤船满载通航，而且7万t级煤船也可乘潮通航，但由于口门处横流的影响，有时大吨位煤船不得不错时通过，避开横流较大时段，口门段尚不能够完全保证全天候的无障碍通航，口门横流对生产组织有一定影响。研究结果表明，延伸南侧潜堤至-8m水深将有效改善航道内的水流条件，可使航道内最大横流降低约28%，有利于优化现有生产组织方式、提高港口生产效率。

(4)延伸防沙堤有利于减少航道年维护量、提高经济效益。黄骅港每年有

1500 万～2000 万 m^3 的回淤量，疏浚维护任务仍十分繁重。研究结果表明，延伸南侧潜堤至 －8m 水深后年平均可减少约 26% 的回淤量，可节约疏浚维护费用近 1 亿元，有利于港口经济效益的提高。

综上所述，黄骅港现有航道抗骤淤能力仍需要进一步加强。为了确保黄骅港航道通航安全、保障神华集团煤炭外运、提升航道通过能力，优化港口生产组织方式、提高港口生产效率，继续延伸防沙堤是十分必要和迫切的。

5.3 潜堤减淤措施关键参数的确定

潜堤减淤关键参数主要有两个：一是潜堤延伸的合理长度，二是潜堤延伸的合理高度。

确定潜堤延伸长度是潜堤工程研究首先要解决的问题。下面利用数学模型对不同潜堤延伸方案进行计算和比较，重点分析不同延伸长度情况下流场以及航道淤积的变化，对潜堤延伸的合理长度关键参数进行论述。

长度参数确定后，选择合理的潜堤高度是潜堤工程设计中另一个重要问题。同理，本节也通过数值模拟手段分析不同潜堤高度情况下水动力和泥沙淤积情况，对潜堤延伸的合理高度关键参数进行论述。

回顾黄骅港航道淤积的发展过程可见，黄骅港航道回淤问题的认识和治理是一个不断发展和深化的过程。现阶段，提高航道抗骤淤能力是黄骅港航道发展亟待解决问题中的重中之重。因此，本部分将提高抗骤淤能力作为第一因素，综合考虑其他因素，对各种潜堤延伸长度方案进行比较。

5.3.1 现状下黄骅港水流及泥沙回淤情况

为了便于分析各方案的优劣，首先对黄骅港现状情况下的水流及泥沙回淤进行分析，作为对照组，对照分析各方案优劣。

5.3.1.1 潮流情况及分析

1）大范围流场特征

渤海湾湾口正对渤海海峡，外海潮波进入渤海海峡后，穿越渤海中部直接进入渤海湾。渤海湾的潮汐属正规和不正规半日潮，平均潮差为 2～3m，大潮潮差为 4m 左右。黄骅港区位于渤海湾中部，涨潮流整体上为自东向西的向岸流，落潮流相反，整体上为自西向东的离岸流（图 5.3-1）。

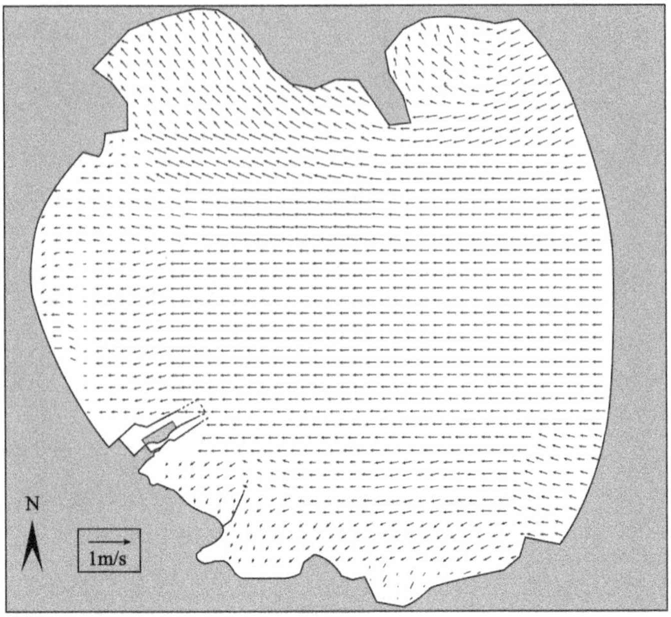

a) 涨潮时刻

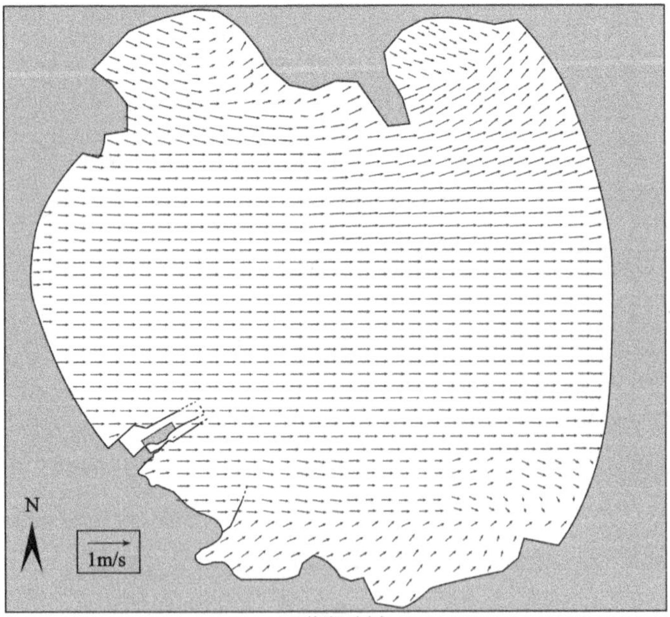

b) 落潮时刻

图 5.3-1　黄骅港区现状涨、落潮某时刻流场图

2)航道局部流场特征

为方便对工程实施前后流场情况进行定性及定量分析,也为便于具体分析航道内的流场特征,沿黄骅港及综合港航道轴线布置了55个采样点进行特征流速流向统计。航道内流速测点布置示意图如图5.3-2所示,其中S1~S32为黄骅港航道特征点,Z1~Z23为综合港航道轴线特征点,各特征点间距500m。现状情况下,黄骅港区现状涨、落急时刻外航道流场如图5.3-3所示。黄骅港区现状航道内采样点处最大横流分布如图5.3-4所示。

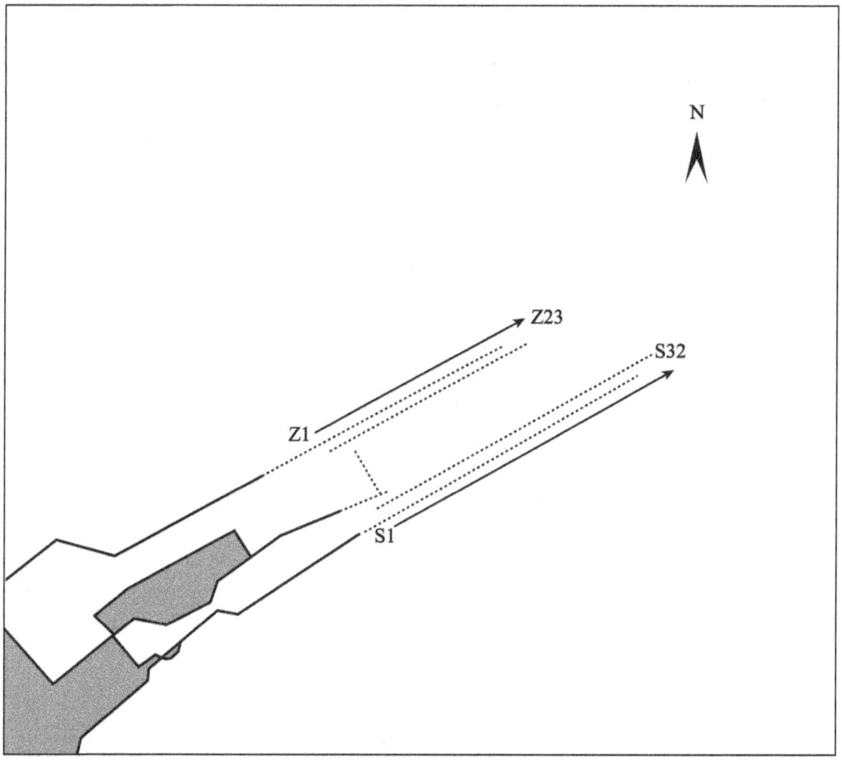

图5.3-2 航道内流速测点布置示意图

(1)涨、落急时刻整体水流运动方向与航道走向存在30°左右的夹角,涨急时刻流速大于落急时刻流速,黄骅港外航道(S3~S32)涨、落急时刻平均流速分别为0.66m/s和0.57m/s,综合港外航道(Z3~Z23)涨、落急时刻平均流速分别为0.67m/s和0.56m/s,两条航道相差较小。两条航道涨急时刻流速呈现自口门向外航道减小的趋势,落急时刻流速呈现自口门向外航道增大的趋势,变化幅度均不大。

(2)现状情况下黄骅港最大横流发生在口门附近(S4点),约为0.5m/s;自口门向外最大横流呈减小趋势,在0.23~0.39m/s之间,最大横流平均约为0.26m/s。

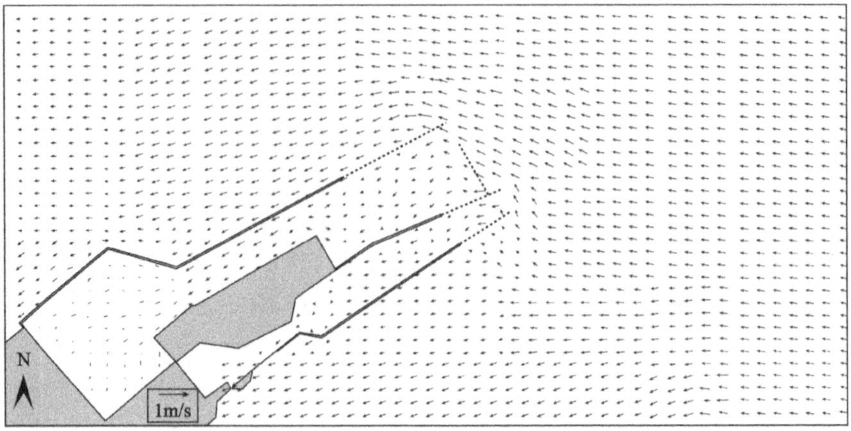

a) 涨急时刻

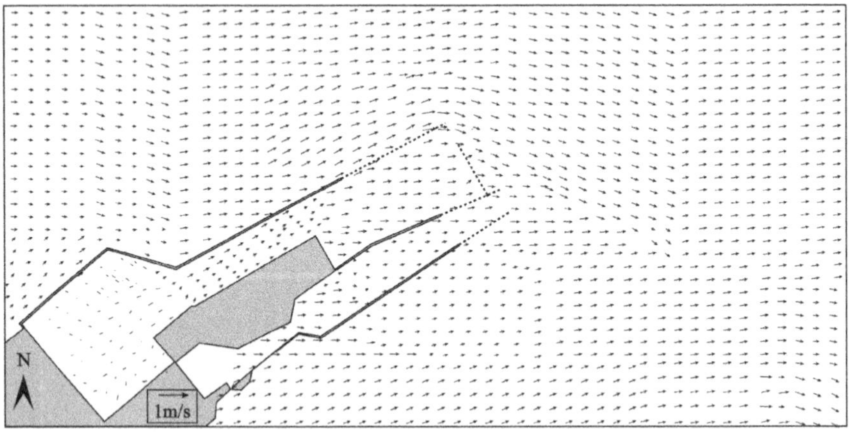

b) 落急时刻

图 5.3-3　黄骅港区现状涨、落急时刻外航道流场图

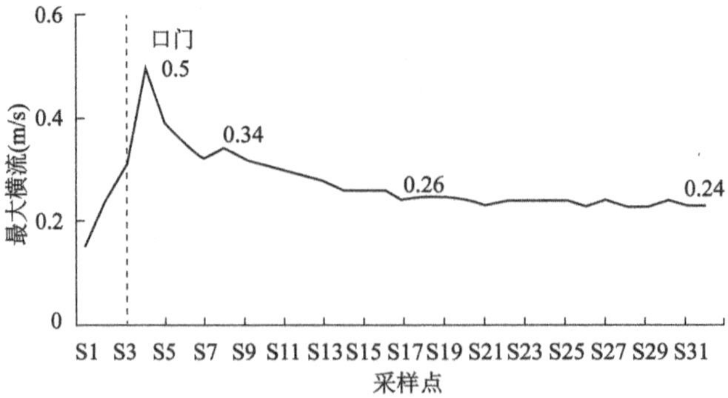

图 5.3-4　黄骅港区现状航道内采样点处最大横流分布

3)口门附近流场特征

从流场图中可以看出,涨急时刻外航道水流整体上自东向西穿越航道,口门附近水流在现有防沙堤作用下流向发生偏转,一部分几乎垂直穿越航道,一部分流入黄骅港内部;落急时刻,受防沙堤作用,口门附近水流基本沿航道方向运动,随着与口门距离的增大,水流逐渐转变为自西向东运动。

为了进一步考察口门附近水流运动状态,我们进一步分析垂向断面上流速分布特点。口门外侧垂向断面位置如图5.3-5所示,涨、落潮过程中某时刻口门处垂向断面上流场分布如图5.3-6所示。从图5.3-5、图5.3-6中可见,整个断面上水流在垂向上均遵循表层流速相对较大、底层流速相对较小的分布特点;水流穿越航道的过程中流速明显减小,相同深度处航道内流速明显小于滩面流速,特别是航道底部流速小于滩面底部流速。这与通常的认识也是一致的,说明所建立的三维水动力模型能够真实地反映水流的三维运动特性。

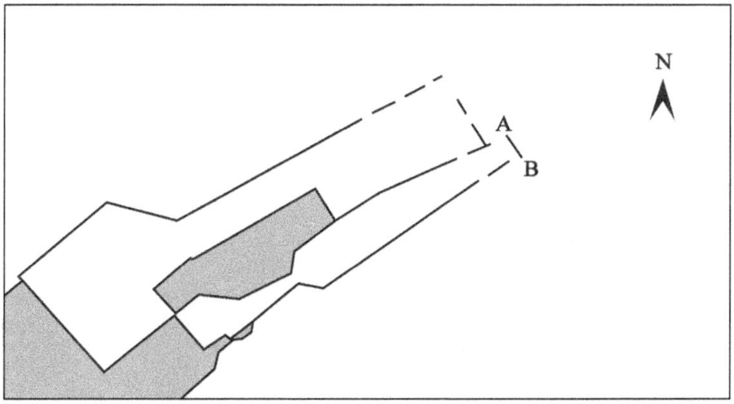

图5.3-5 口门外侧垂向断面(A-B)位置示意图

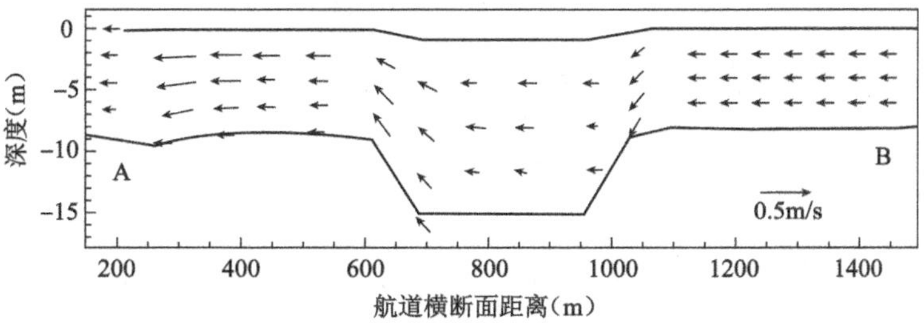

a)涨潮

图 5.3-6

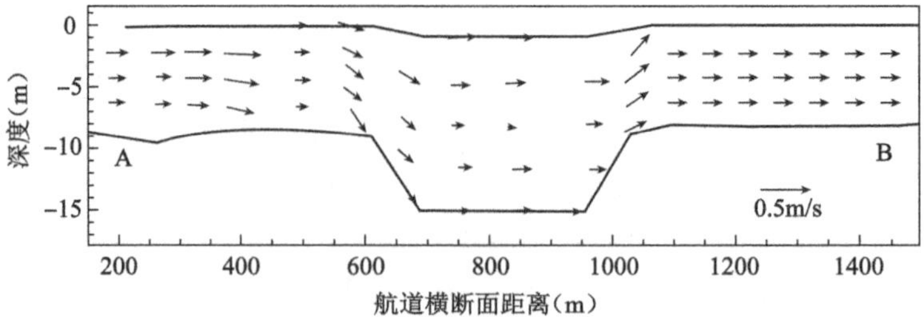

b) 落潮

图 5.3-6　黄骅港区现状口门处横断面涨、落潮流场图(从岸向外海方向看)

5.3.1.2　泥沙骤淤预测

现状条件下，黄骅港航道骤淤情况如图 5.3-7 和表 5.3-1 所示。现状下，黄骅港 5 万 t 级双向航道遭遇 45 年一遇大风骤淤后，航道总淤积量为 1130 万 m^3，其中现口门以内 232 万 m^3，现口门至 -8m 水深处 650 万 m^3，-8m 天然水深以外 248 万 m^3，最大淤积厚度 3.3m，位于 W15 +000 处。

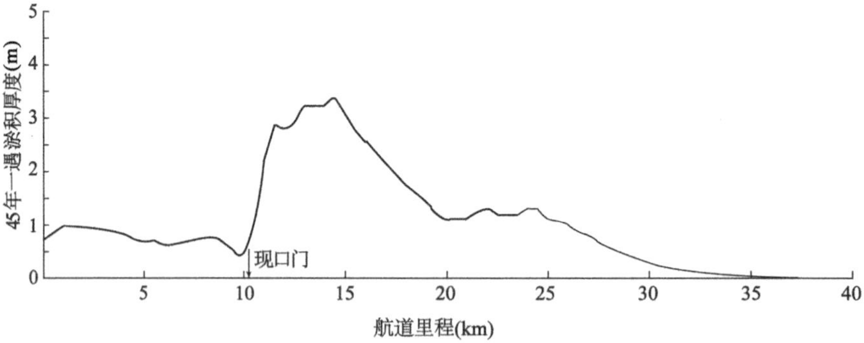

图 5.3-7　黄骅港区现状遇骤淤后淤积厚度分布

黄骅港区现状骤淤量统计　　表 5.3-1

工况	区段			
	现口门以内（-6m 水深以内）	-6 ~ -8m 水深	-8m 水深以外	全航道
45 年一遇	淤积量 232 万 m^3	淤积量 650 万 m^3	淤积量 248 万 m^3	淤积量 1130 万 m^3

5.3.2　防沙堤合理长度研究

下面通过对不同方案下港区水流及泥沙骤淤情况进行对比分析，确定防沙堤合理长度。

5.3.2.1 方案设置

根据黄骅港所在海域水动力以及泥沙运动特点，参考黄骅港航道淤积治理以往取得的研究成果，本研究确定了三种潜堤延伸长度，即潜堤分别延伸至-7m、-8m和-9m等深线位置(从当地理论最低潮面起算)。潜堤高度统一采用平行滩面的布置形式(图5.3-8)，即从黄骅港现有潜堤位置沿现有潜堤走向平行滩面向外海延伸。黄骅港现有潜堤堤头高度位于当地理论最低潮面以下1m水深处，即-1m水深处。

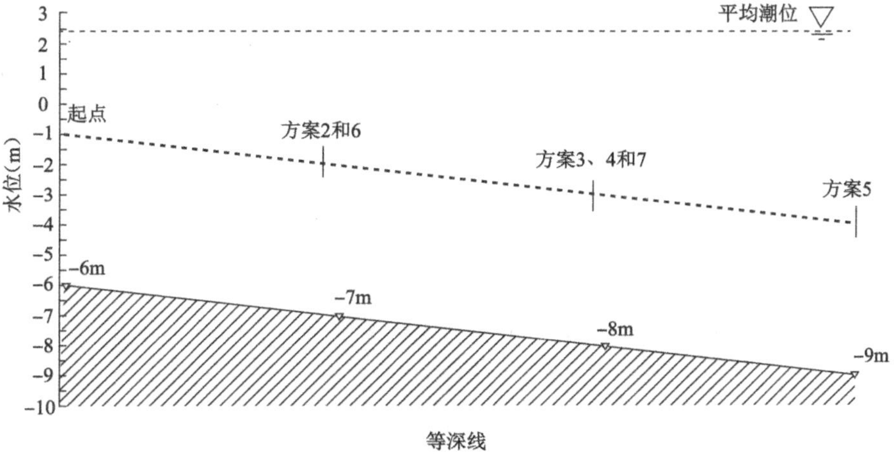

图5.3-8 黄骅港平行滩面延伸潜堤示意图

另外，为比较潜堤延伸后航道挡沙减淤效果，本研究增加了现状方案(方案1)。考虑到综合港防沙堤采取分期实施的可能性，本研究除按照总体规划考虑综合港防沙堤建设至-8m等深线情况外，还考虑了建设至-7m等深线位置的情况。

根据总体规划和当前综合港防沙堤建设情况，黄骅港潜堤各个延伸方案均在综合港区防沙堤建设完成或部分建设完成为前提条件。计算方案具体情况见表5.3-2和图5.3-9。黄骅港航道按双向5万t级考虑(宽270m、深-14.5m)。

黄骅港潜堤延伸长度计算方案 表5.3-2

方案	黄骅港堤头位置	综合港堤头位置	平面形式	潜堤延伸形式
方案1(现状)	-6m	-6m	延伸单堤	—
方案2	-7m	-8m	延伸单堤	从现有堤头以-1m高度平行滩面延伸
方案3	-8m	-8m	延伸单堤	从现有堤头以-1m高度平行滩面延伸

续上表

方　　案	黄骅港堤头位置	综合港堤头位置	平面形式	潜堤延伸形式
方案4	-8m	-8m	延伸双堤	内、外堤从现有堤头以 -3m、-1m高度平行滩面延伸
方案5	-9m	-8m	延伸单堤	从现有堤头以 -1m 高度平行滩面延伸
方案6	-7m	-7m	延伸单堤	从现有堤头以 -1m 高度平行滩面延伸
方案7	-8m	-7m	延伸单堤	从现有堤头以 -1m 高度平行滩面延伸

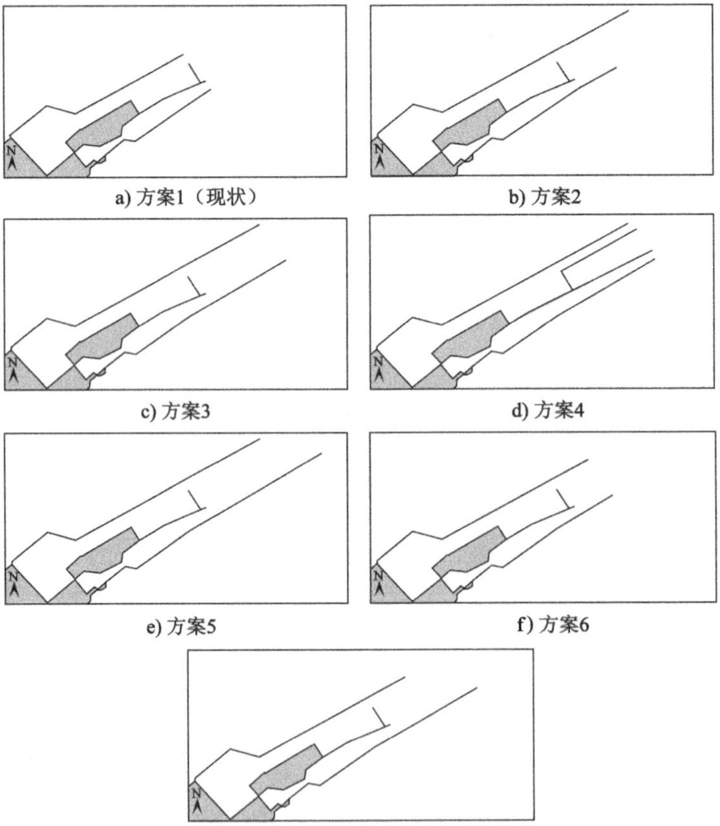

a) 方案1（现状）　b) 方案2　c) 方案3　d) 方案4　e) 方案5　f) 方案6　g) 方案7

图 5.3-9　方案平面布置示意图

5.3.2.2 潮流试验结果及分析

1)大范围流场特征

黄骅港潜堤延伸后大范围流场没有变化,涨潮流整体上仍然为自东向西的向岸流;落潮流相反,整体上为自西向东的离岸流。图5.3-10和图5.3-11以方案2为例,给出了黄骅港潜堤延伸工程实施后大范围流场情况。这说明黄骅港潜堤延伸工程的实施不会对大范围流场产生影响。

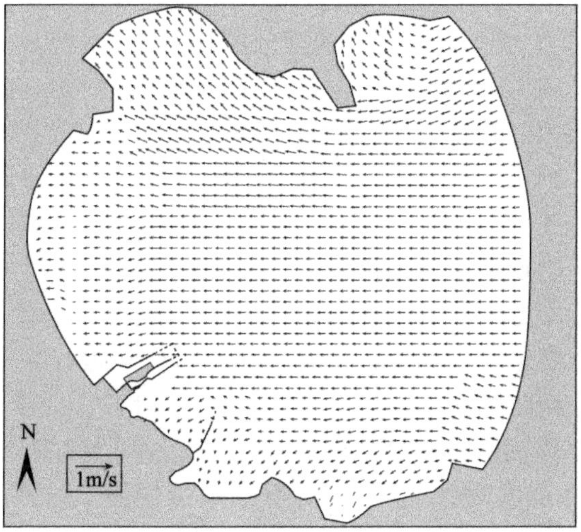

图5.3-10 方案2涨潮某时刻流场图

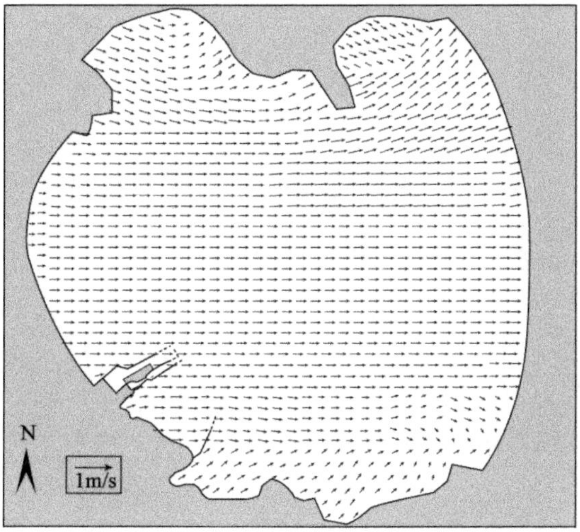

图5.3-11 方案2落潮某时刻流场图

2)航道局部流场特征

由于各方案均为潜堤,对水流影响程度相差不大,以方案 2 ~ 方案 7 实施后涨、落急时刻航道流场分别如图 5.3-12 ~ 图 5.3-17 所示。经对航道内流速统计可见,航道附近水流整体运动趋势没有发生明显的改变。

方案 2 内航道 S1 ~ S11 段涨、落急时刻平均流速分别为 0.61m/s 和 0.54m/s,外航道 S12 ~ S32 段涨、落急时刻平均流速分别为 0.61m/s 和 0.54m/s。

方案 3 内航道 S1 ~ S22 段涨、落急时刻平均流速分别为 0.69m/s 和 0.5m/s,外航道 S23 ~ S32 段涨、落急时刻平均流速分别为 0.63m/s 和 0.58m/s。

方案 4 内航道 S1 ~ S22 段涨、落急时刻平均流速分别为 0.69m/s 和 0.5m/s,外航道 S23 ~ S32 段涨、落急时刻平均流速分别为 0.63m/s 和 0.56m/s。

方案 5 内航道 S1 ~ S30 段涨、落急时刻平均流速分别为 0.60m/s 和 0.50m/s,外航道 S31、S32 段涨、落急时刻平均流速分别为 0.7m/s 和 0.64m/s。

方案 6 黄骅港航道最大横流仍然发生在老口门附近(S4),约为 0.37m/s,新口门附近(S11)最大横流约为 0.28m/s。

方案 7 黄骅港航道最大横流仍然发生在老口门附近(S3),约为 0.4m/s,新口门附近(S22)最大横流约为 0.25m/s。

与现状情况相比,潜堤延伸后,掩护段航道涨、落急时刻流速基本上呈减小趋势;潜堤延伸的长度对流速的影响不是十分明显,黄骅港航道内观测点 S1 ~ S32涨落急时刻流速变化较小,变化幅度平均约为 0.04m/s。

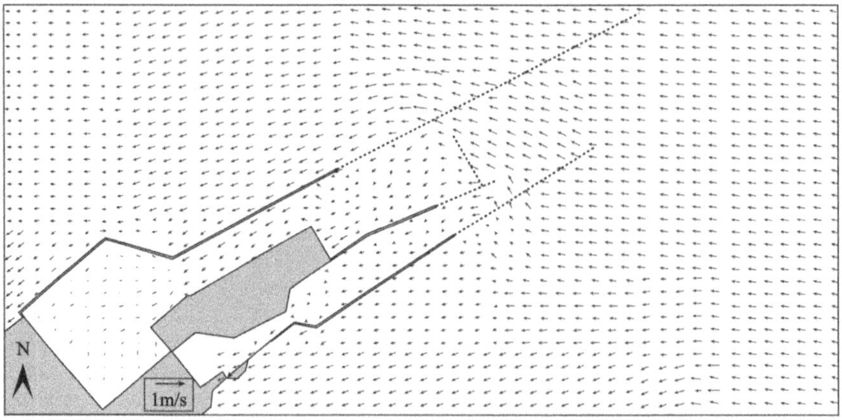

a) 涨急时刻

图 5.3-12

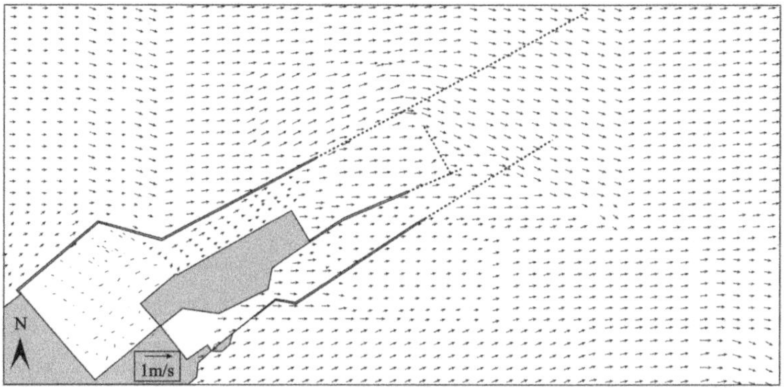

b) 落急时刻

图 5.3-12 方案 2 涨、落急时刻流场图

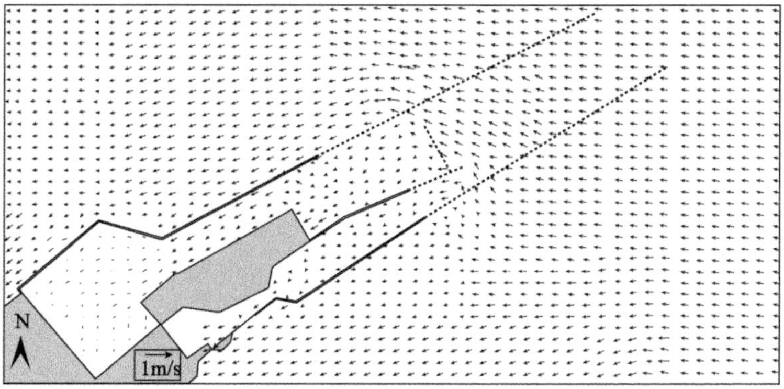

a) 涨急时刻

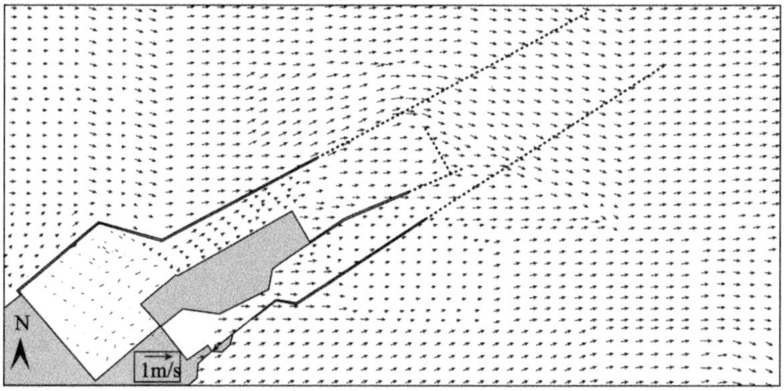

b) 落急时刻

图 5.3-13 方案 3 涨、落急时刻流场图

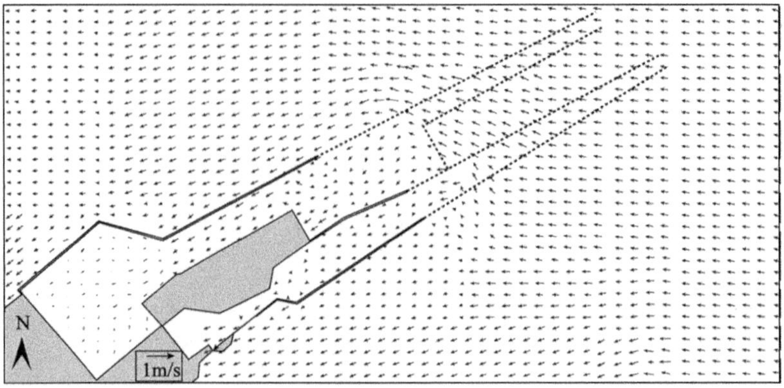

a) 涨急时刻

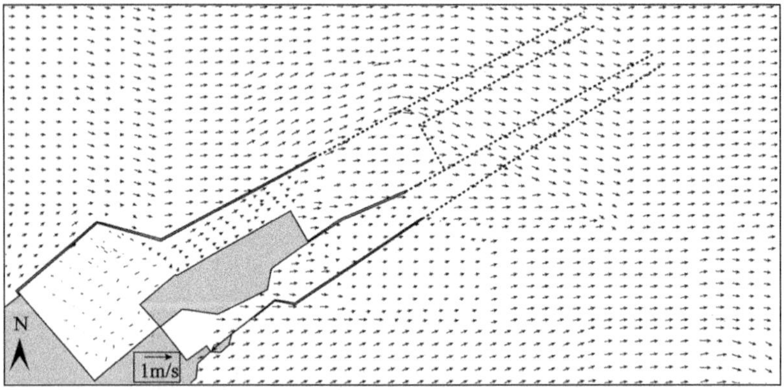

b) 落急时刻

图 5.3-14　方案 4 涨、落急时刻流场图

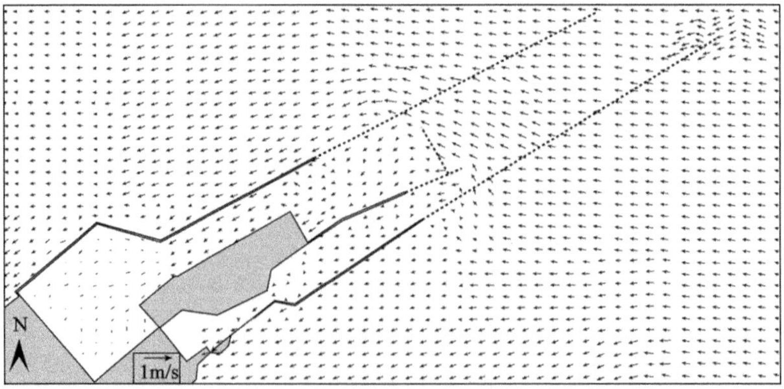

a) 涨急时刻

图　5.3-15

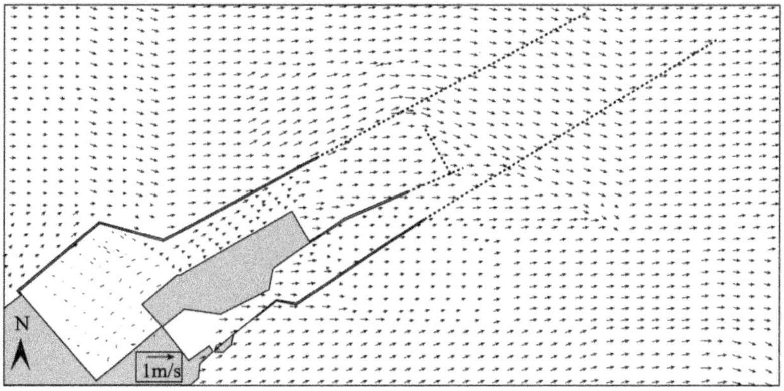

b) 落急时刻

图 5.3-15 方案 5 涨、落急时刻流场图

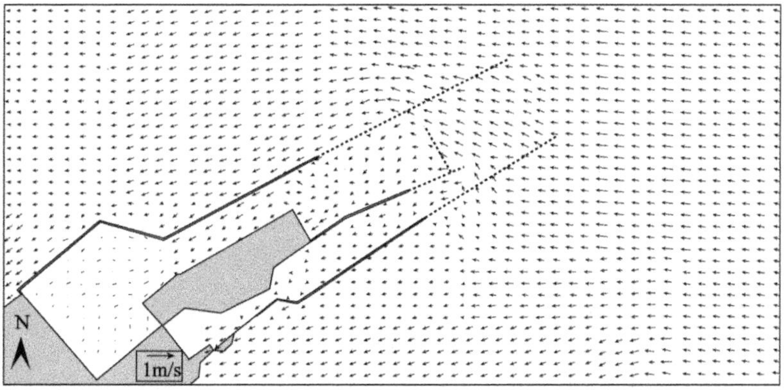

a) 涨急时刻

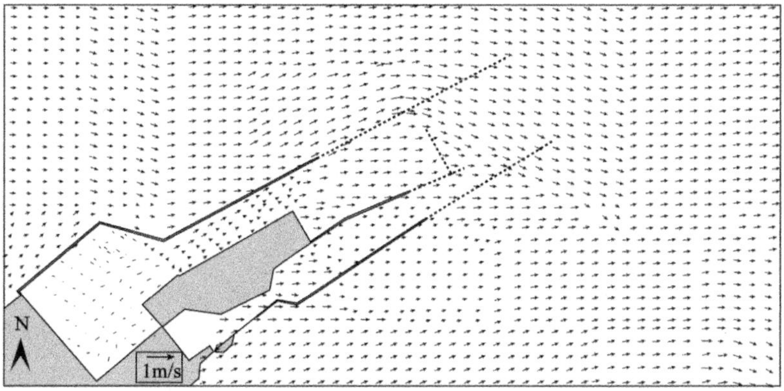

b) 落急时刻

图 5.3-16 方案 6 涨、落急时刻流场图

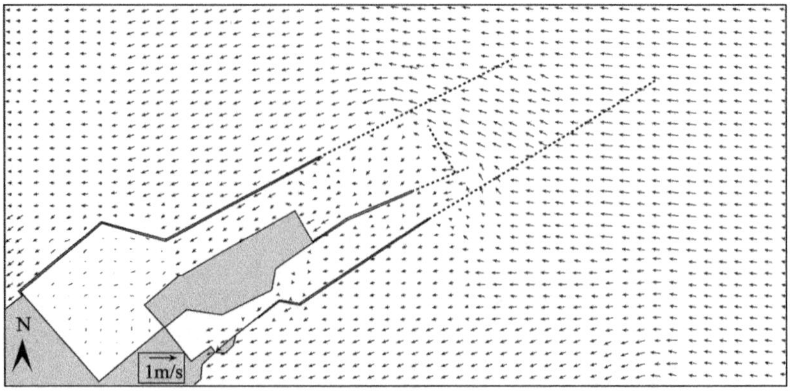

a) 涨急时刻

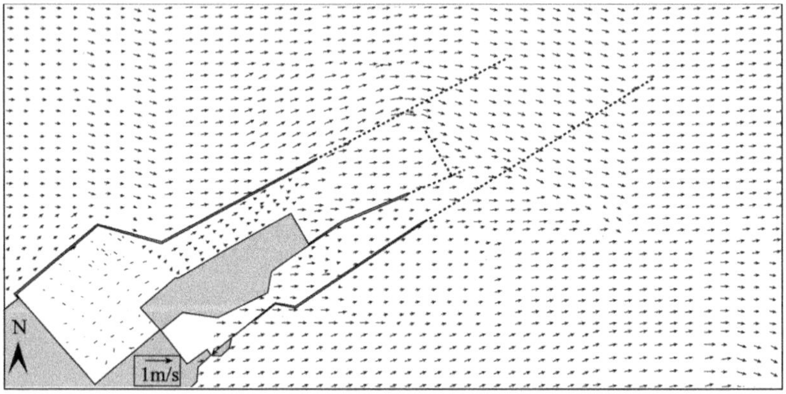

b) 落急时刻

图 5.3-17　方案 7 涨、落急时刻流场图

比较方案 2 和方案 3 可见,方案 6、方案 7 下综合港区防沙堤建设至 –7m 等深线位置与建设至 –8m 等深线位置对整个工程区流场而言影响不大。

图 5.3-18 ~ 图 5.3-20 分别显示了方案 2 ~ 方案 7 实施后航道内特征点最大横流统计情况。由以上三图可见,黄骅港潜堤延伸后,原口门附近 S4 点最大横流由现状条件下的 0.5m/s 减小到 0.36 ~ 0.39m/s,潜堤延伸长度以及单堤延伸、双堤延伸对该位置最大横流影响不大。

潜堤延伸长度不同,新口门位置不同。方案 2 新口门位于 –7m 等深线位置,最大横流流速 0.3m/s;方案 3 和方案 4 新口门均位于 –8m 等深线位置,最大横流流速 0.38m/s;方案 5 新口门位于 –9m 等深线位置,最大横流流速 0.48m/s;方案 6 新口门位于 –9m 等深线位置,最大横流流速 0.48m/s;方案 7 新口门位于 –9m 等深线位置,最大横流流速 0.48m/s。

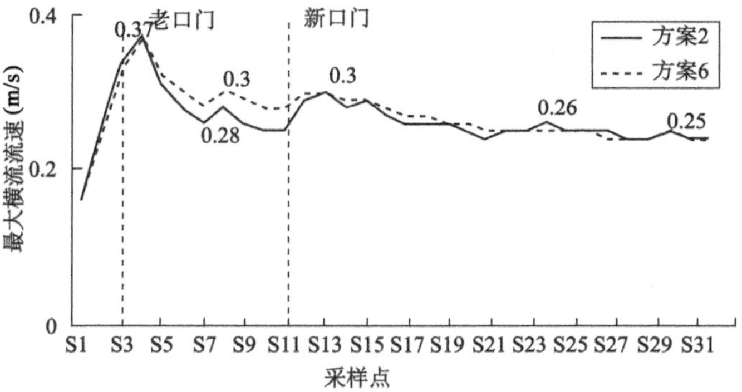

图 5.3-18 方案 2、6 航道采样点最大横流分布

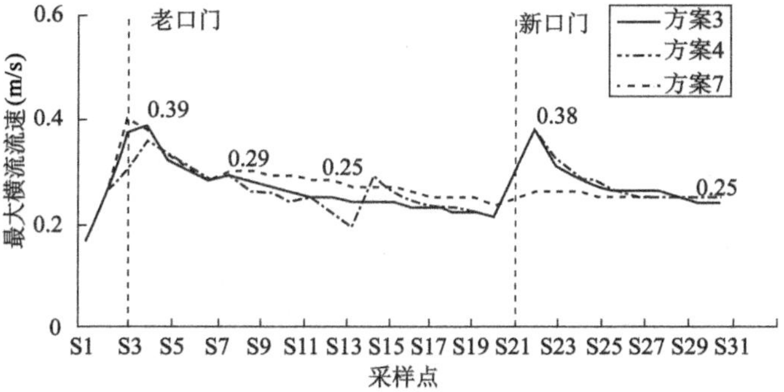

图 5.3-19 方案 3、4、7 航道采样点最大横流分布

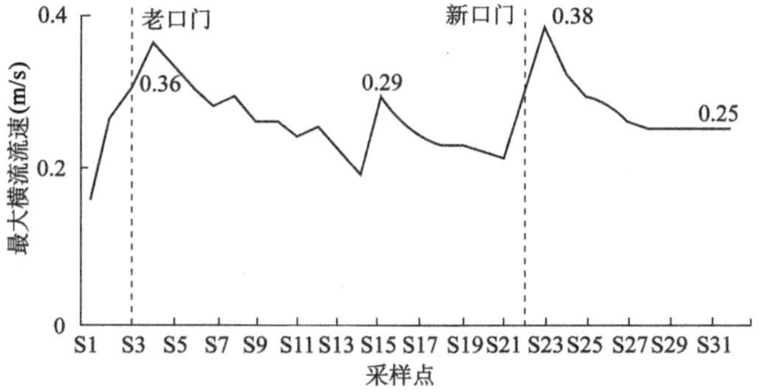

图 5.3-20 方案 5 航道采样点最大横流分布

3）口门附近流场特征

如图 5.3-21 所示，黄骅港防沙潜堤延伸后，口门处流向均有所偏转，一部分横向穿越航道，一部分进入航道内部；与现状情况相比，口门区域流速均略有增大。从垂向断面流速分布看，水流在穿越潜堤的过程中，由于过水断面的减小，流速均有所增大，这也是平面流场图中潜堤上流速较大的原因；水流进入航道后水流均呈

减小趋势，特别是航道底部流速较小；潜堤延伸后新口门更靠近外海，与老口门相比，此处航道浚深减小，垂向断面流场中航道内、外流速差异进一步减小。

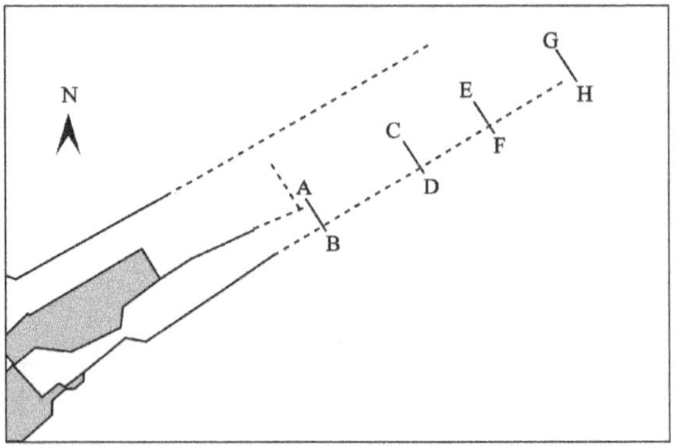

图 5.3-21　口门截取断面示意图（以方案 5 为例）

方案 2 ~ 方案 7 新、老口门横断面涨、落潮某时刻流场图分别如图 5.3-22 ~ 图 5.3-27 所示。

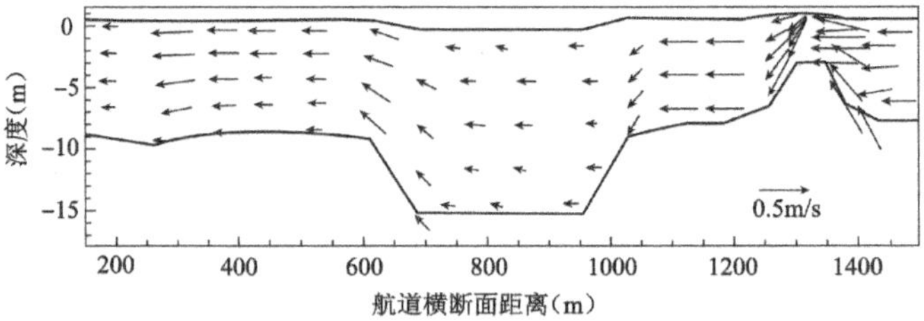

a) 涨潮(A-B)

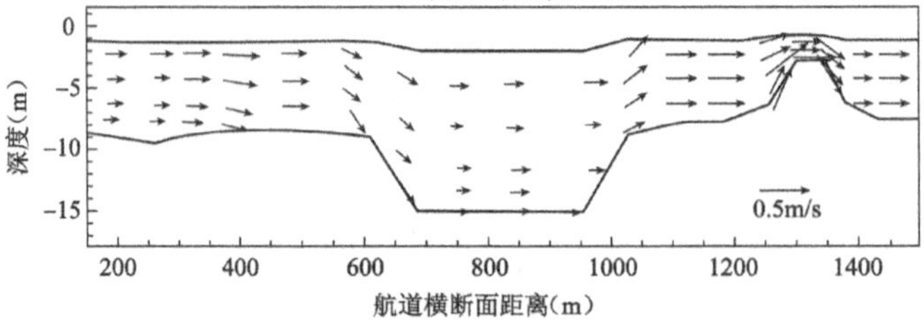

b) 落潮(A-B)

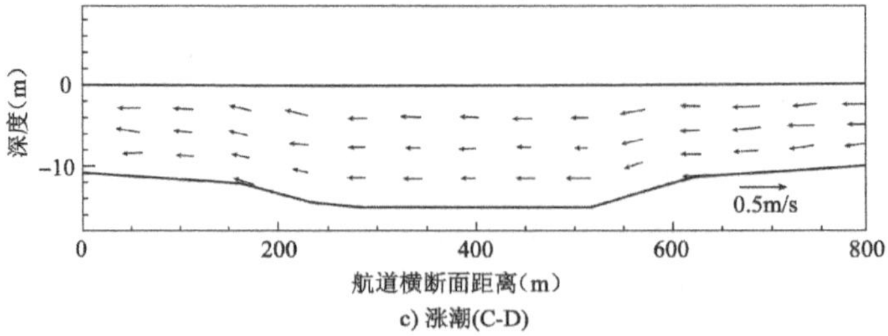

c) 涨潮(C-D)

图　5.3-22

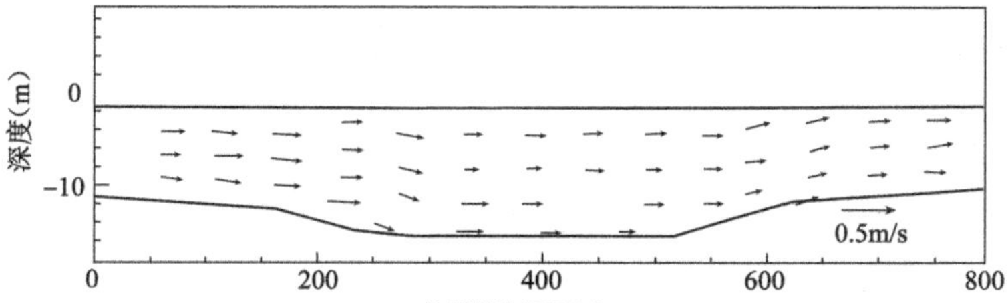

d) 落潮(C-D)

图5.3-22　方案2新、老口门横断面涨、落潮某时刻流场图(从岸向外海看)

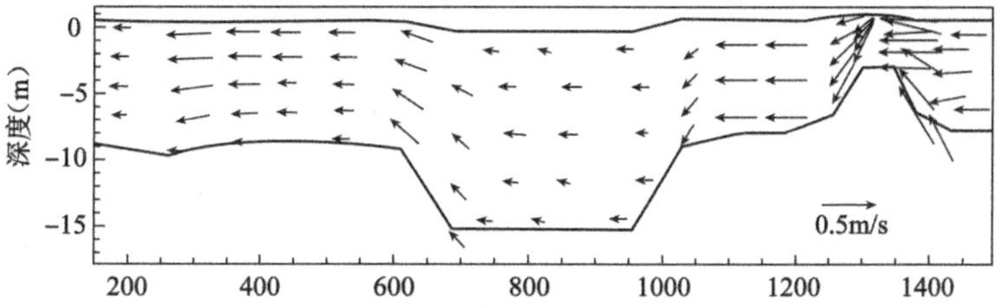

a) 涨潮(A-B)

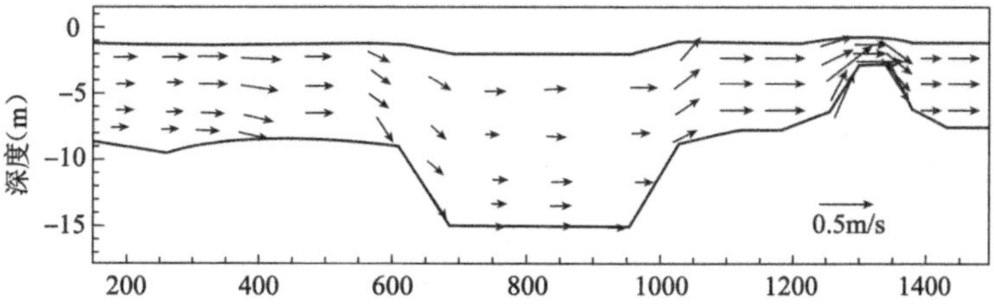

b) 落潮(A-B)

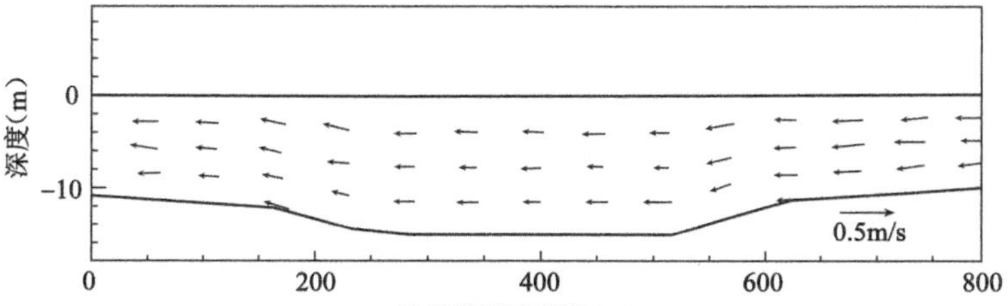

c) 涨潮(E-F)

图　5.3-23

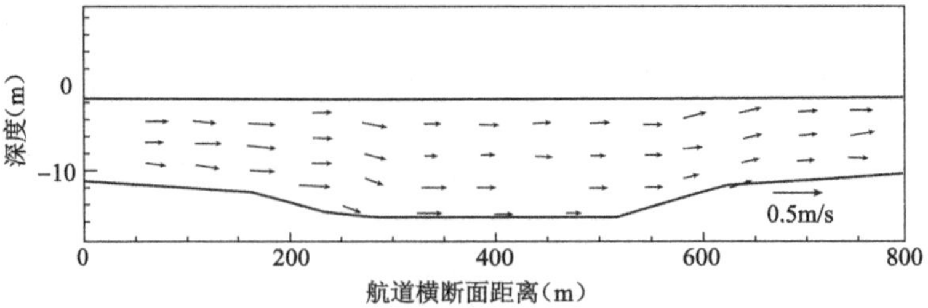

d) 落潮(E-F)

图 5.3-23　方案 3 新、老口门横断面涨、落潮某时刻流场图(从岸向外海看)

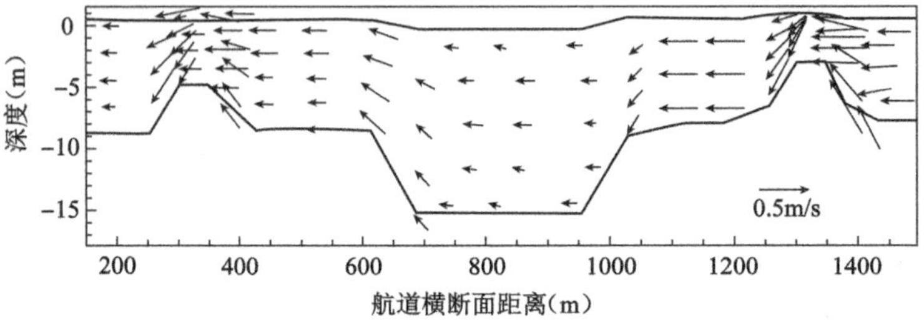

a) 涨潮(A-B)

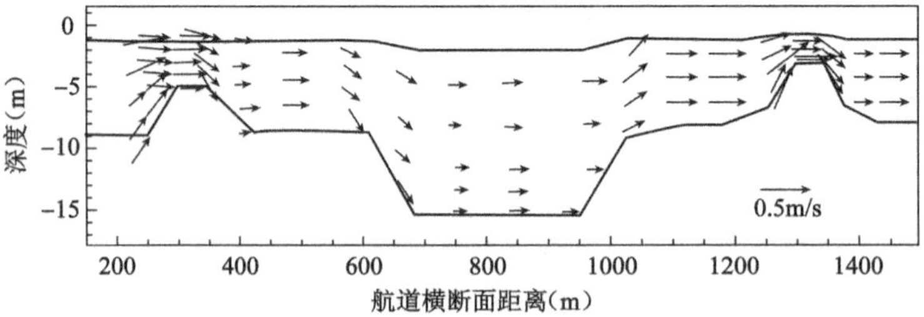

b) 落潮(A-B)

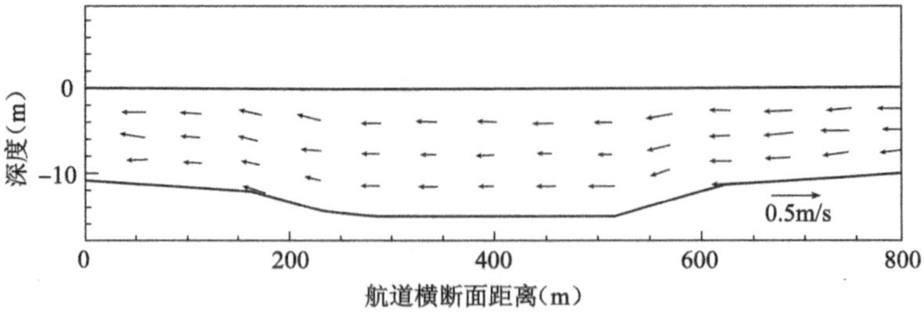

c) 涨潮(E-F)

图　5.3-24

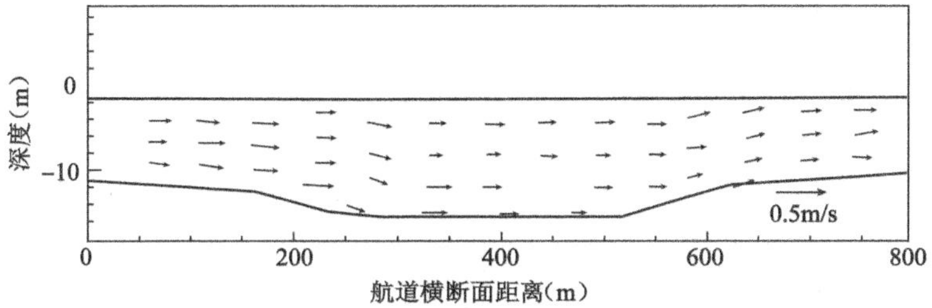

d) 落潮(E-F)

图 5.3-24 方案 4 新、老口门横断面涨、落潮某时刻流场图(从岸向外海看)

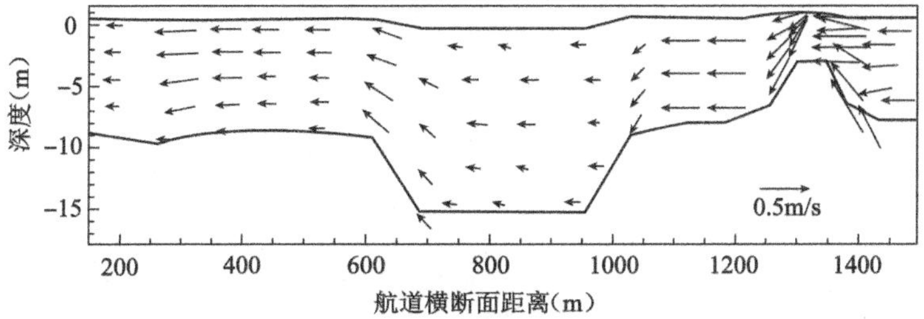

a) 涨潮(A-B)

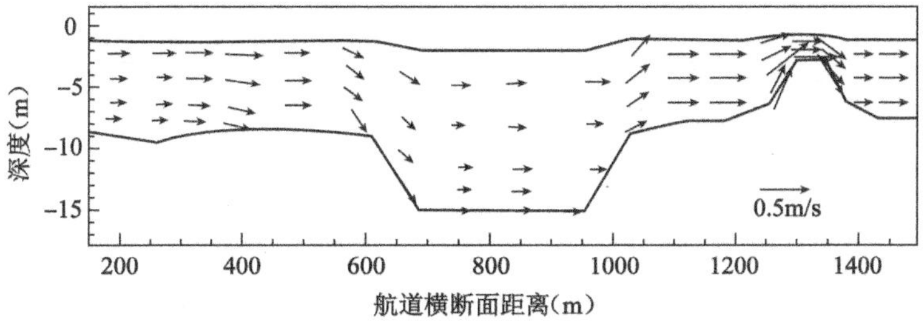

b) 落潮(A-B)

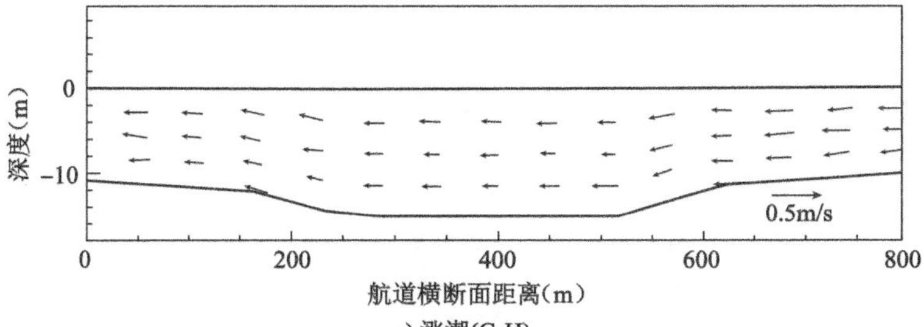

c) 涨潮(G-H)

图 5.3-25

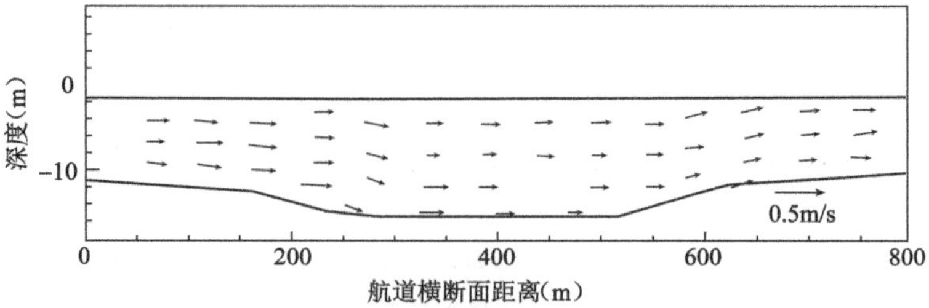

d) 落潮(G-H)

图 5.3-25　方案 5 新、老口门横断面涨、落潮某时刻流场图(从岸向外海看)

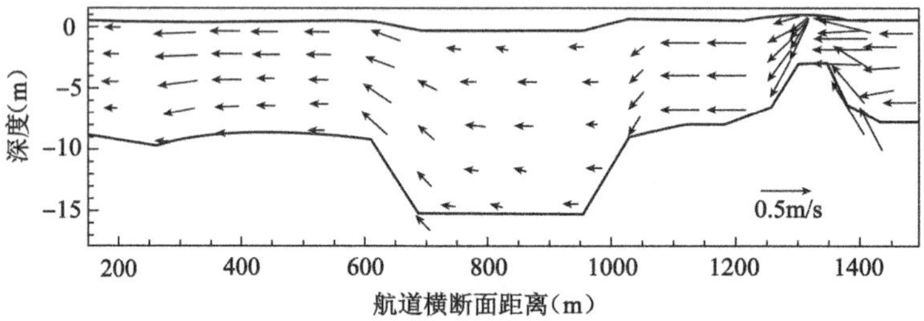

a) 涨潮(A-B)

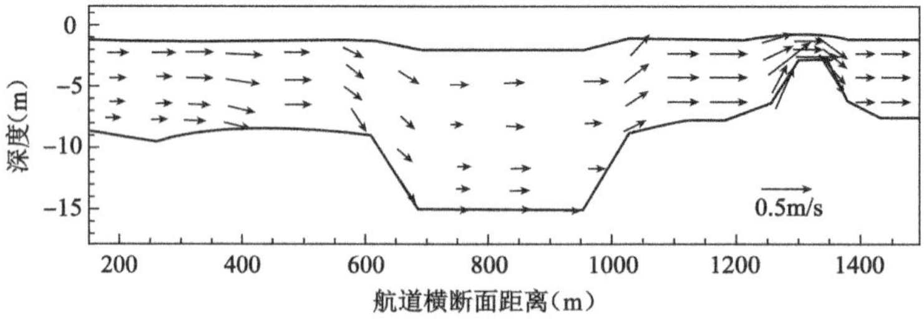

b) 落潮(A-B)

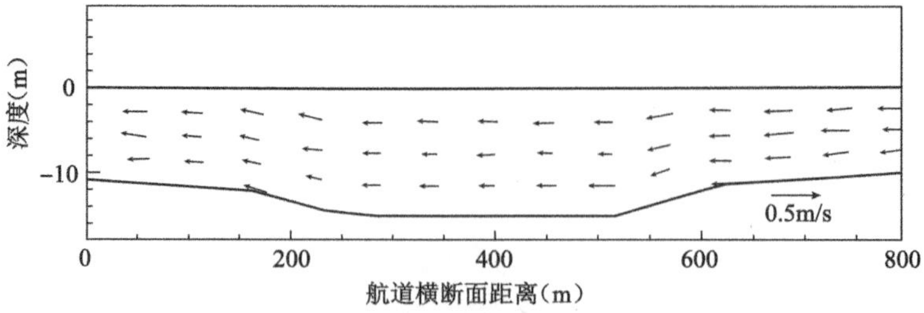

c) 涨潮(C-D)

图　5.3-26

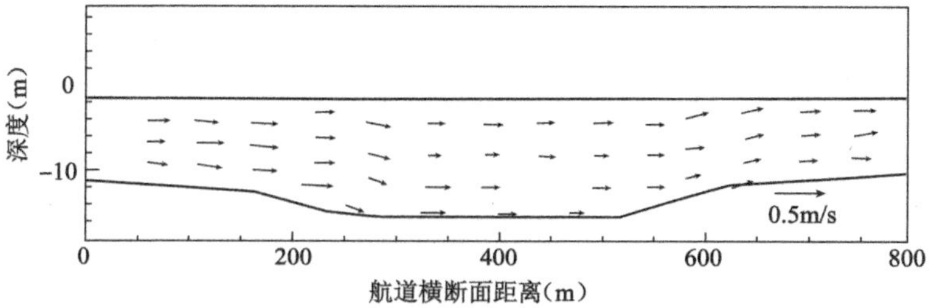

d) 落潮(C-D)

图 5.3-26 方案6 新、老口门横断面涨、落潮某时刻流场图(从岸向外海看)

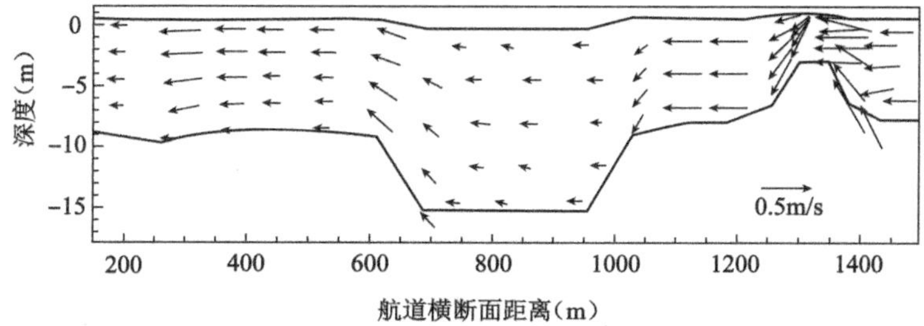

a) 涨潮(A-B)

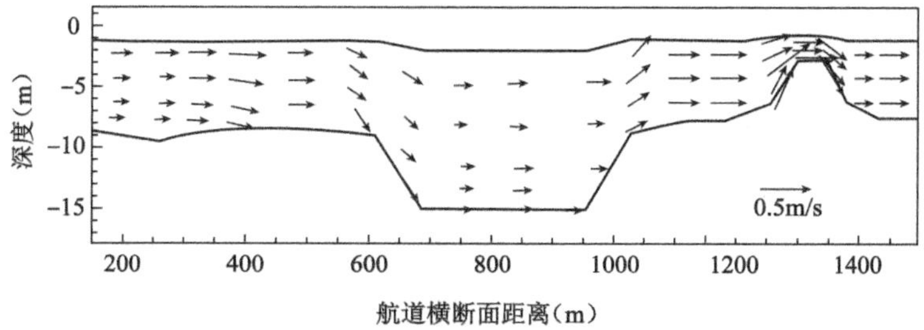

b) 落潮(A-B)

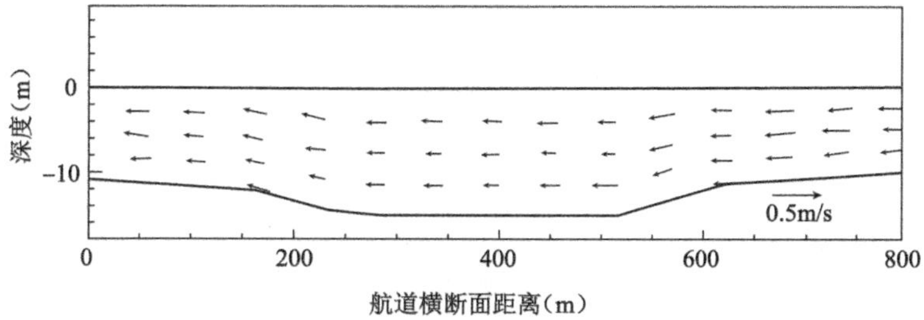

c) 涨潮(E-F)

图 5.3-27

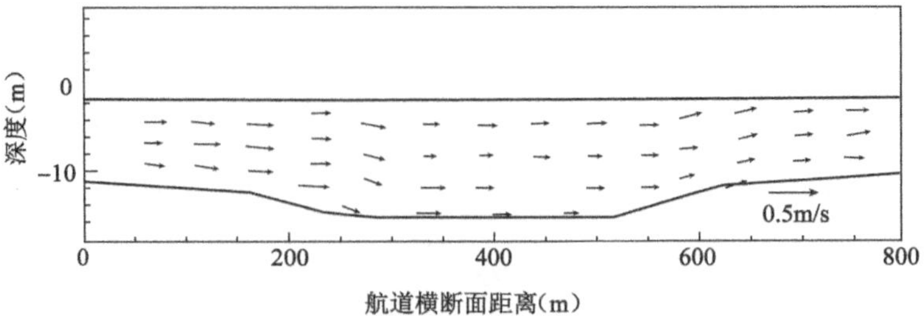

d) 落潮(E-F)

图 5.3-27　方案 7 新、老口门横断面涨、落潮某时刻流场图(从岸向外海看)

5.3.2.3　泥沙骤淤预测

方案 2～方案 7 实施后,黄骅港航道骤淤情况如图 5.3-28 和表 5.3-3 所示。

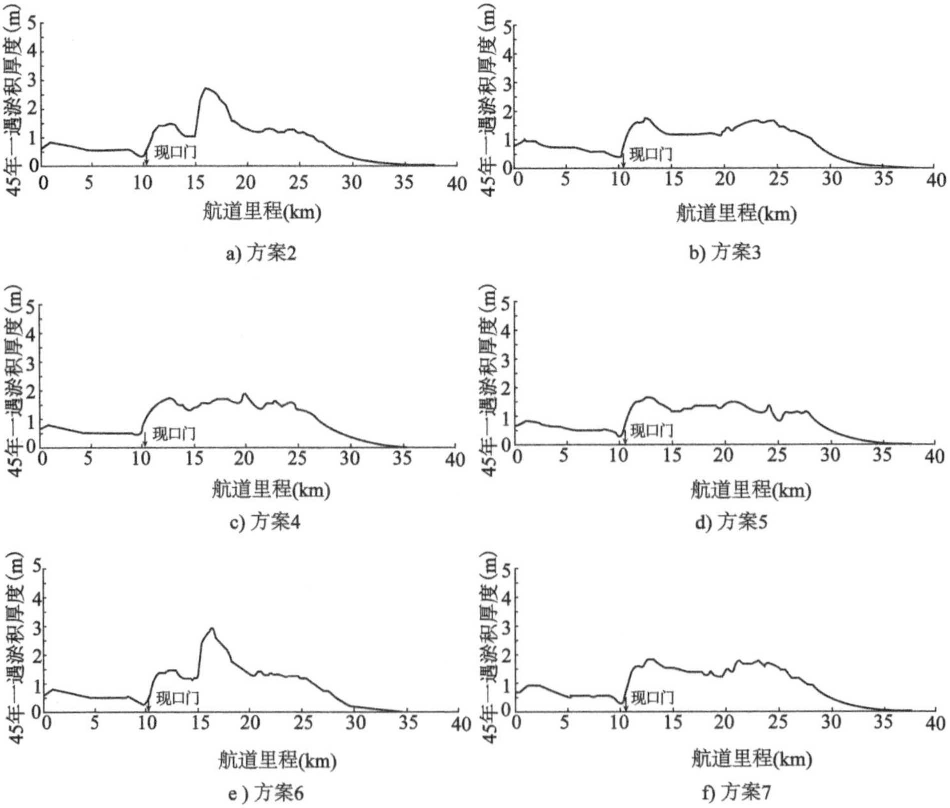

图 5.3-28　各方案淤积厚度分布(45 年一遇大风骤淤)

方案 2～方案 7 骤淤量统计（45 年一遇，单位：万 m^3） 表 5.3-3

方案	区段			
	老口门以内	新建潜堤段	新口门以外	全航道
方案 2	225	183（−6～−7m 水深）	579（−7m 水深以外）	987
方案 3	217	356（−6～−8m 水深）	387（−8m 水深以外）	960
方案 4	186	346（−6～−8m 水深）	385（−8m 水深以外）	917
方案 5	192	492（−6～−9m 水深）	190（−9m 水深以外）	874
方案 6	227	186（−6～−7m 水深）	584（−7m 水深以外）	997
方案 7	219	380（−6～−8m 水深）	372（−8m 水深以外）	971

方案 2 实施后，黄骅港 5 万 t 级双向航道遭遇 45 年一遇大风骤淤后，航道总淤积量为 987 万 m^3，最大淤积厚度 2.7m，位于 W16 +000 处。

方案 3 实施后，黄骅港 5 万 t 级双向航道遭遇 45 年一遇大风骤淤后，航道总淤积量为 960 万 m^3，最大淤积厚度 1.83m，位于 W12 +500 处。

方案 4 实施后，黄骅港 5 万 t 级双向航道遭遇 45 年一遇大风骤淤后，航道总淤积量为 917 万 m^3，最大淤积厚度 1.77m，位于 W20 +000 处。

方案 5 实施后，黄骅港 5 万 t 级双向航道遭遇 45 年一遇大风骤淤后，航道总淤积量为 874 万 m^3，最大淤积厚度 1.74m，位于 W12 +500 处。

方案 6 实施后，黄骅港 5 万 t 级双向航道遭遇 45 年一遇大风骤淤后，航道总淤积量为 997 万 m^3，其中现口门以内 227 万 m^3，现口门至新口门（−7m 水深处）186 万 m^3，−7m 天然水深以外 584 万 m^3，最大淤积厚度 3.08m，位于 W16 +500 处。

方案 7 实施后，黄骅港 5 万 t 级双向航道遭遇 45 年一遇大风骤淤后，航道总淤积量为 971 万 m^3，其中现口门以内 219 万 m^3，现口门至新口门（−8m 水深处）380 万 m^3，−8m 天然水深以外 372 万 m^3，最大淤积厚度 1.89m，位于 W13 +000 处。

5.3.2.4 潜堤延伸长度分析

将上述各方案的预测结果统计汇总于表 5.3-4 和图 5.3-29 中，可得出以下结论：

（1）潜堤延伸工程不会对大范围流场产生影响，仅工程局部区域水流条件有所改变。

(2)潜堤延伸后不存在明显的沿堤流。

(3)潜堤延伸后,航道内最大横流由现状情况下的0.5m/s减小到0.37~0.4m/s。

(4)潜堤工程实施后,骤淤厚度均有较为明显的减小。

(5)在综合港区防沙堤建设至-8m深前提下,45年一遇骤淤-7m方案(方案2)比-8m和-9m方案(方案3和方案5)最大骤淤厚度大0.87~0.96m,而-8m方案与-9m方案相差不大。

(6)较单潜堤延伸形式而言,双潜堤延伸形式减淤效果没有明显的增加。

(7)若综合港区防沙堤仅建设至-7m深位置,黄骅潜堤延伸至-7m方案(方案6)45年一遇骤淤最大淤积厚度明显大于-8m方案(方案7)。

(8)综合考虑,黄骅港潜堤单堤延伸至-8m深位置(方案3)优于其他延伸方案。

潜堤延伸长度方案综合比较 表5.3-4

项目	方案						
	方案1	方案2	方案3	方案4	方案5	方案6	方案7
45年一遇最大骤淤厚度(m)	3.3	2.7	1.83	1.77	1.74	3.08	1.89
老口门以内淤积量(万m^3)	232	225	217	186	192	227	219
新建潜堤段淤积量(万m^3)	898	183	356	346	492	186	380
新口门以外淤积量(万m^3)		579	387	385	190	584	372
全航道淤积量(万m^3)	1130	987	960	917	874	997	971
45年骤淤减淤效果	—	13%	15%	19%	23%	12%	14%
最大横流流速(m/s)	0.5	0.37	0.39	0.38	0.39	0.37	0.40

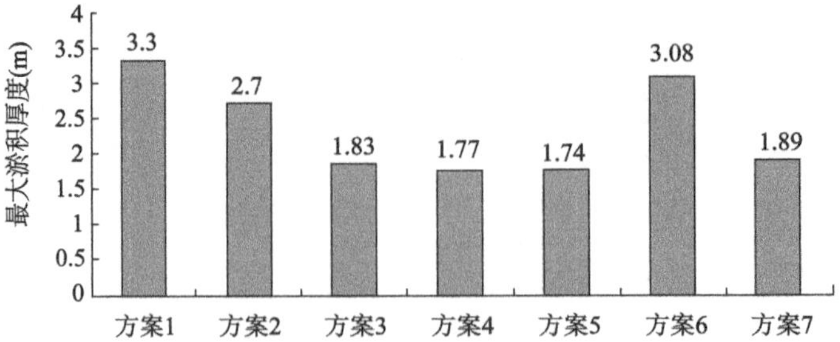

a) 各方案最大淤积厚度

图 5.3-29

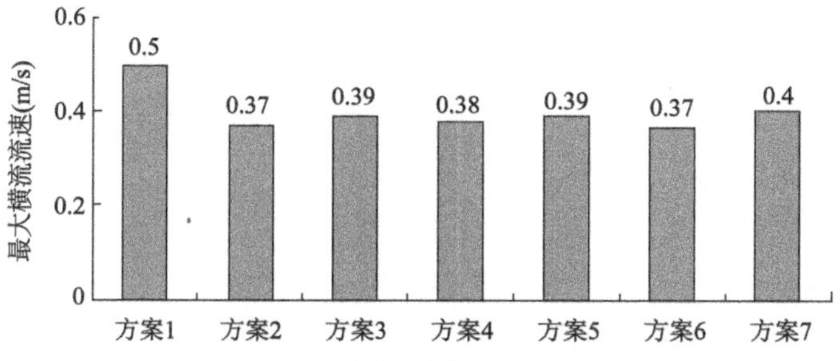

b) 各方案最大横流流速

图 5.3-29　各方案最大淤积厚度及最大横流流速比较

5.3.3　防沙堤合理高程研究

5.3.3.1　方案设置

为了与推荐方案(方案 3)进行比较,设置两种高度更小的潜堤方案,即方案 8 和方案 9,分别以 -2.5m 和 -4.0m 高度开始平行滩面向外海延伸至 -8m 等深线位置。另外,本研究还设置了一种堤顶相对较高的方案,即方案 10,将原有潜堤加高至 +3.5m(即理论最低潮位以上 3.5m),从原潜堤堤头开始高度逐渐降低,至 -8m 位置处时潜堤高度降低至 -1.0m。方案布置图如图 5.3-30 所示。

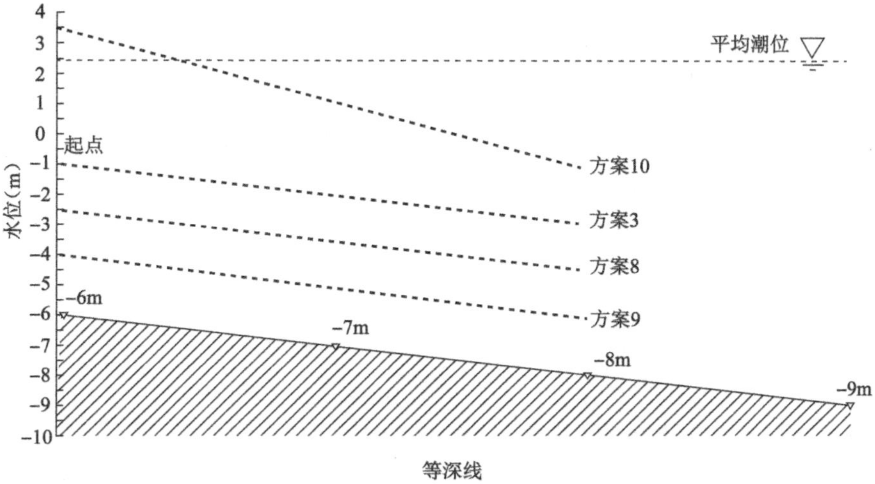

图 5.3-30　黄骅港延伸潜堤方案示意图

5.3.3.2 潮流试验结果及分析

方案8～方案10实施后涨、落急时刻航道流场如图5.3-31所示。图5.3-32给出了方案8～方案10实施后航道内特征点最大横流流速分布情况。比较方案3,可得出以下结论:

(1)潜堤高程降低后,工程区流场基本相同,而高程增加后流场有所改变;

(2)潜堤高程降低后航道最大横流流速依然在老口门位置(S4),横流流速有所增大,最大横流流速约为0.41m/s;

(3)潜堤高程增加后,航道内最大横流流速出现在新口门附近(S23),横流流速增强明显,最大横流流速为0.71m/s。

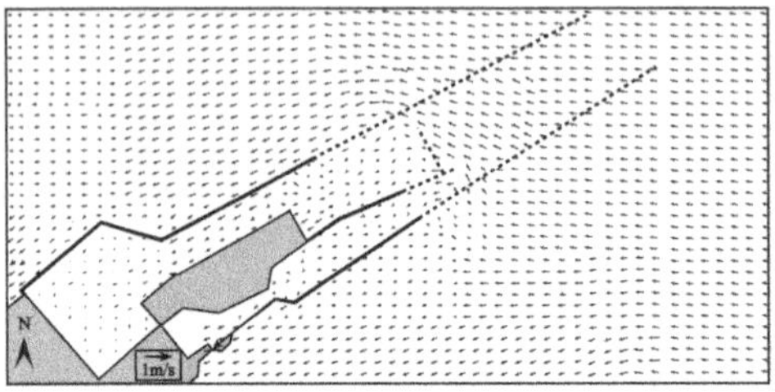

a) 方案8涨急时刻

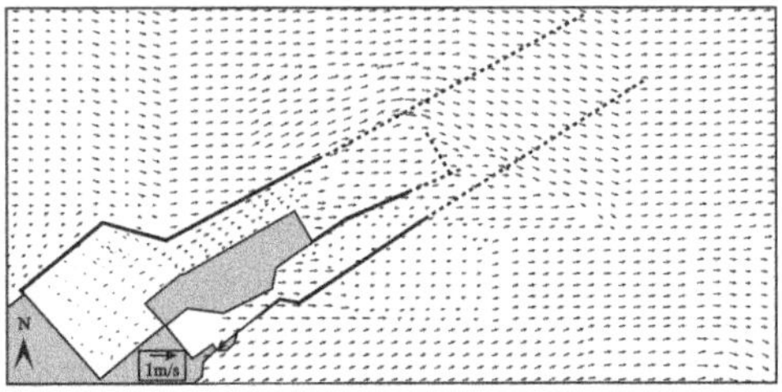

b) 方案8落急时刻

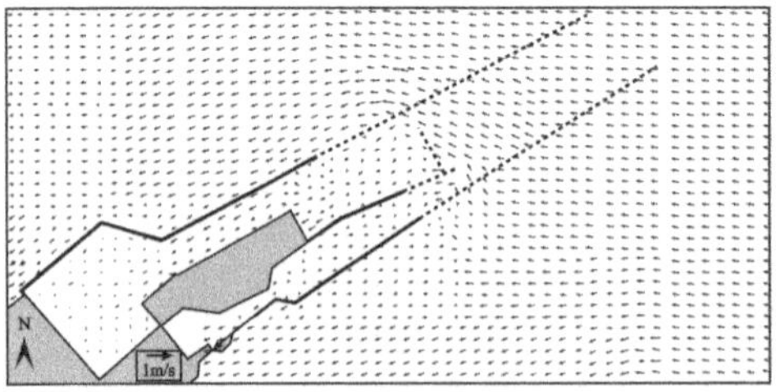

c) 方案9涨急时刻

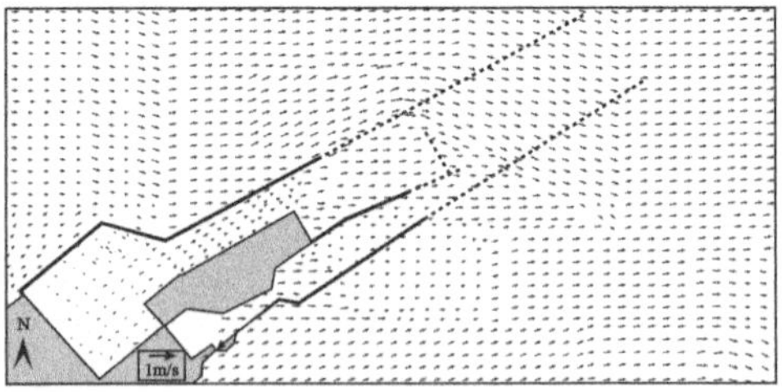

d) 方案9落急时刻

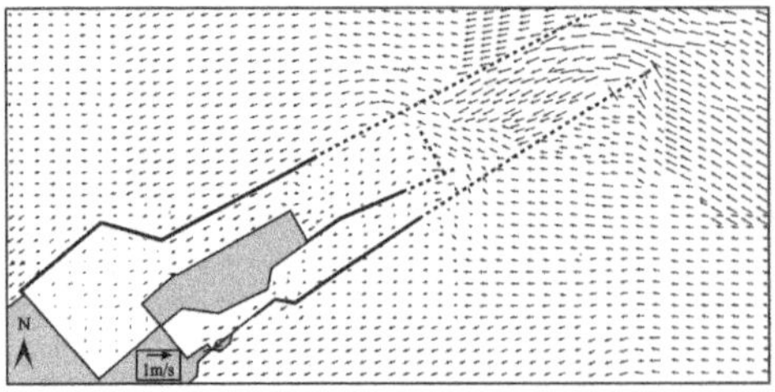

e) 方案10涨急时刻

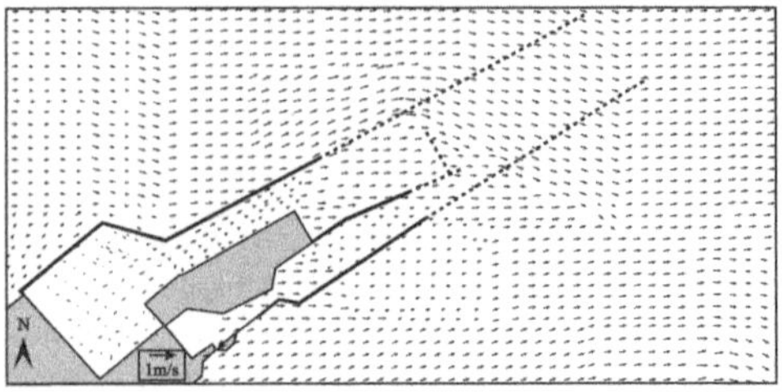

f) 方案10落急时刻

图5.3-31　方案8～10涨、落急时刻航道流场图

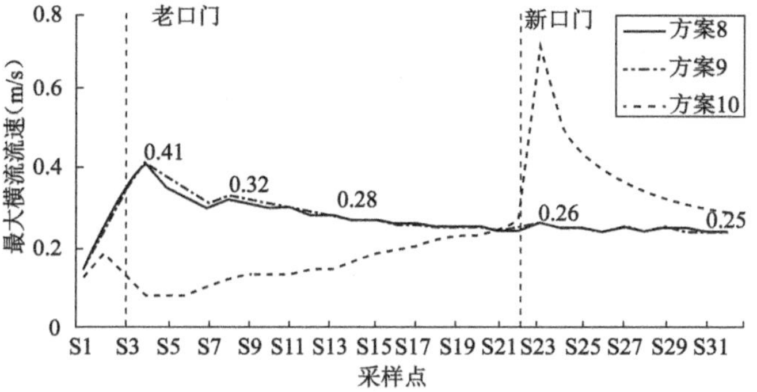

图 5.3-32　方案 8 ~ 10 航道采样点最大横流流速分布

5.3.3.3　泥沙淤积预测

方案 8 ~ 方案 10 实施后，黄骅港航道骤淤情况如图 5.3-33 和表 5.3-5 所示。

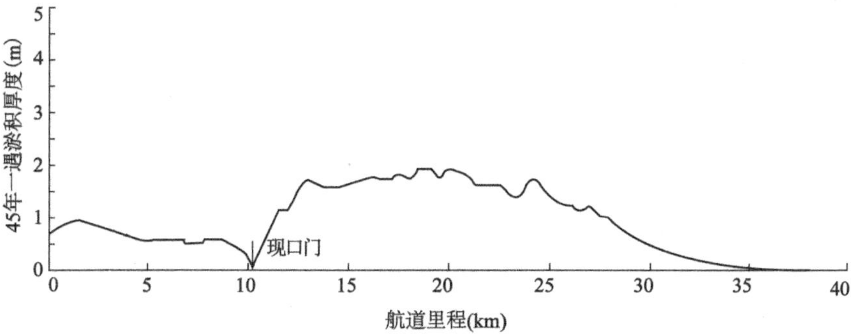

a) 方案8

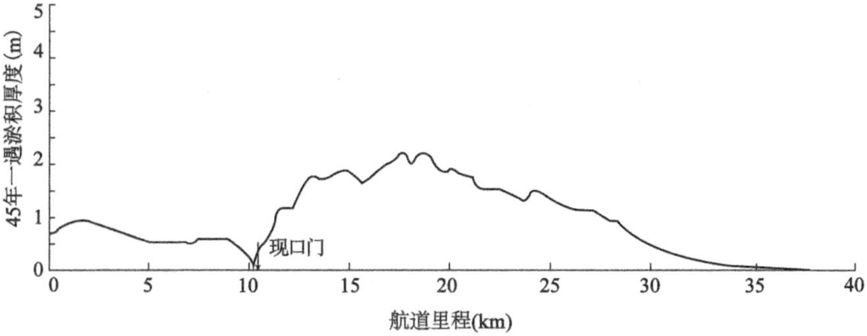

b) 方案9

图　5.3-33

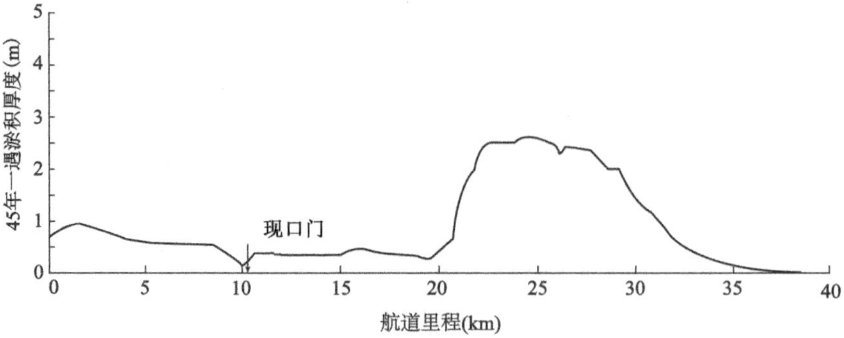

c) 方案10

图 5.3-33　方案 8 ~ 10 骤淤分布(45 年一遇大风骤淤)

方案 8 ~ 方案 10 骤淤量统计(45 年一遇大风骤淤,单位:万 m^3)　表 5.3-5

方案	区段			
	老口门以内	新建潜堤段 (-6m ~ -8m 水深)	-8m 水深以外	全航道
方案 8	223	397	373	993
方案 9	226	427	360	1013
方案 10	177	82	666	925

方案 8 实施后黄骅港 5 万 t 级双向航道遭遇 45 年一遇大风骤淤后,航道总淤积量为 993 万 m^3,最大淤积厚度 1.95m,位于 W19 +000 处。

方案 9 实施后黄骅港 5 万 t 级双向航道遭遇 45 年一遇大风骤淤后,航道总淤积量为 1013 万 m^3,最大淤积厚度 2.22m,位于 W18 +500 处。

方案 10 实施后黄骅港 5 万 t 级双向航道遭遇 45 年一遇大风骤淤后,航道总淤积量为 925 万 m^3,最大淤积厚度 2.62m,位于 W24 +500 处。

5.3.3.4　潜堤高度分析

将上述各方案的预测结果统计汇总于表 5.3-6 和图 5.3-34 中,可得出以下结论:

(1)降低潜堤高度(方案 8 和方案 9),仍然采用平行滩面方式延伸情况下,最大骤淤厚度有所增加,最大增加 0.39m,增加约 21%。

(2)采用更高高程防沙堤(方案 10),重点淤积区域有明显外移趋势,全航道骤淤总量较方案 3 略有减小,但堤头附近航道最大横流流速明显增加,为 0.71m/s。

(3)综合考虑,从现有堤头位置 -1m 高度开始平行滩面延伸方案(方案 3)优于其他方案。

潜堤高度方案综合比较　　表 5.3-6

项　目	方　案			
	方案 3	方案 8	方案 9	方案 10
45 年一遇最大骤淤厚度(m)	1.83	1.95	2.22	2.62
老口门以里淤积量(万 m^3)	217	223	226	177
新建潜堤段淤积量(万 m^3)	356	397	427	82
新口门以外淤积量(万 m^3)	387	373	360	666
全航道淤积量(万 m^3)	960	993	1013	925
45 年骤淤减淤效果	15%	12%	10%	18%
最大横流流速(m/s)	0.37	0.41	0.42	0.71

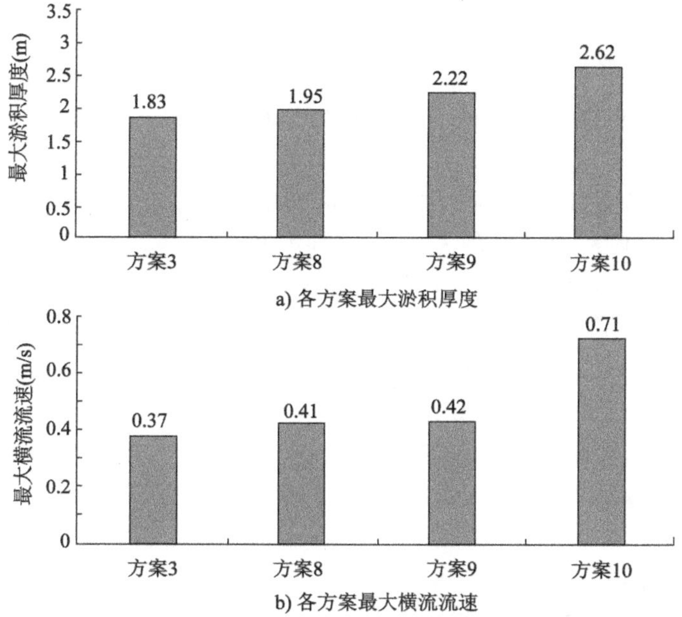

图 5.3-34　各方案最大淤积厚度及最大横流流速比较

5.4　潜堤减淤效果分析

5.4.1　数学模型试验研究结论

(1)潜堤延伸工程不会对大范围流场产生影响,仅工程局部区域水流条件有所改变。

(2)潜堤延伸后不存在明显的沿堤流。

(3)潜堤延伸后,航道内最大横流流速由现状情况下的0.5m/s减小到0.37~0.4m/s。

(4)潜堤工程实施后,最大骤淤厚度均有较为明显的减小。

(5)在综合港区防沙堤建设至-8m深的前提下,45年一遇骤淤-7m方案(方案2)比-8m和-9m方案(方案3和方案5)最大骤淤厚度大0.87~0.96m,而-8m方案与-9m方案相差不大。

(6)较单潜堤延伸形式而言,双潜堤延伸形式减淤效果没有明显的增加。

(7)若综合港区防沙堤仅建设至-7m深位置,黄骅潜堤延伸至-7m方案(方案6)45年一遇骤淤最大淤积厚度明显大于-8m方案(方案7)。

(8)在降低潜堤高度(方案8和方案9),仍然采用平行滩面方式延伸的情况下,最大骤淤厚度有所增加,最大增加0.39m,增加约21%。

(9)采用更高高程防沙堤(方案10),重点淤积区域有明显外移趋势,全航道骤淤总量较方案3略有减小,但堤头附近航道最大横流流速明显增加,为0.71m/s。

(10)综合考虑,从现有堤头位置-1m高度开始平行滩面延伸至-8m等深线位置方案(方案3)优于其他方案,为建议方案。

①如图5.4-1所示,从淤积量看,方案3建成后,黄骅港5万t级双向航道遭遇45年一遇大风骤淤后,航道总淤积量为960万m^3,最大淤积厚度1.83m;年总淤积量为1310万m^3,其中现口门以内239万m^3,现口门至-8m天然水深处686万m^3,-8m天然水深以外385万m^3。

②从减淤效果看,方案3实施后,黄骅港5万t级双向航道遭遇45年一遇大风骤淤后,最大淤积厚度下降1.47m,下降幅度45%,总淤积量减少170万m^3,减淤率为15%;平均年总淤积量减少460万m^3,总减淤率为26%,现口门以内减淤率41%,新掩护段减淤率29%。

(11)本工程没有改变大范围流场运动趋势,基本不改变综合港附近流场流态。防沙堤的延伸主要影响防沙堤两侧水流条件,而对综合港区影响较小,综合港区附近流速改变不大。综合港在建防沙堤位于航道北侧,本工程建成后将与综合港在建潜堤形成环抱掩护形式,对综合港区而言,本工程对减少其航道淤积是有利的。

(12)建议方案为:将南侧防沙堤从现有堤头位置-1m高度开始平行滩面延伸至-8m水深,堤头高度-3m。

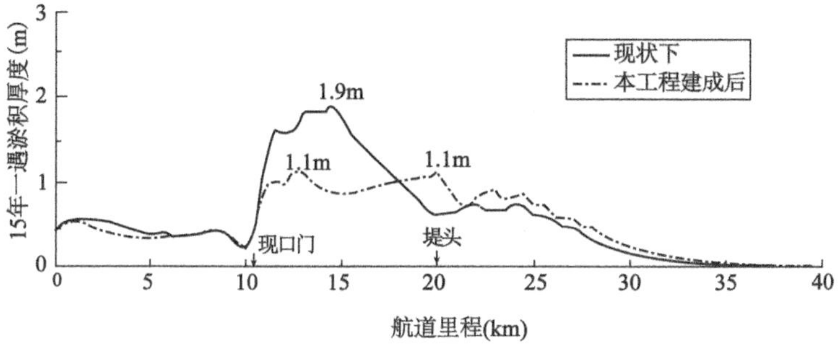

a) 15年一遇骤淤淤积厚度分布图(方案3)

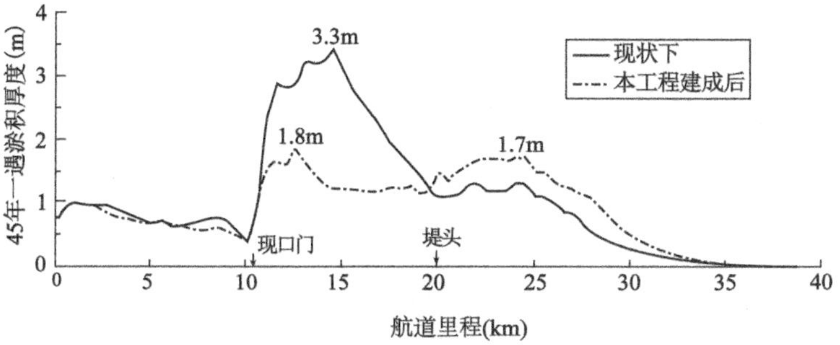

b) 45年一遇骤淤淤积厚度分布图(方案3)

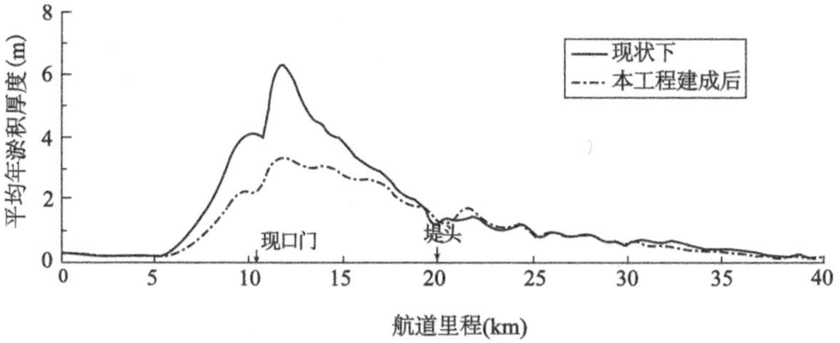

c) 平均年累计淤积厚度分布图(方案3)

图 5.4-1　推荐方案(方案 3)各淤积情况

5.4.2 综合港区实际减淤效果

综合港区航道设计航道为 20 万 t 级,航道设计水深约为 -19.0m,航道有效宽度约为 250m。综合港区 20 万 t 级航道 10 年一遇大风淤积分布图如图 5.4-2 所示,不同防沙堤长度下 20 万 t 级航道每公里减淤量如图 5.4-3 所示。

（1）年淤积情况：防沙堤双堤延伸到 -8m 时，全航道多年平均淤积量在 1400 万 m^3 左右，其中 -8m 水深以内 660 万 m^3 左右，掩护段以内减淤率为 40%（相对于口门位于 -6m 水深时），-8m 水深以外 740 万 m^3 左右。

（2）10 年一遇大风淤积情况：防沙堤双堤延伸至 -8m 水深后，20 万 t 级航道内最大淤积厚度 1m 左右，全航道淤积量为 580 万 m^3 左右，其中掩护段内 230 万 m^3 左右，掩护段 350 万 m^3 左右。

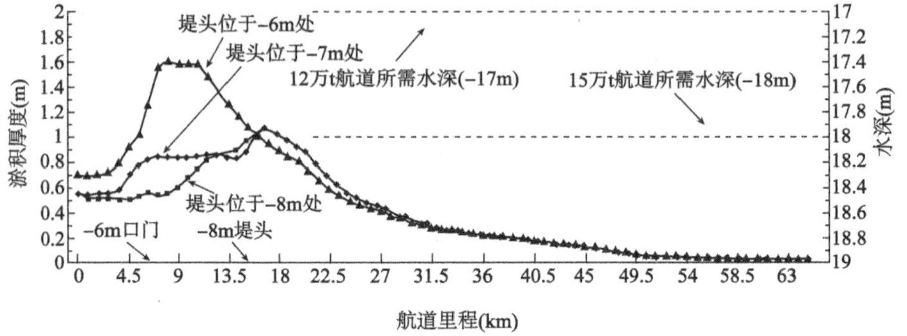

图 5.4-2　综合港区 20 万 t 级航道 10 年一遇大风淤积分布图

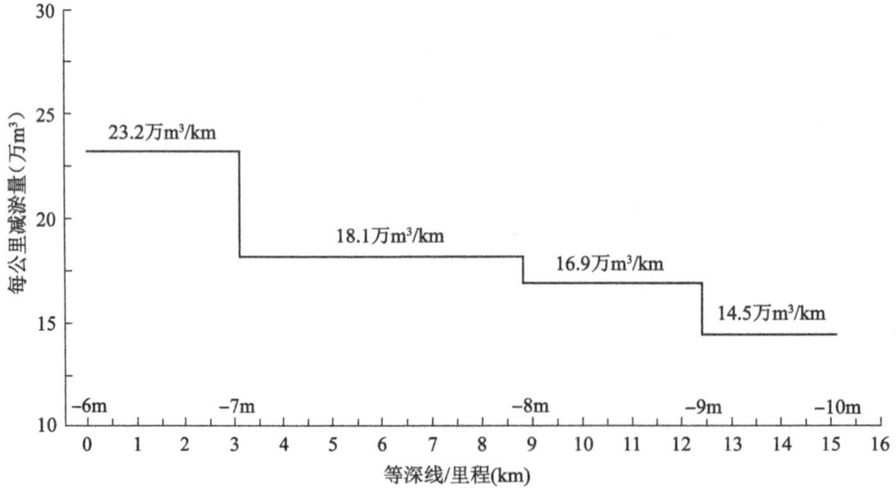

图 5.4-3　不同防沙堤长度下 20 万 t 级航道每公里减淤量(10 年一遇骤淤)

从淤积对比看，综合港区 20 万吨级航道双堤建成后减淤效果还是比较可观的，延堤可有效减小掩护段内淤积量。从北侧港口已有实测淤积对比，可以看出进一步延伸潜堤对降低航道回淤是有效的。

5.4.3 延伸潜堤的必要性和可行性

(1)整治工程对黄骅港航道的快速发展起到了决定性作用。

实践证明,黄骅港外航道采用延堤减淤和疏浚增深的方法取得了良好效果,外航道抗骤淤能力增强,减淤效果明显,淤积土的可挖性得到了根本改善,疏浚效率大为提高,航道水深稳步增大,达到了预期的整治目标。整治工程后黄骅港得到快速发展,煤炭运量迅速提升。黄骅港航道不断扩建,从最初的140m宽、-9.8m深、21km长,逐步提升到270m宽、-14.5m深、45km长。

(2)现阶段,大风骤淤仍是黄骅港航道通航安全的主要威胁,年疏浚维护任务仍十分繁重。

随着黄骅港航道的发展,大风骤淤对航道通过能力安全的威胁也悄然增加。近5年的实测数据表明,每年有4~5次100万m^3以上的大风淤积过程,年骤淤累计近1000万m^3。2009年11月8—12日遭受15年一遇大风骤淤,4天内造成回淤近900万m^3,局部段最大淤厚1.7m,全航道平均淤积近1m,航道通航水深从14.5m锐减至13m以下,风后3个月才将回淤土清完。每年累计仍有1500万~2000万m^3的回淤量。

(3)继续建设延堤工程是防范大风骤淤、保障生产最行之有效的措施。

对黄骅港泥沙淤积多年的研究和实践证明:“波浪掀沙,潮流输沙”是黄骅港泥沙运移的机理;“整治与疏浚相结合”是解决黄骅港航道淤积问题的根本措施;已有整治工程对解决黄骅港建设初期航道回淤的瓶颈问题起到了决定性作用。现阶段,提高航道抗骤淤能力,同时减轻港口疏浚维护量仍然是黄骅港航道发展过程中要解决的首要问题,继续建设延堤工程是必要和迫切的。

(4)延伸潜堤减淤技术上可行。

潜堤减淤实际条件和理论上有保证。黄骅港海域含沙量垂向分布差异明显,“上小下大”的特征尤为突出,底部悬沙所占比例较大。泥沙移动有悬沙、底部高浓度含沙水体和推移质三种形态,其中航道骤淤泥沙大部分由底部高浓度含沙水体和推移质造成,挡住底部泥沙可对航道形成很好的掩护。

潜堤减淤有工程实践可循。黄骅港整治工程出水前曾遭遇了6次大风,实际观测表明潜堤挡沙效果很好,减淤效果明显。综合港区为降低20万t级航道骤淤风险,建设完成南北两侧潜堤工程,大大降低了港口淤积量,黄骅港适时延伸南侧防沙堤,与之形成呼应,必将对外航道起到很好的掩护作用。

6 航道维护疏浚优化研究

6.1 问题的提出

黄骅港航道自建设以来一直存在大风骤淤影响通航和疏浚维护量大等问题。为解决上述问题,相关科研、设计、施工单位进行了一系列研究与探索,基本明确了黄骅港航道“波浪掀沙、潮流输沙”的淤积机理,采取“整治与疏浚相结合”的措施,实施了外航道整治工程。整治工程完工后取得了良好效果,航道逐步拓宽、加深,外航道抗骤淤能力增强,但是大风骤淤对航道通航安全的威胁始终存在。为避免出现航道碍航影响整个产业链运营的情况,采取常年不间断疏浚维护措施,并在非大风期开挖备淤水深,以提高航道备淤能力。近年来,黄骅港常年维护疏浚工程量达1200万~1800万 m^3,每年航道维护费用约3.5亿元,成本居高不下。可见,提高航道抗骤淤能力、降低疏浚维护成本仍然是黄骅港经营运行中要解决的重要问题。

近年来,黄骅港航道及周边工况条件发生了对航道疏浚有利的变化,主要为:

(1)经多年疏浚,2018—2021年航道水深处于历史最好时期,全航道平均水深达-15.4m,根据前期淤积规律研究针对性开挖备淤水深,航道备淤能力可抵御一场15年一遇大风。

(2)黄骅港航道周边的工程建设基本完成,其建设期间对煤炭港区航道的回淤影响消除,与邻近的综合港航道南北夹持,对航道形成很好的掩护作用。

(3)随着周边海域的大规模港口建设基本完成,其地形地貌逐渐趋于平衡,航道回淤量及分布、回淤物质特性等逐渐发生变化,回淤量有所减小,回淤物质粒径趋于细化。

(4)航道基建施工基本结束,全面转入维护疏浚施工,由于施工单位为港方下属合资公司,疏浚施工组织管理更加灵活,成本可控。

鉴于以上变化情况,根据航道现状,对航道沿程备淤深度及维护施工方案、航道维护疏浚量的计量标准及计量方式及大风后浮泥密度、分布、沉降及浮泥层利用开展进一步研究,以更好地实现“保通航、降成本”的目标。

6.2 黄骅港及周边基本情况

6.2.1 周边建设情况

黄骅港煤炭港区外航道整治工程自2005年完工后，除进行航道浚深拓宽施工外，未进行其他海域施工。项目周边陆续开工建设的滨州港海港港区、黄骅港综合港区航道与防沙堤的建设，改变了煤炭港区周边的形势。

6.2.1.1 黄骅港综合港区

1)10万t级航道及防沙堤

自2009年起，黄骅港北侧的综合港区开始开发建设，其起步工程建设1条10万t级单线航道，航道通航宽度210m、设计高程－14.5m、总长度44km，轴线距黄骅港煤炭港区航道轴线3.6km；为掩护码头及航道，分别建设了综合港区北防沙堤（长度20952m）和南防沙堤（长度2537m）。黄骅港综合港区防沙堤、10万t级航道布置图如图6.2-1所示。

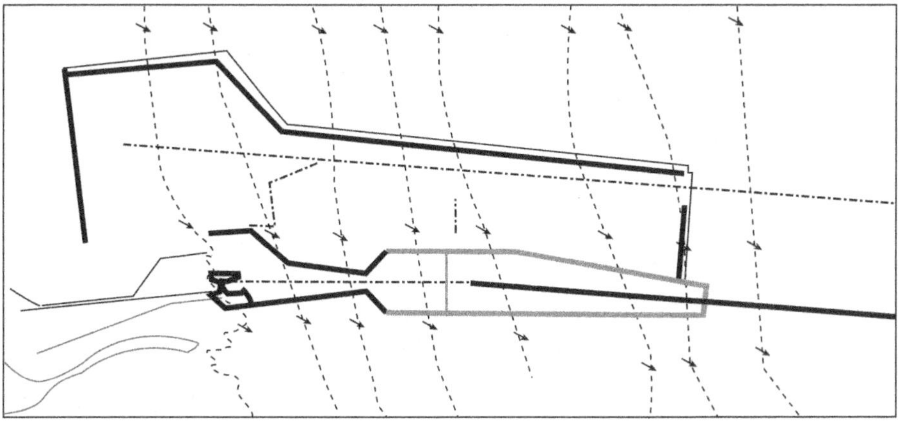

图6.2-1 黄骅港综合港区防沙堤、10万t级航道布置图

2)20万t级航道及防沙堤

综合港区起步工程10万t级航道投产后，其二期工程又扩建了20万t级航道，通航宽度250m、设计底高程－18.3m、航道长度56.8km。为掩护航道，在起步工程防沙堤头处向外各延伸8.8km防沙堤，堤头约－7.5m。黄骅港综合港区防沙堤、20万t级航道布置图如图6.2-2所示。

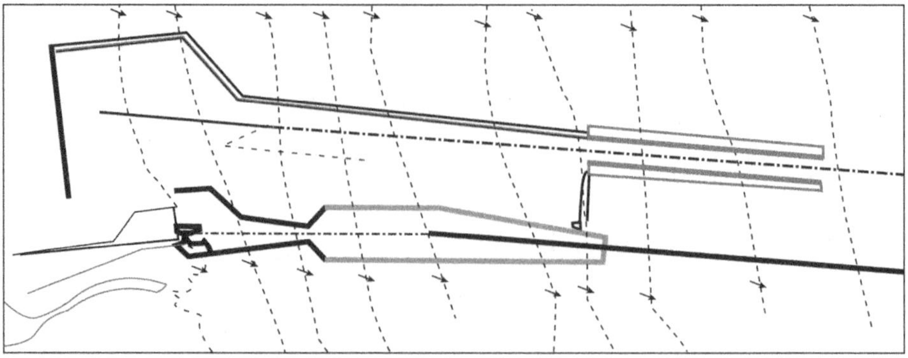

图 6.2-2　黄骅港综合港区防沙堤、20 万 t 级航道布置图

20 万 t 级航道防沙堤以先北堤后南堤的顺序分期分部建设，其中，北防沙堤自 2011 年建设到 2013 年建成，历时三年，分两期进行。一期工程为 2011—2012 年，首先延伸 4.4km 至 -7m 等深线；二期工程为 2012—2013 年，再次延伸 4.4km至 -8m 等深线。南防沙堤于 2018 年建成。两堤的分部建设，也为防沙堤的减淤效果提供了真实的数据对比。

(1)延伸北堤的减淤效果。

根据历年观测及分析结果：2013—2017 年，防沙堤延伸到 -8m 等深线后，年回淤量较不延堤减少 210 万 ~360 万 m^3，减淤率在 14% ~16% 之间。北防沙堤单堤建设后，其减淤效果明显，累计减淤量在 1000 万 m^3 以上，每年节省疏浚费用近亿元。

(2)延伸南堤的减淤效果。

2018 年南防沙堤建成，经过一年检验，结合数学模型试验其减淤效果分析如下：以现有北堤形式双堤延伸至 -8m 等深线后，从年回淤情况来看，其全航道总体减淤率在单堤减淤基础上提升约 11%，潜堤段在单堤减淤基础上提升约 28%。以现有北堤形式双堤延伸至 -8m 等深线后，从 10 年一遇回淤情况来看，其全航道总体减淤率在单堤减淤基础上提升约 9%，潜堤段在单堤减淤基础上提升约 23%。从这一年 20 万 t 级航道回淤量值看，双堤延伸防沙堤至 -8m 等深线后，其减淤量较单堤提升约 200 万 m^3。可见，双堤延伸较单堤减淤效果要好，但并非线性增加。

(3)延伸南堤对黄骅港港区的影响。

综合港区南防沙堤建成后，黄骅港航道附近的水流情况将会发生一定程度的变化，从而引起泥沙淤积分布的改变(图 6.2-3)。为了分析南防沙堤建设的影响，我们利用数学模型，在 2015 年 11 月大风淤积的基础上进行分析。根据计算结果，从水流情况看，黄骅港航道在综合港区新建潜堤对应段(黄骅港航道的

W10 +000 ~ W20 +000 段）流速呈减小趋势；从回淤情况看，航道 W10 +000 ~ W15 +000 附近淤积量有所增大，W15 +000 ~ W20 +000 附近淤积量有所减小，但整个港区在本场大风影响下的回淤总量未见增加。总体来说，综合港南堤的建设对黄骅港航道水流及泥沙回淤基本无不利影响。

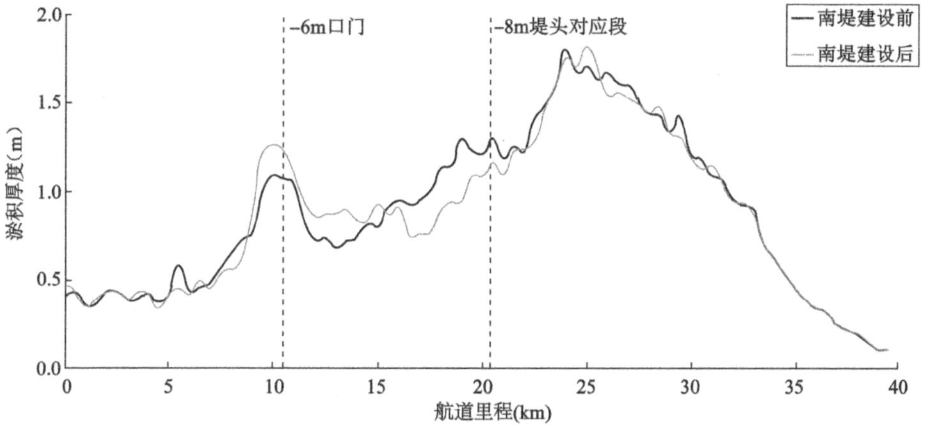

图 6.2-3　综合港区南堤建设前后黄骅港航道大风淤积厚度分布(2015 年 11 月)

6.2.1.2　滨州港海港港区

滨州港海港港区航道等级为 3 万 t 级杂货船单线航道，通航宽度 130m，设计底高程 -10.5m，航道自 -5.5m 水深延伸至 -10.4m 水深处，航道长度 10.056km，轴线方位角 N244.5° ~ N64.5°。滨洲港海港港区防沙堤、3 万 t 级航道布置图如图 6.2-4 所示。

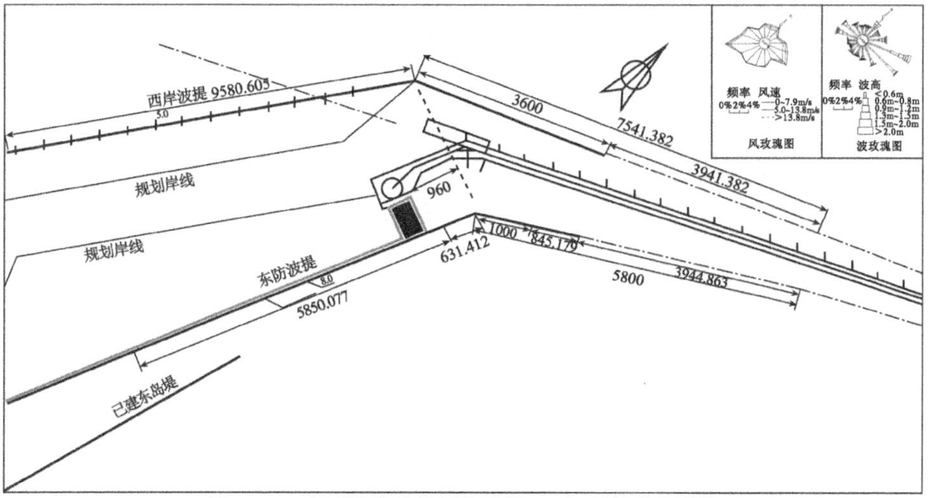

图 6.2-4　滨州港海港港区防沙堤、3 万 t 级航道布置图

为对航道和码头形成较好的掩护，航道及港区两侧建设了东西两道防沙堤，堤头位于－6.5m水深处，口门宽度1.5km。其中，西防沙堤总长13180.605m，堤顶高程5.5m；东防沙堤总长8326.67m，其中端部的845.179m堤顶高程由－3.5m渐变至－1.0m，其余堤顶高程均为5.5m。

滨州港防沙堤的建成一定程度上影响了渤海湾南侧泥沙移动，渤海湾南岸泥沙移动整体上呈现自南向北移动的趋势；同时本区域为温带季风气候，春、秋季节大风较多，在盛行的N～NE～E向大风影响下，黄骅海域的风浪较强，使得该水域悬沙浓度极高，悬沙随水流移动；滨州港防沙堤的建设一定程度上阻挡了渤海湾南岸泥沙的向北运移，但特定条件下的堤头挑流会使部分悬沙运移至黄骅港航道的中部区域，造成该区域淤积较重。

研究人员通过数学模型对黄骅港海域2015年11月大风作用下的流场和泥沙场情况进行了模拟，如图6.2-5、图6.2-6所示。从模拟结果来看，受大风环流和滨州港大堤挑流的影响，黄骅港航道在－8m等深线位置处流速较大，对应的水体含沙量也较高，当进入航道后开始落淤，形成较为明显的淤积。另外，在整个大风期间，黄骅港处的水流基本保持由南向北的运动特征，落潮流不明显，泥沙运移整体上呈现自南向北移动的趋势。

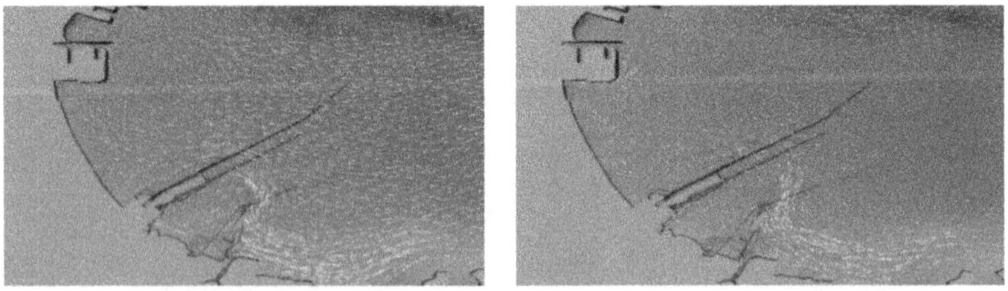

a) 涨潮　　　　b) 落潮

图6.2-5　风暴潮期间近海流场图(2015年11月)

图6.2-6　风暴潮期间近海泥沙移动趋势图(2015年11月)

另外，利用遥感卫星图片对黄骅港海域的含沙量场分布情况进行了反演，从遥感卫星图片的反演结果（图6.2-7）上来看，黄骅港海域的悬沙分布具有明显的几个特点：

（1）就整个海域而言，横向上由岸至海，不论潮型、风况等因素如何不同，该海域含沙量均呈现从近岸至外海递减的趋势，具有明显的层次性；沿岸线走向，黄骅港航道南侧的含沙量总体上比北侧要大；特别是近岸区比黄骅港北侧海域含沙量明显要大。

（2）风浪对黄骅港附近海域悬沙分布的总体变化起着决定性作用，在无风或小风天时，港口附近海域含沙量较低，沿岸高含沙带宽度较窄；而在风浪比较大的天气下，沿岸高含沙带则明显变宽，在涨落潮流和波浪的作用下，悬沙向外海和其他地区扩散进而影响至外航道。

（3）距港口南侧22km的套尔河口水域含沙量较高，特别是在风浪作用下，该区域高含沙量影响范围较大。此外，滨州港的长堤有明显的挑流作用，在风吹流、沿岸流、潮流、河口射流的综合作用下，特别是在偏S风作用下，影响到黄骅港海域航道的淤积。

a) 大潮落潮末期，6级风，E~SE向

b) 大潮涨潮初期，6级风，W向

c) 大潮涨潮初期，6级风，NNE向

图6.2-7 黄骅港海域悬沙遥感卫星图片

6.2.2 黄骅港航道基本情况

6.2.2.1 外航道整治工程时确定的标准

黄骅港一期工程码头由防沙堤掩护，南北防沙堤堤头位于 -2.5m 水深处(其中北堤 5583m，南堤 4031m，防沙堤顶高程根据掩护波浪和泥沙的不同功能，以 -1.8m 水深为界，分为 5.2m 和 4.2m)，形成了一个泊稳条件良好的港池水域。进港航道按 5 万 t 级单线航道标准设计，航道底高程为 -12.3m，设计航道宽度 140m、航道长约 36.5km、轴线方位为 N235° ~ N55°。

在施工过程中，黄骅港发生重大淤积，口门处形成的回淤土疏浚困难，为保证一期工程顺利投产，航道自外航道 W3 +000 处向南偏转 4.5°，调整后的航道轴线走向为 N239.5° ~ N59.5°。

为彻底解决黄骅港外航道泥沙淤积问题，启动了"黄骅港外航道整治工程"，在一期防沙堤外建设了南北两道防沙堤(其中北防沙堤长度 10.905m，南防沙堤长度 10.727m)，堤头位于 -6m 水深处，形成口门宽度 1000m。

在建港过程中，结合黄骅港航道遇到的问题和基本情况，确定了一系列基本标准。

1)重现期标准

通过对不同重现期泥沙淤积量的保证率、不同重现期骤淤量的分布等角度分析得知，10 年一遇骤淤均是个转折点，从减少淤积的角度来讲，整治工程以防御重现期 10 年以内骤淤为标准，是比较经济的。同时从黄骅港近 27 年的"大风淤积累计频率"曲线可见安全度较高。因此，确定外航道整治工程的重现期标准为 10 年一遇。

2)通航标准

为了减少初期投资规模，对防沙堤建设规模进行调整，在确保一、二期工程通过能力(6500 万 t)的前提下，适当降低整治标准，以控制初期投资。外航道整治工程完成后，要确保航道具备 6500 万 t 煤炭的年通过能力，设计中利用数学模型对实际的港航系统进行了动态模拟，分析了 3.5 万 t 级航道、5 万 t 级航道港口运转状态技术指标，确定了航道设计标准为 5 万 t 级，整治标准为 3.5 万 t 级。

3)整治标准

黄骅港航道的整治标准为"在相当于年最大骤淤重现期 10 年一遇情况下，能保证 3.5 万 t 级煤船不碍航满载乘潮出港需求，即航道通航水深 -9.8m；经维护性疏浚后，满足 5 万 t 级煤船满载乘潮出港需求，航道通航水深为 -11.5m。整治工程年最大骤淤重现期为 10 年，并以减少航道年总淤积量为目标"。

6.2.2.2 航道设计参数

黄骅港航道整治工程在一期防沙堤的基础上新建了南北各长约 10.5km 的防沙堤，堤头从 -2.5m 等深线外移至 -5.5m 等深线附近，口门宽度 1000m。工程竣工后，航道抵御骤淤的能力大大提高，且常年回淤量也大大减少。航道总长 44km，已经全线疏浚到 -14.0m（口门附近为 -15.0m），航道宽度为 270m（口门附近 290m），可满足 5 万 t 级船舶双向和 7 万 t 级船舶单向满载航行的需求。

6.2.2.3 航道设计船型

黄骅港主要运输货种为煤炭、散杂货船和原油，其中运输煤炭的散货船以 3.5 万 ~7 万 t 级为主，最大到 10 万 t 级；油品船最大到 5 万 t 级。

6.2.2.4 沿程备淤深度

《黄骅港煤炭港区 5 万 t 级重载双向航道工程初步设计》中，航道设计通航底高程 -13.6m，其中，除口门段的全航道设计底高程高 -14.0m，备淤深度 0.4m，另口门段（W9 +000 ~ W14 +000）取 -15.0m，备淤深度为 1.4m。

在实际疏浚过程中，航道在此基础上又增加了额外的备淤深度，满足 15 年一遇骤淤时，航道底高程不浅于 -14m，平均底高程 -14.875m。其航道全程备淤深度曲线如图 6.2-8 所示。

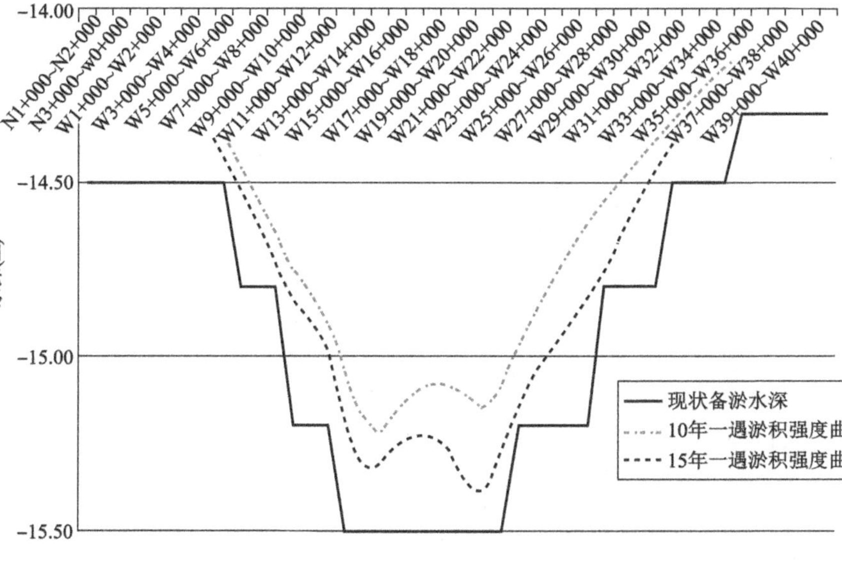

图 6.2-8 航道全程备淤深度曲线

6.2.3 航道疏浚能力

1)疏浚方案

航道采用“备淤与清淤相结合”的疏浚方案,在风前进行备淤施工,风后进行清淤施工。航道暂按照15年一遇大风骤淤淤积厚度分布设置备淤水深,平均备淤水深约85cm,备淤能力约1000万m^3。

近年来,根据天气、回淤情况及船舶市场情况并考虑成本控制实时调整疏浚施工安排,一般每年1—4月进行备淤水深开挖,在5—8月非强回淤期暂停施工,9月左右根据水深及回淤情况适时复工,9—12月及时清理秋冬季大风回淤。

疏浚施工工艺主要为耙吸外抛,疏浚土方抛至外海指定抛泥区。W6以内航道及港池泊位部分采用耙绞联合或抓绞联合工艺吹填至陆上纳泥区(随着陆上纳泥区容量减小,未来不可持续,仅可再吹填数年)。

2)疏浚施工条件

航道为营运航道,进出港船舶较多,根据近几年统计,日进出港约28艘次,进港船舶大多从W21+000以外上线,出港船舶大多从W30+000以外下线,施工船舶需要避让营运船舶。

捕鱼期,外航道施工区至抛泥区的航线上渔船较多,且施工区分布渔网、渔箱,施工船舶需要注意避让。

泊位上日常有营运船舶停靠,航行路线穿越一、二期港池回旋水域,营运船舶对港池施工有较大干扰。港池靠近码头墩柱和港池边坡的地方水深较浅,区域较小。港池施工操作难度较大,时间利用率较低。

3)疏浚能力

黄骅港日常疏浚船舶有5艘耙吸式挖泥船,其中3艘舱容为4500m^3、1艘舱容为5700m^3、1艘舱容为12000m^3。根据规范计算,单艘疏浚船舶的月平均疏浚能力为30万~60万m^3,一般正常状态下,单艘疏浚船舶日平均疏浚能力约为1.5万m^3。根据2015—2018年施工单位的统计情况,单航次疏浚量为0.2万~0.3万m^3,平均为0.28万m^3。

6.2.4 航道清淤面临问题

(1)港口快速发展、重要性进一步提升,对航道通航保证率要求提高。

黄骅港煤炭港区经过多年发展,煤炭吞吐量已接近2亿t,已逐步成为我国煤炭运输板块的重要一环,也是国家能源投资集团“矿、路、港、航、电”产业链中最薄弱的一环,其生产的稳定关系到集团效益的发挥,也关系到国家煤炭运输的安全。

黄骅港港口的重要性进一步提升。黄骅港属于我国“北煤南运”煤炭下水港中的枢纽港，对航道的通航保证率已由原有的可接受煤炭装船能力适当降低，变为煤炭装船能力不得受到影响，因而，对煤炭船舶的通航保证率也要求提高到“万无一失”的程度。

(2)港口及周边环境快速变化，缺乏与之相适应的科学的维护标准。

外航道整治工程完成后，黄骅港煤炭港区快速发展，相继建设了三期、四期工程，大型的通用泊位和原油泊位也在谋划中，对航道的备淤保证率提出了新的要求。

另外，黄骅港综合港区20万t级航道及防沙堤、滨州港海港港区3万t级航道及防沙堤的建设运营，使得煤炭港区航道的周边潮流、泥沙淤积条件均发生改变，但缺乏与之对应的航道维护标准。

上述内外因素的变化，使得外航道整治工程提出的整治标准(含通航标准)与港区的需求和现状不相符，需对其进行进一步优化。

(3)航道等级提升，备淤深度的设置缺乏依据。

黄骅港煤炭港区航道由5万t级乘潮单线通航，提升为5万t级全天候双线通航，通航宽度由140m增至270m，设计底高程由-12.3m浚深至-14.0m，航道尺度变化极大，对航道的淤积厚度和淤积量均产生很大的影响。

因而，需要结合防沙堤的效果对航道备淤深度进行合理设置，理清整治标准和备淤方案。

(4)备淤标准不明，施工船舶调度缺乏依据。

在日常维护中，煤炭港区施工船舶的调度仅是根据经验，平常年维持3~4艘挖泥船进行维护性疏浚，在大风骤淤后加派施工船舶，其调度和日常施工缺乏科学安排和评价，迫切需要进一步研究施工船舶的调度安排，确定合理的维护性施工方案。

(5)淤积情况有变化，应对高频次较小强淤较困难。

2018年，黄骅港煤炭港区航道淤积情况有了新变化，短时间内连续出现多次较小骤淤，虽然单次淤积厚度不大，但短时间内累积叠加，造成清淤困难，对航道通航造成影响。因此，对于高频次较小强度的骤淤，也应适当考虑应对。

(6)备淤深度未得到有效利用。

黄骅港煤炭港区航道备淤标准较高、深度不一，常年维护水深约为-14.5m，为标准的10万t级散货船航道。但实际运行中，仅作为标准7万t级散货船航道使用，备淤水深完全可用于航道通航使用，其功能未得到有效利用。

6.3 航道备淤深度及维护施工方案研究

《海港总体设计规范》规定："备淤深度应根据两次挖泥间隔期的淤积量计算确定；对于不淤的港口，可不计备淤深度；有淤积的港口，备淤深度不宜小于0.4m"，另外，"对于以骤淤为主的航道，应综合考虑骤淤发生的规律、船舶类型、通航密度及工程量等，根据港口营运需要和工程经济合理性，确定航道设计的骤淤重现期标准，骤淤厚度沿航道变化较大时，宜沿航道确定不同的骤淤备淤深度"。黄骅港航道淤积机理为"波浪掀沙，潮流输沙"，航道的回淤主要受大风影响，淤积的最大特点是骤淤量占全年回淤量的大部分，遇罕见大风，甚至占年回淤量的绝大部分。因此，根据该规范规定，黄骅港航道在确定备淤深度时需要考虑骤淤对航道的影响，首先需要确定合理的骤淤重现期的防护标准，即防备何种条件下、何种标准的回淤。

6.3.1 航道淤积模拟情况

6.3.1.1 不同重现期淤积情况

本小节分别计算了2年一遇、5年一遇、10年一遇、15年一遇、20年一遇、25年一遇、50年一遇及年平均下航道的回淤情况。

1)动力条件的选取

(1)2年一遇动力条件。

分别计算了2011年4月1—2日大风和2012年6月13—14日大风淤积情况，取两者均值作为2年一遇动力条件下航道回淤结果。

(2)5年一遇动力条件。

分别计算了2009年10月30日—11月2日大风和2007年3月3—5日大风淤积情况，取两者均值作为5年一遇动力条件下航道回淤结果。

(3)10年一遇动力条件。

计算了2013年3月18—24日大风淤积情况作为10年一遇动力条件下航道回淤结果，同时参考了2010年9月17—21日大风淤积情况。

(4)15年一遇动力条件。

计算了2009年11月8—12日大风淤积情况作为15年一遇动力条件下航道回淤结果，同时参考了2013年3月18—24日大风淤积情况。

(5)20年一遇动力条件。

选取2015年11月5—7日大风过程，按风能折减至20年一遇动力，计算了航道回淤情况。

(6)25 年一遇动力条件。

选取 2015 年 11 月 5—7 日大风过程作为 25 年一遇动力,计算了航道回淤情况。

(7)50 年一遇动力条件。

选取 2003 年 10 月 10—13 日大风过程进行折算作为 50 年一遇动力,计算了航道回淤情况。

(8)年平均淤积动力条件。

综合分析近 20 年风资料,选取 2010 年和 2008 年作为年平均回淤动力条件(取两者均值)。

2)计算结果

图 6.3-1、图 6.3-2 分别为航道内年淤积厚度及大风骤淤情况。由图 6.3-1、图 6.3-2 可知:

(1)随着风能的增大,航道淤积厚度逐渐增大,2 年一遇最大淤厚 0.50m,平均淤厚 0.16m,淤积量 194 万 m^3;5 年一遇最大淤厚 0.74m,平均淤厚0.29m,淤积量 358 万 m^3;10 年一遇最大淤厚 1.27m,平均淤厚 0.52m,淤积量 648 万 m^3;15 年一遇最大淤厚 1.44m,平均淤厚 0.62m,淤积量 768 万 m^3;20 年一遇最大淤厚 1.59m,平均淤厚0.70m,淤积量864 万 m^3;25 年一遇最大淤厚 1.73m,平均淤厚 0.77m,淤积量 953 万 m^3;50 年一遇最大淤厚 2.74m,平均淤厚 1.15m,淤积量 1432 万 m^3 年平均淤积最大淤厚 3.21m,平均淤厚 1.35m,淤积量 1672 万 m^3。

(2)从航道淤积厚度的沿程分布情况来看,最大淤积厚度在 10 ~ 15 年一遇动力条件下有所外移,初步研究结果显示与滨州港建设有关。在一定的大风作用下,会在渤海湾形成顺时针环流,滨州港大堤建设后,使得泥沙在环流作用下外挑,造成煤炭港区航道重淤段外移。

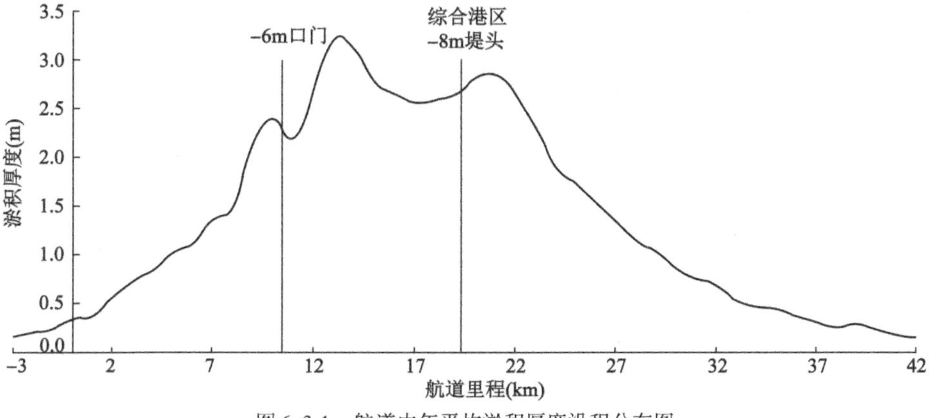

图 6.3-1　航道内年平均淤积厚度沿程分布图

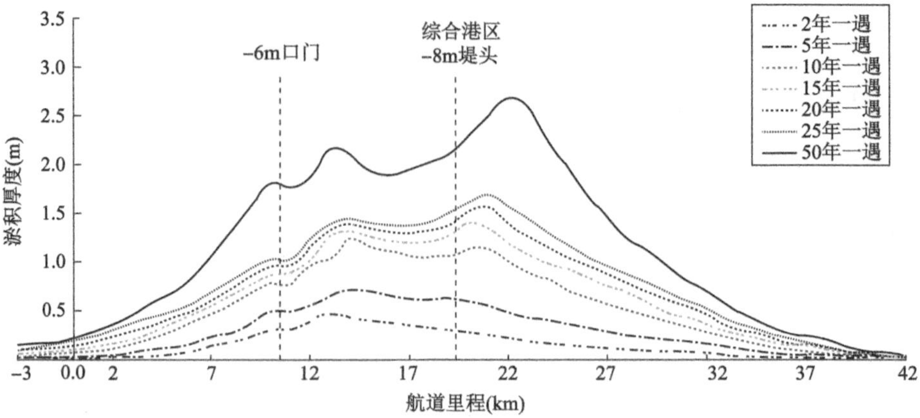

图 6.3-2　航道不同重现期大风淤积厚度沿程分布图

6.3.1.2　淤积月度分布情况

为了分析黄骅港煤炭港区航道的月度淤积分布情况，统计分析了 1998—2021 年黄骅港海区的大风资料。从统计结果知，黄骅港海区全年发生 6 级以上大风的次数在 26 次左右，且大风多发生在春、秋季节，即 3—5 月和 9—11 月。从大风能量分布上看，上半年中 4 月能量最强，下半年中 11 月能量最强；春、秋季节大风能量分别占全年总能量的 34.0% 和 39.4%，两个季节的能量总和占全年能量总和的 73.4%。大风发生概率最小的季节为夏季，即 6—8 月，从统计结果可以看到，这个季节的大风能量只占全年总能量的 13.5%。冬季大风能量占全年总能量的 13.1%，大风能量及次数逐月分布图如图 6.3-3 和图 6.3-4 所示。

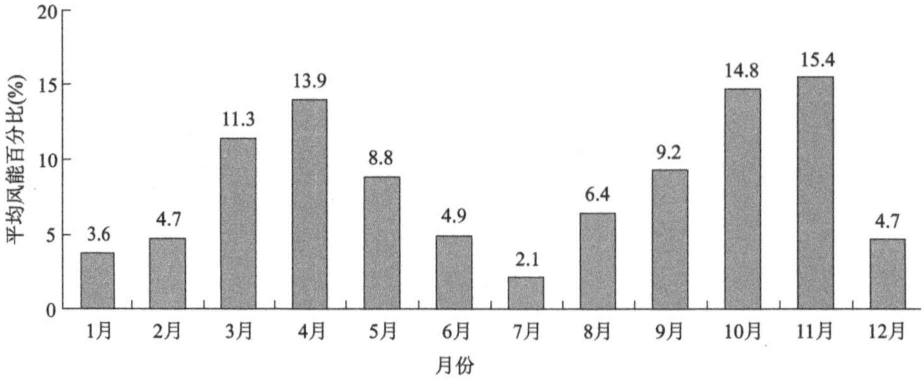

图 6.3-3　1998—2021 年月际平均风能百分比分布图

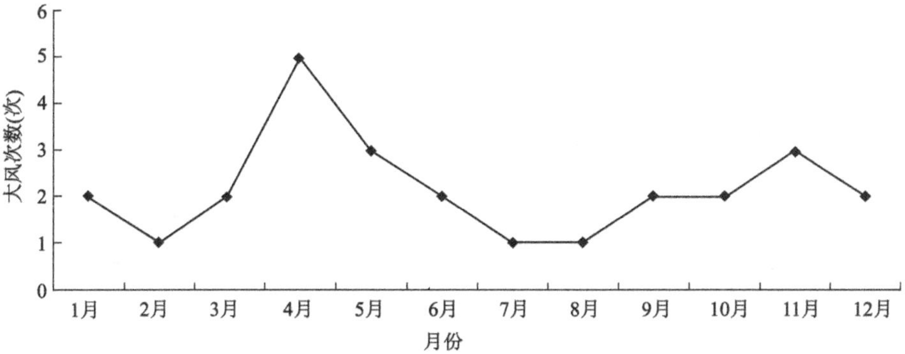

图6.3-4 1998—2021年平均大风次数逐月分布图

黄骅港地区一场大风的风能与同期海域的波能具有良好的相关关系，而波能与航道的回淤量又有较好的相关性。因此，根据风能月际分布的比例计算了年平均淤积下各月份的淤积分布情况，结果如图6.3-5所示。从图6.3-5中可以看出，春、秋季淤积厚度较大，合计约为全年的73%，其中4月的淤积量在233万m^3左右，下半年中11月淤积量在258万m^3左右，因此，在维护疏浚时对淤积较为严重的时间段应加大疏浚力度，保证航道通航要求。

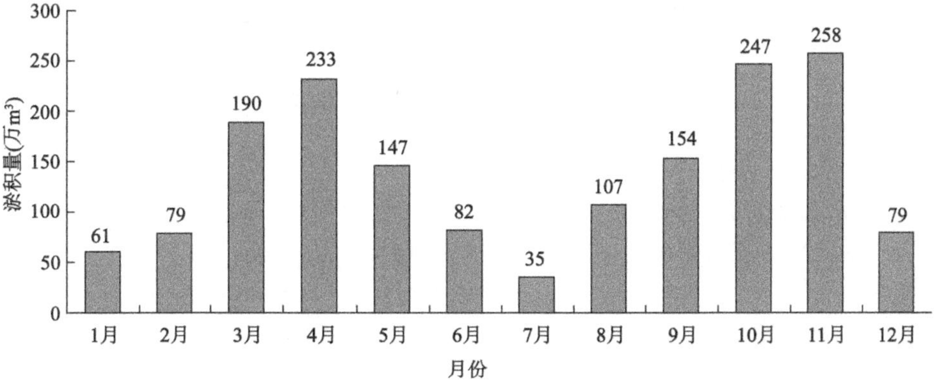

图6.3-5 平均年情况下淤积月度分布情况图

平均年计算结果是基于理论分析和数模计算得出的，但是每年黄骅港地区出现的大风情况均有所不同，淤积情况也会有一定的差别，因此，利用2011—2021年(航道拓宽完成后)实测的淤积情况进行了统计，发现2014年的年淤积量最小，为1403万m^3，而2012年期间的淤积量为2548万m^3，为近年来最大值。根据这两个数值，我们也绘制了淤积的月度分布情况(图6.3-6、图6.3-7)，上半年中4月的淤积量分别为195万m^3和355万m^3，下半年中11月的淤积量分别为216万m^3和393万m^3。

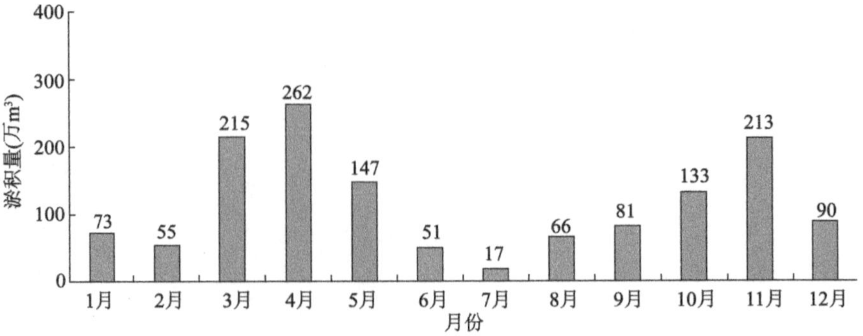

图 6.3-6 近年来最小年淤积量月度分布情况图

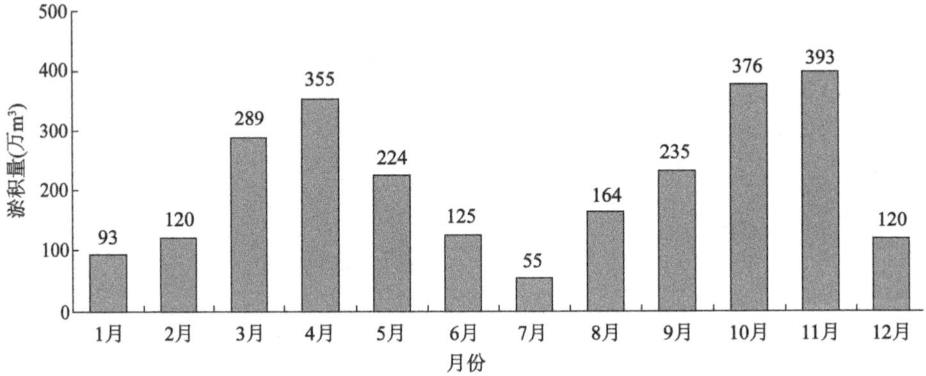

图 6.3-7 近年来最大年淤积量月度分布情况图

6.3.1.3 单一浚深淤积基本规律

自黄骅港煤炭港区建设以来，航道逐渐拓宽浚深，航道的长度也经历了大的变化，黄骅港航道的淤积情况也随着黄骅港航道尺度的演变不断变化。但随着煤炭港区航道等级区域稳定，航道宽度和水深将不会产生太大变化，只是备淤深度的增加将局部增大淤积量。

(1)水深增加对淤积厚度的影响。

最大淤积厚度：当航道的水深增加时，最大淤积厚度也在增加，但并非线性增加，水深越向深发展，最大淤积厚度变化越缓慢，换言之，当航道水深继续增加后，航道内的最大淤积厚度不再有较大变化。

平均淤积厚度：从各尺度航道 W30 +000 以内的平均淤积厚度来看，如同最大淤积厚度的变化一样，当航道水深越向深发展，平均淤积厚度增加也愈发缓慢。

(2)水深增加对航道内淤积量的影响。

水深增长后，航道内总淤积量会增加，但增加幅度逐渐放缓。总体上，航道内可分为两个区段来描述,第一区段为各尺度航道的共有区段(W30+000以内);第二区段是因航道水深的开挖而延长的航道段。

对于第一区段(W30+000以内)而言,淤积量的变化和淤积厚度的变化趋势相同,水深增加淤积量增加幅度放缓;对于第二区段(延长段)而言,各尺度航道则不尽相同,航道挖得越深,第二区段就会越长,第二区段内的总淤积量也越大。但该段淤积量也非线性增长,由于越向外海水深及泥沙环境越好,所以越向深水的航道淤积也越小。

(3)综合而言,如航道宽度不变,单一浚深时,航道水深向深发展,淤积厚度增加趋势放缓,新增的淤积量主要集中在新开挖的航道段。

6.3.2 航道备淤防护标准的综合确定

6.3.2.1 考量的因素

对于合理的骤淤重现期的确定,需要综合考虑港口运营需求、航道通过能力、疏浚能力以及建设成本等因素。

1)港口运营需求

随着黄骅港港口的重要性进一步提升,为保证煤炭装船能力不受到影响,航道的通航保证率要求也需进一步提高。故单从保证港口运营需求角度来讲,设定的备淤防护标准越高,越能降低对港区的影响程度。

2)航道通过能力

黄骅港是我国第二大煤炭下水港,经过一期工程、一期完善工程和二期工程的建设,专业化的煤炭泊位共有7座,泊位总设计能力为7000万t。

港口的航道通过能力是度量航道疏导船舶能力的一项重要性能指标,反映了航道的适航程度,航道的通过能力将直接影响码头作业效率和港口吞吐量。航道通过能力的计算分析方法主要从航道的一般属性(包括航道长度、宽度以及水深等)、通航船舶的属性(包括航速、船舶尺度等)以及船舶交通流特性(船舶交通量、速度、密度等)等角度来分析。

黄骅港航道等级是5万t级船舶全天候重载航道,7万t级船舶乘潮满载航道,通航水深-13~-14.0m。黄骅港地区出现大风的频次较高,当形成大风骤淤时,一旦水深达不到通航标准,将直接影响船舶的进出港效率,对港区后方的生产和经济造成损失。由此可见,良好的水深条件对航道通过能力有着重要的影响,因此,从保证航道通过能力的角度来看,备淤防护标准越高,对航道通过能力越有利。

3)疏浚能力和成本

黄骅港航道维护疏浚由港务公司与上海航道局共同成立的合资公司——神

华上航疏浚有限责任公司负责。根据多年来在黄骅港地区的研究工作，黄骅港航道平均年淤积量在1700万m^3左右，如果出现大风天气，淤积将会更加严重。为了保证港区的正常运营和船舶通航安全，黄骅港航道维护采用备淤与疏浚相结合的维护方案，一方面提前开挖备淤水深，另一方面常年保持一定数量的疏浚船舶进行维护疏浚。

而对于备淤深度的确定，也存在两方面的问题：一方面，如果标准设置得太大，会造成一定的资源浪费，初步估算，全航道备淤水深每增加10cm，疏浚土方量将增加近120万m^3，航道备淤虽然增加了航道的抗淤能力，但随着航道深度的增加，也会增加航道回淤量，导致疏浚效率随着挖深的增加而降低，还会增加一定的前期费用。另一方面，如果备淤深度设置得太小，现有的疏浚力量可能无法在短时间内完成清淤工作，从而会对航道通航造成一定影响。因此，从疏浚能力和成本控制角度出发，需要找到一个平衡点，进而确定备淤的防护标准。

6.3.2.2 标准的确定

1）最大设计骤淤重现期

若备淤防护标准选择合理，一是可以抵御相当一部分的骤淤量，二是当发生更大重现期的骤淤时，总的淤积量相差值不会太悬殊，集中港区现有的疏浚力量进行清淤后可在短时间内恢复通航能力；若进一步防御更高重现期的骤淤，工程投资会有所增加较多，但防护的泥沙淤积效果并不显著。

从提高备淤标准的效率看，在重现期居中的阶段（重现期在10～25年）是相对适宜的，在增加不大工程量的条件下，防护标准可快速提升。近期可先选择15年一遇的骤淤重现期作为黄骅港航道的备淤防护标准，远期逐渐尝试将备淤重现期逐步提升至20年、25年，提高港区防护淤积的能力。

2）小于设计骤淤重现期但连续出现频次分析

2018年上半年出现多次小于设计最大骤淤重现期的淤积现象，单次骤淤重现期约5年一遇，单次淤积量约400万m^3。但由于连续5次发生淤积，淤积总量极大，对航道疏浚施工产生巨大压力，短时间内疏浚不及，险些发生碍航事件。回顾过往的淤积统计，小于设计骤淤重现期但连续出现的骤淤每年均有发生，但均不及2018年影响大，此现象也应引起重视。

由于连续大风骤淤的危害，更多地体现在淤积总量累积增加，造成疏浚施工不能及时完成上，故按照总淤积量分析骤淤情况。年多次大风的平均淤积量563万m^3，约为3次两年一遇大风骤淤量或者1次两年一遇和1次5年一遇的骤淤量叠加；其最大发生量726万m^3，约为2次5年一次骤淤量的叠加或者1次10年一遇骤淤量。

5 年一遇骤淤连续出现 2 次的备淤情况在深度和广度方面均为 4 种工况的最大值，为此，小于设计骤淤重现期但连续出现频次暂定位 5 年一遇骤淤连续出现 2 次（此标准涵盖了连续出现骤淤次数多于 2 次，但骤淤厚度小于 5 年一遇的工况，以连续多次大风骤淤发生淤积总量折算）。

3）备淤防护标准的确定

综上所述，黄骅港煤炭港区航道的备淤防护标准可确定为：在发生一次 15 年一遇骤淤或 5 年一遇骤淤连续发生 2 次（或者 2 年一次骤淤连续发生 3 次等骤淤量相当情况）时，航道不碍航通行。

6.3.3 航道备淤深度设置方案研究

6.3.3.1 通航标准

1）优先级最高的煤炭船

我国东南沿海煤炭卸船港，接卸能力以 2 万、3.5 万、5 万 t 级为主，个别港口也可以接卸 10 万 t 级船舶，很多电厂码头可以接卸 5 万 t 级船舶。2 万、3.5 万、5 万、7 万载重吨级船舶是沿海煤炭运输的主力船型。我国煤炭外贸进口以 4 万 ~10 万 t 级为主，部分采用 15 万 ~20 万 t 级运输。

在固定航线的条件下，煤炭批量越大，采用大吨位船舶运输综合运费越低。为了在市场竞争中处于有利地位，在条件允许的情况下，托运者和承运者均会选择大吨位船舶。

考虑黄骅港航道情况、我国散货船队构成、东南沿海煤炭码头吨级，预计近期黄骅港煤炭主力到港船型仍为 3.5 万 ~5 万 t 级和 5 万 ~7 万 t 级。未来，随着船舶的大型化及东南沿海 7 万 t 级煤炭卸船泊位的建成投产，黄骅港到港的 7 万 t 级船舶占比将有所提升。

2）优先级第二的散杂货船、原油船

港区未来将形成 2 个 1.5 万 t 级通用泊位、2 个 10 万 t 级通用泊位、1 个 5 万 t级液体化工泊位、1 个 12 万 t 级原油泊位的非煤泊位规模，其服务船型主要为返空运输矿石的自有船队、集装箱船、原油船、其他散货船等，主要船型等级将是 5 万 t 级集装箱船、5 万 ~10 万 t 级原油船，以及减载进港的 15 万 t 级散货船和 15 万 t 级原油船。

3）通航标准

煤炭港区航道通航标准为 5 万 t 级船舶不乘潮满载双向、7 万 t 级乘潮保证率 90% 满载单向、10 万 t 级乘潮保证率 70% 单向通航，在此基础上增加了可满足 15 年一遇骤淤的备淤深度。

黄骅港航道底高程按照不浅于 -14.5m 控制,实际已达到了 10 万 t 级乘潮保证率 90% 满载单向通航的标准,航道水深未得到有效利用(因目前 10 万 t 级船舶进出港数量较少,并无迫切需要提升航道等级)。

4)通航标准确定

(1)绝对满足的控制标准。

经相关通过能力分析,5 万 t 级双向全天候通航可满足煤炭运输需要,但受制于海事通航规则,航道不可实现 5 万 t 级双向通航;2021 年港务公司在进行 7 万 t 级双向航道的前期工作,航道底高程不变,宽度加宽至 300m,实际上就是完全释放出 5 万 t 级散货船双向通航的通航能力。

为此,航道的最优先通航标准为:在发生设计重现期条件下的骤淤时,5 万 t 级船舶满载双向不乘潮、7 万 t 级船舶满载单向乘潮进出港不碍航。

未来,随着船舶大型化趋势和港区运量的不断增长,可根据需要适当提升至 7 万 t 级船舶满载双向不乘潮进出港不碍航。

(2)一般需求标准。

港区未来将建设 10 万 t 级通用泊位和 12 万 t 级原油泊位,其作为煤炭港区运能富余条件下的补充,主要利用控制标准下的富余水深作为通航水深,将港区航道水深的效益最大化。

近期的一般通航标准为:10 万 t 级散货船和原油船乘潮满载单向通航或 15 万 t 级散货船和原油船乘潮减载单向通航,远期可根据发展需要,提升至 12 万 t 级或 15 万 t 级散货船和原油船乘潮满载单向通航。

(3)通航标准的确定。

综上所述,可确定航道维护标准为:在发生设计重现期骤淤情况下,能保证 5 万 t 级散货船满载不乘潮不碍航出港和 7 万 t 级散货船满载乘潮不碍航出港,即航道通航水深 -13.6m(设计底高程 -14.0m),经维护性疏浚后,满足 10 万 t 级原油船满载乘潮出港,航道通航水深为 -14.3m(设计底高程 -14.7m)。

远期可随着运量增长和需求变化,逐步提升通航标准:在发生设计重现期骤淤情况下,能保证 7 万 t 级散货船满载不乘潮不碍航出港和 10 万 t 级散货船满载乘潮不碍航出港,即航道通航水深 -14.6m(设计底高程 -15.0m),经维护性疏浚后,满足 12 万 t 级散货船和 15 万 t 级原油船满载乘潮出港,航道通航水深为 -16.1m(设计底高程 -16.5m)。

至更远期,则随着需求变化逐步提升航道通航标准至 12 万 t 级、15 万 t 级。

6.3.3.2 航道沿程备淤方案

1)航道沿程备淤方案

为最大限度利用航道备淤水深,按照一般标准设置航道底高程。暂按航道底高程满足10万t级原油船和10万t级散货船乘潮满载进出考虑。

沿程备淤深度按照耙吸船设计超深取0.4m。

2)重淤段备淤方案

重淤段备淤考虑可完全消纳设计重现期的淤积量,故按照15年一遇淤积厚度设置备淤方案。

3)全程备淤方案

航道备淤方案:一般标准为10万t级油船乘潮通航,即经维护性疏浚后,满足10万t级油船满载乘潮进出港,备淤方案见表6.3-1。

航道备淤深度一览表　　表6.3-1

航道区段	N1～W9	W9～W12	W12～W24	W24～W27	W27～W41
绝对通航高程	-13.6m				
一般通航高程	-14.3m				
备淤深度	0.4m	0.7m	1.1m	0.7m	0.4m
设计底高程	-14.7m	-15.0m	-15.4m	-15.0m	-14.7m
备淤能力	1535万m^3				
平均底高程	-14.93m				

6.3.4 航道维护疏浚施工方案研究

6.3.4.1 施工能力

拟投入本工程施工的自航耙吸挖泥船装舱溢流法的施工效率测算公式如下:

$$W_{耙吸}=\frac{Q}{\frac{2L_1}{V_1}+\frac{L_2}{V_2}+t} \tag{6.3-1}$$

式中:$W_{耙吸}$——耙吸挖泥船工作效率(m^3/h);

Q——每船装载土方量(m^3);

L_1——施工段平均抛泥运距(km);

V_1——轻重载平均航速(km/h);

L_2——施工单元长度(km);

V_2——平均挖泥航速(km/h);

t——抛泥及施工中转头的时间(h)。

根据黄骅港实际情况,对船舶功效测算,经计算,单艘疏浚船舶的月平均疏浚能力为30万~60万m^3,一般正常状态下,单艘疏浚船舶日平均疏浚能力约为1.5万m^3。

6.3.4.2　施工船舶配备方案

(1)疏浚基本要求。

每年2月底、8月底需达到备淤方案所需的设计底高程。

(2)备淤容量。

航道高程-13.6m以下全航道的备淤容量,是黄骅港航道日常清淤的主要施工范围,备淤容量为1225万m^3。

(3)施工方案。

基本原则:一般按计划施工,避免紧急调船;由于渔业保护,每年4月25日—6月15日禁止施工。

施工预警:-13.8m,即达到-13.8m情况下(备淤容量200万m^3)时,必须出动最多船舶清淤。

航道维护施工方案考虑按照计划疏浚,在大风天气较多的季节停止疏浚、风少的季节加强疏浚的原则,采用计划性安排施工,施工派船安排见表6.3-2。

施工派船安排　　表6.3-2

月份	1	2	3	4	5	6
施工船舶(艘)	6	6	3	3		8
月份	7	8	9	10	11	12
施工船舶(艘)	8	8				6

6.4　航道维护疏浚量计量标准及计量方式研究

6.4.1　航道维护疏浚计量标准研究

按照相关规定的要求,港口维护性疏浚工程的上方量或下方量,均应折算为相应港口以标准重度计的土方量。由此可见,科学合理地确定港区回淤物的标准重度对于最终港口疏浚工程的结算问题产生了至关重要的影响,它直接影响着疏浚工程的费用。因此,本小节针对黄骅港煤炭港区的回淤物的标准重度问题展开分析和研究,以此确定合理的标准重度。

6.4.1.1 回淤物标准重度理论公式计算

港区的标准重度可按疏浚土柱状样品的平均重度或者通过密度计实际测量确定，当测定有困难时，可按下式计算：

$$\gamma_B = 10.00 + 10.68 d_{50}^{a} \tag{6.4-1}$$

式中：γ_B——标准重度（kN/m³）；

d_{50}——泥沙中值粒径（mm）；

a——指数，当 $d_{50} \leqslant 0.01$mm 时，$a = 0.182$；当 $0.01 < d_{50} \leqslant 0.075$mm 时，$a = 0.155$。

黄骅港航道内的泥沙中值粒径平均值在 0.0264mm 左右，采用式（6.4-1）计算得到黄骅港港区的标准重度值约为 16.08kN/m³。

6.4.1.2 回淤物的基本特性试验

1）现场样品采集

2018 年 3 月，在黄骅港港池航道范围内进行了表层样品及室内试验用泥沙样品的采集工作，共在航道内采集到表层样品 25 个。同时，分别在外航道、掩护段以内和港池范围内的不同位置采集室内试验所需的泥沙样品，将外航道、掩护段以内和港池中采集到的泥样分别混合装入三个塑料桶中，并做好标记。

2）表层泥沙颗粒分析试验

利用 NSY-Ⅲ型宽域分析仪开展泥沙颗分试验，根据谢帕德分类法，给出每个样品的物质组成。

从颗分试验结果可以看出，外航道（W10+500 以外）泥沙的中值粒径介于 0.0207～0.0397mm 之间，大多数小于 0.03mm，平均中值粒径为 0.028mm；黏土含量介于 3.8%～16.5%之间，平均值为 11.4%，属粉沙或沙质粉沙。掩护段以内（W10+500 以内）泥沙的中值粒径介于 0.009～0.0346mm 之间，大多数小于 0.03mm，平均中值粒径为 0.024mm；黏土含量介于 8.3%～32.8%之间，平均值为 19.7%，大多属黏土质粉沙或粉沙。港池泥沙的中值粒径平均为 0.004mm，黏土含量平均为 51.95%，属粉沙质黏土。

3）泥沙静水密实试验

航道泥沙沉降密实过程分为三个时段，分别命名为急变段、缓变段和基本稳定段。急变段，在沉降密实约 1 天时，淤泥密度达到约 1418kg/m³；缓变段，泥沙经过 33 天的密实沉降，两组试验的淤泥密度达到约 1658kg/m³。而后泥沙还会继续沉降密实，但密实速度逐渐减缓，最终会趋于基本稳定状态。

根据港池与航道内泥样的密实试验现象及结果，可以看出：

(1)黄骅港港池内的泥样密实速度较航道的密实速度慢,在静水情况下,港池内的泥样在一天内密度可由 1050kg/m^3 达到 1170kg/m^3,而航道内的泥沙密度可达到 1415 ~ 1421kg/m^3。

(2)泥样的密实在时间上呈现初期较快后期缓慢的密实过程。试验开始的前两天时间内泥样密实的速度最快,之后泥样变化逐渐缓慢,泥样在一个月后密度可达到 1660kg/m^3 左右。

实际上,泥沙密实是一个复杂过程,它受水流流速、新淤积物质的加入以及船舶扰动等多因素影响,落淤在航道中的泥沙密实过程还是有变化的,还应通过大量的现场实测资料进一步印证。

6.4.1.3 回淤物标准重度现场实测

2018 年 3 月,在黄骅港煤炭港区航道范围内进行了泥沙柱状样品的采集工作,共在航道内采集到柱状样品 5 个。

在取得柱状样后,将柱状样每隔 10 ~ 30cm 进行分层,并对每段样品进行密度测量和颗分试验,从而分析每个样品的密度和粒径的垂线变化情况,经过分析可知:

(1)航道内的沉积物类型主要以口门为分界线,口门以内主要以黏土质粉沙为主,以外为粉沙,各采样点的中值粒径在 0.0207 ~ 0.0454mm 之间,平均 0.0329mm。

(2)采集到的柱状样品的密度在 1451 ~ 1826kg/m^3 之间,整体来看,取得的回淤物的密度较大。

(3)各取样点的平均密度在 1684kg/m^3 左右,转化为重度值为 16.5kN/m^3,此值可定为由现场测量得到的航道标准重度值。

6.4.1.4 标准重度值的综合确定

(1)理论计算值:采用理论公式计算得到的黄骅港航道内标准重度值约为 16.08kN/m^3,转化为密度为 1641kg/m^3。

(2)现场实测值:通过柱状样采集工作,分析得到各取样点的平均密度在 1684kg/m^3 左右,转化为重度值为 16.50kN/m^3。

(3)密实试验结果:利用航道内采集的泥沙样品进行了密实试验,根据试验结果,泥沙经过 33 天的密实沉降,淤泥密度达到 1658kg/m^3 左右,转化为重度值为 16.25kN/m^3,而后泥沙的密实过程基本稳定。

港区标准重度的确定需要考虑多方面因素,综合考虑理论计算结果和现场实测数据,并结合室内密实试验以及其他相似港口标准重度的取值,最终将黄骅港航道回淤物的标准重度确定为 16.28kN/m³，转化成密度值为 1661kg/m³。

现行航道维护性疏浚工程土方计量时仍采用基建期确定的疏浚土密度值，为 1780kg/m³，转换为标准重度为 17.44kN/m³，相比确定的标准重度值略大，其主要原因是航道处于维护性疏浚阶段，回淤物重度降低。

6.4.2 航道维护疏浚计量方式研究

6.4.2.1 维护性疏浚计量方式规范要求

1）船舶上方量计量规范要求

根据相关规范规定，维护性疏浚工程上方量计算，可采用仪器计量法、船体排水量法和直接测定法。当船舶或吹泥管道配置有自动土方计量仪器时，应优先采用仪器计量法。当船舶无计量仪器，但有船舶吃水数与排水量曲线时，应采用船体排水量法。计量仪器应定期由计量单位检定，合格后方可使用。

选用耙吸挖泥船施工时，土方量可采用船体排水法计算，按标准重度计方，每舱土方应按照下式计算：

$$V_B = \frac{W_Z - W_0 - V_c \gamma_W}{\gamma_B - \gamma_W} + V_y \tag{6.4-2}$$

式中：V_B——标准重度的土方量（m^3）；

W_Z——重载船的排水量（t）；

W_0——轻载船的排水量（t）；

V_c——重载时泥舱容积（m^3）；

V_y——溢流土方量（m^3），可根据施工时的具体情况折算；

γ_B——标准重度（kN/m^3）；

γ_W——施工区域水重度（kN/m^3），内河取 $9.8kN/m^3$，海港取 $10.045kN/m^3$。

2）测图下方量计量规范要求

根据疏浚区浚前、浚后水深图和邻近区浚前、浚后水深图和泥沙淤积厚度有关资料计算土方量，水深测图比尺应符合以下规定：港池为 1∶1000～1∶2000；泊位为 1∶500～1∶1000；航道为 1∶1000～1∶2000。

（1）当采用断面法计算下方量时，断面间距应符合下列规定：

①槽的起点、转折点、终点和不同类别土质的平面分界处必须布设计算断面，其余计算断面间距应按水深测图测深线间距选取。

②端部有纵向边坡的挖槽，底端线及坡顶线应有计算断面。

(2)当采用网格法计算下方量时，计算区域的分段，应符合下列规定：

①对分期施工区域，应按工期分段。

②对几何形状有变化的区域，应按其变化的特征处分段。

③不具备上述情况的长直区段，应按宽度的3~5倍分段。

(3)对泥沙淤泥较为严重的施工区域，应计算施工期回淤量。施工期回淤量可根据具体情况采用水深比较法或淤积厚度推算法计算。施工期若受恶劣天气影响出现骤淤现象时，施工期的回淤量应根据具体情况另行计算。

疏浚土方量应包含下方量及施工期回淤量。

(4)下方量计算结果应按下式折算为标准重度计的土方量：

$$V_B = V_Z \frac{\bar{\gamma} - \gamma_W}{\gamma_B - \gamma_W} \tag{6.4-3}$$

式中：V_B——标准重度土方量(m^3)；

V_Z——实际重度的总挖泥土方量(m^3)；

$\bar{\gamma}$——平均重度(kN/m^3)；

γ_B——标准重度(kN/m^3)；

γ_W——施工地区水重度(kN/m^3)。

6.4.2.2　现行计量方式调研

2018年3月、4月、5月，针对现行维护性疏浚计量方式进行了多次调研，调研方式为现场登船和座谈研讨，现场调研船舶为神华浚1、神华浚2和浚臣号耙吸式挖泥船，调研内容为耙吸式挖泥船作业流程、上方量计量方式、下方量计算方式以及现行计量方式企业标准等。

1)上方量计量方式

(1)上方量计量方式应用条件。

根据《神华黄骅港务公司疏浚工程量计量管理办法》，特殊情况下可采用上方计量，船报工程量作为计算限制值。上方计量应用条件如下：

①发生6级以上、持续时间6h以上不利风向大风且根据测图造成显著淤积的，大风前后两次测图之间时段采用上方计量。

②冰期无法测量期间采用上方计量。

③在港池、泊位零星清淤等维护疏浚工程量较小，测图无法真实反映疏浚情况的条件下，可采用上方计量。

④测图无法准确反映疏浚实际情况时采用上方计量。

(2)上方量计量方法。

目前维护性疏浚上方量根据船体排水量法进行计算,具体通过设置在船体内的吃水线传感器及泥舱内的液位传感器,得出排水量变化=泥舱重量变化,并由船舶计量系统结合相关规范要求计算得出船舶上方量。上方量计算时不考虑溢流土方量。现行船舶上方量计量方法符合规范要求。

(3)船舶参数率定。

为确保船舶参数在允许误差范围内,船体内的吃水线传感器及泥舱内的液位传感器等会定期进行校准,一般每月两次,由驻船监理进行记录,剔除测量公差及管理因素。

(4)土方标准重度。

影响上方量计量结果的主要为疏浚土的标准重度,黄骅港煤炭港区统一规定以疏浚土密度为 $1.78g/cm^3$ 作为输入值,转换为标准重度为 $17.44kN/m^3$。

2)下方量计算方法

(1)当未发生显著大风回淤,并有准确测图时,疏浚工程量计量应采用下方计量。

(2)下方量计算采用断面面积法或平均水深法,监理单位需独立计算,水深测图依据第三方提交的《神华黄骅港航道疏浚工程量水深图册》,在无大风回淤施工月份以本月初、月末或最接近月初、月末的两次水深测图为计算下方量的依据。如测图不完整,则视情况选取相近测图进行补充。存在大风回淤的月份,当大风期不满一月时,大风期按照大风前后两次测图之间时段计量上方量,非大风期按照测图计算下方量,两者之和作为当月工程量。

(3)由于航道一直处于持续淤积状态,因此,需要常态化维护才能保证通航安全。根据黄骅港务公司现有规定,航道水深测量每周一次,维护疏浚量结算为20~40天一次。

3)维护性疏浚计量方式企业标准

现阶段黄骅港煤炭港区航道维护性疏浚计量依据《神华黄骅港务公司工程量计量管理办法》执行。

(1)当未发生显著大风回淤,并有准确测图时,疏浚工程量计量采用下方计量。

(2)特殊情况下可采用上方计量,船报工程量作为计算限制值。

(3)疏浚工程量计量应依据下列支持材料进行:

①疏浚合同及附件。

②《神华黄骅港航道疏浚工程测量水深图册》。

③监理单位日报统计分析表。

④经工程部、监理单位确认的周计划。

⑤工程部、监理单位、施工单位《工作联系单》。

⑥土质调查报告、气象水文资料、疏浚船舶资料、船舶施工记录等资料。

(4)在施工单位船舶船载计量设备校核准确的情况下，船舶上方量采用船体排水量法进行计量。依据监理单位疏浚工程日报统计分析表，并参考船机状况、施工相关情况等，计算相应时段内疏浚土方上方量，并分配至每公里。疏浚土密度为 1.78g/cm^3。

(5)测图下方量计量选取断面面积法或平均水深法。

(6)计算结果差异处理。

受航道泥沙沉降、测量精度及潮流运动等影响，使用测图计算下方量与船报工程量存在不完全对应甚至差异显著的情况。如计算量大于船报量，原则上应以船报量为限制值，根据计算量与船报量对比适当进行调整核减；如计算量显著小于船报量，须分析计量测图期间的大风、港区周边基建等情况，结合计量期内的测图分析、船报量、回淤监测、施工情况等，分析计量期内的回淤情况，协商确定计算方案。

当施工单位计算结果与监理审核计算结果存在差异时，按照《疏浚与吹填工程施工规范》(JTS 207—2012)规定："用不同的方法或合同双方分别计算工程土方量时应采用同一测图计算，两者的差值小于或等于两者中较大值的 2% 时，其土方量取两者的平均值"。

6.4.2.3 试验段研究分析

1)试验段概况

结合现场维护性疏浚实施情况及回淤物重度研究采样点位情况，本次研究共开展了三次试验段研究，分别为：

(1)2018 年 5 月 31 日—6 月 12 日开展了第一次试验段研究，试验段布置于航道 W0 +000 ~ W3 +000 段，疏浚宽度为 270m 航道底宽范围，疏浚船舶采用神华浚 1。

(2)2019 年 4 月 20—23 日开展了第二次试验段研究，试验段布置于航道 W11 +000 ~ W16 +000 段，疏浚宽度为 270m(口门段 W11 +000 ~ W14 +000 为 290m)航道底宽范围，疏浚船舶采用神华浚 2。

(3)2019 年 7 月 4—30 日开展了第三次试验段研究，试验段布置于航道 W11 +000 ~ W15 +000 段，疏浚范围为航道底宽及边坡，疏浚船舶采用神华浚 1、航浚 4009。

结合试验期间大风情况、测图时间,第三次试验段分为两组试验进行对比分析:第一组试验采用2019年7月5日测图、7月17日测图分别作为浚前测图、浚后测图计算测图下方量,船舶上方量统计2019年7月6—16日期间各航次上报船舶方量;第二组试验采用2019年7月18日测图、7月30日测图分别作为浚前测图、浚后测图计算测图下方量,船舶上方量统计2019年7月19—29日期间各航次上报船舶方量。

2)测图下方量统计

(1)测图选择。

①第一次试验段。

以2018年5月31日测图泥面为浚前泥面线、以2018年6月9日测图泥面为浚后泥面线,经计算,测图下方量为91128m³。以2018年5月31日测图泥面为浚前泥面线、以2018年6月12日测图泥面为浚后泥面线,经计算,测图下方量为70688m³。2018年6月12日测图下方量计算结果比2018年6月9日减少20440m³,说明6月12日泥面相比6月9日增高,主要是由于试验期间有三次大风以及6月12日测图比尺较小引起的。

为减少计算误差,本次试验结果分析采样2018年6月9日(测量比尺1∶500)、2018年5月31日(测量比尺1∶500)测图进行对比分析,同时测图下方量计算考虑施工期回淤量;船舶上方量对应统计至2019年6月9日。

②第二次试验段。

以2019年4月20日测图泥面为浚前泥面线、以2019年4月23日测图泥面为浚后泥面线,计算测图下方量,试验段实施期间无大风影响。船舶上方量统计对应选取2019年4月20日11时以后航次至2019年4月23日14时以前航次。

③第三次试验段。

第三次试验段实施期间共进行了三次测量,时间分别为2019年7月4—5日、2019年7月17—18日和2019年7月30日,试验段实施期间无大风影响。结合测图时间,第三次试验段分为两组试验进行对比测图下方及船舶上方量。

a. 第一组以2019年7月4—5日作为浚前泥面线、2019年7月17—18日测图作为浚后泥面线计算测图下方量,船舶上方量对应统计2019年7月6—16日航次。

b. 第二组以2019年7月17—18日作为浚前泥面线、2019年7月30日测图作为浚后泥面线计算测图下方量,船舶上方量对应统计2019年7月19—29日航次。

(2)下方量计算原则及计算原理。

①不考虑测量精度误差对泥面高程的影响,以浚前、浚后水深测图作为下方量计算依据。

②测图计算范围与疏浚实施范围相对应。第一次试验段疏浚范围为 W0 + 000 ~ W3 + 000 航段的航道底宽 270m 范围;第二次试验段疏浚范围为 W11 + 000 ~ W16 + 000 航段的航道底宽 270m(W11 + 000 ~ W14 + 000 航道底宽为 290m)范围;第三次试验段疏浚范围为 W11 + 000 ~ W15 + 000 航道范围(含边坡)。

③施工期回淤量结合航道内沿程年平均淤积情况以及试验段实施期间大风情况综合确定。第一次试验段实施期间有三次短时大风影响,按年淤积厚度 0.1m考虑施工期回淤;第二次试验段实施期间无大风影响;第三次试验段两组试验期间仅 2019 年 7 月 7 日、14 日有 1h 短时大风影响,不考虑施工期回淤。

④采用方格网法进行下方量计算,以浚后地形图为设计高程,以浚前地形图为原始高程,统计疏浚范围内土方差,其中水深测点变深范围即为疏浚范围,水深测点变浅范围为未疏浚范围,统计所有水深点变深范围的土方量并综合考虑施工期回淤量即为维护性疏浚量。

(3)计算结果。

三次试验段研究测图下方量计算结果见表 6.4-1。

试验段测图下方量统计表 表 6.4-1

项　　目	下方量计算值(m^3)	施工期回淤量(m^3)	合计下方量(m^3)
第一次试验段	91128	1997	93125
第二次试验段	102190	0	102190
第三次试验段第 1 组试验(2019 年 7 月 6—16 日)	140423	0	140423
第三次试验段第 2 组试验(2019 年 7 月 19—29 日)	250213	0	250213

3)船舶上方量统计

根据现阶段疏浚施工工程量计量的约定,淤泥密度统一按照 1.78g/cm^3 计算,疏浚施工记录表中船载土方量均以此密度为基础进行计算;同时,不考虑溢流土方量。

三次试验段根据土方装载量施工记录表统计上方量(船载土方量),并根据船载记录仪提供的重载排水量、轻载排水量、空舱余水量、船载泥舱容积等数据计算船舶上方量,以对比分析船载系统施工记录表统计土方量准确性。具体计算结果见表6.4-2。从表中可以看出,施工记录表统计上方量和规范计算上方量基本一致,说明船载计量系统可靠。

试验段船舶上方量统计表 表6.4-2

项　目	施工记录表统计量(m^3)	根据规范计算上方量(m^3)	航次
第一次试验段	57645	59151	22
第二次试验段	109031	117058	20
第三次试验段(2019年7月6—16日)	147074	153162	62
第三次试验段(2019年7月19—29日)	281760	289211	114

4)船舶上方量与测图下方量对比分析

船舶上方量与测图下方量计算结果见表6.4-3。从表中可以看出,由于船舶上方量未考虑溢流、不同航段疏浚土重度取值不同、下方量未转换为标准重度土方量等因素影响,下方量与上方量间存在一定差值。拟结合上述影响因素对上方量、下方量进行修正,并进一步分析比较。

船舶上方量与测图下方量计算结果对比表 表6.4-3

项　目	测图下方量(m^3)	施工记录表统计上方量(m^3)	上方量-下方量(m^3)
第一次试验段(W0+000~W3+000)	93125	57645	35480
第二次试验段(W11+000~W16+000)	102190	109031	-6841
第三次试验段(W11+000~W15+000)(2019.7.6~16)	140423	147074	-6651
第三次试验段(W11+000~W15+000)(2019.7.19~29)	250213	281760	-31547

6.4.2.4 计算结果修正

1)计算差值原因分析

上方量结果与下方量结果相差较大,由于试验实施前,船舶仪器设备已经率定,并通过监理确认,可排除液面高度及吃水仪器对计算结果的影响;试验期间风浪较小，天气晴朗，无大风天气，可排除大风骤淤的影响；测图均由同一家单位采用相同设施实施，暂不考虑测图误差影响。通过分析试验数据及试验过程，认为差别产生的主要原因如下。

(1)溢流土方的影响。

①规范关于溢流土方计量规定。

根据《淤泥质港口维护性疏浚工程土方计量技术规程》，上方量采用船体排水法计算时，每舱土方量应按下式计算：

$$V_B = \frac{W_Z - W_0 - V_c\gamma_W}{\gamma_B - \gamma_W} + V_y \tag{6.4-4}$$

②现行计量规定。

黄骅港航道按照上方量计算，在计算过程中没有计入溢流土方量。

③溢流土方落淤影响。

耙吸船在进行维护性疏浚时，溢流土方除部分落淤到试验段海域外，其余土方会随潮流输送至航道其他水域落淤，此时下方量计算结果为：

$$V_{\text{下方量}} = V_{\text{网格计算量}} + V_{\text{施工期回淤}} = V_{\text{上方量}} + V_{\text{溢流土方量中未落淤至疏浚区的部分}} \tag{6.4-5}$$

故下方量计算结果应大于上方量。

④溢流土方及回淤分析。

a. 相关研究。

国内针对耙吸式挖泥船溢流土方量及溢流土方回淤开展了一些研究，主要研究成果如下：

(a)根据《耙吸挖泥船溢流土方量测定方法研究》，借助国家“八五”重点科技攻关成果“SDM-2 型含沙量快速测量系统”，对长江口某标段的耙吸挖泥船溢流泥浆密度进行了现场测定，然后根据溢流过程中溢出泥浆的流量计算溢流土方量。根据研究结论，对于平均粒径 0.0255mm 的粉质黏土和平均粒径 0.075mm的粉沙，溢流泥浆密度可达到进舱泥浆密度的30%左右。

(b)根据《耙吸船溢流泥沙回淤仿真研究》，以某港口航道疏浚工程为例，浚深至设计底高程 -22.0m，航道通航宽度 397m，设计边坡坡比 1:5，在潮流流速约 1 节，流向基本与航道轴线垂直。采用 MATLAB 软件进行了溢流仿真模拟分析，根据数模研究，在退潮时段，潮位逐渐变低，泥沙沉降时间变短，粒径在 0.05 ~0.1mm 之间的颗粒主要回淤到航道底部，粒径在 0.02 ~0.05mm 之间的颗粒主要沉积在航道斜坡处，粒径为 0.02mm 的颗粒主要沉积在航槽边缘；在涨潮时，海水流向调转，在大风浪的影响下，都回淤航槽，粒径小于 0.01mm 的颗粒漂移致较远区域，回淤航道的可能性较小。根据疏浚土级配曲线（图 6.4-1），模型计算结果显示有 19.6% 的疏浚泥沙将会漂移到航槽外部。

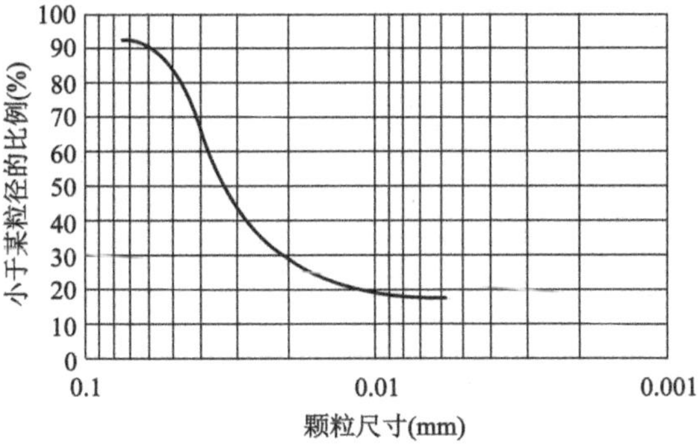

图 6.4-1 疏浚土级配曲线图

b. 试验段溢流土方及回淤修正。

(a)现场实测回淤物特性。

第一次试验段为 W0 +000 ~ W3 +000 航段，第二次试验段为 W11 +000 ~ W16 +000 航段，第三次试验为 W11 +000 ~ W15 +000 航段。

根据现场实测结果，W6 +100、W13 +750、W18 +200、W25 +600、W33 +400 采样点处土样分析结果见表 6.4-4；掩护段以内航段表层回淤物主要为黏土质粉沙或粉沙，掩护段以外航段表层回淤物主要为粉沙或沙质粉沙，掩护段以内、掩护段以外泥沙平均粒径级配曲线分别如图 6.4-2、图 6.4-3 所示。

柱状样品分析结果表 表 6.4-4

位　置	层次	密度(kg/m^3)	中值粒径(mm)	分选系数
W6 +100	上层	1451	0.0272	2.25
	中层	1587	0.024	2.06
	下层	1685	0.0281	1.86
W13 +750	上层	1734	0.0388	1.05
	中层	1806	0.0448	0.58
	下层	1826	0.0452	0.54
W18 +200	上层	1703	0.0402	1.71
	中层	1751	0.0454	1.21
	下层	1747	0.0446	0.85

续上表

位　　置	层次	密度(kg/m³)	中值粒径(mm)	分选系数
W25 +600	上层	1613	0.0292	1.15
	中层	1679	0.0336	0.94
	下层	1688	0.0339	1.21
W33 +400	上层	1612	0.0207	1.42
	中层	1668	0.0265	1.05
	下层	1713	0.025	1.31

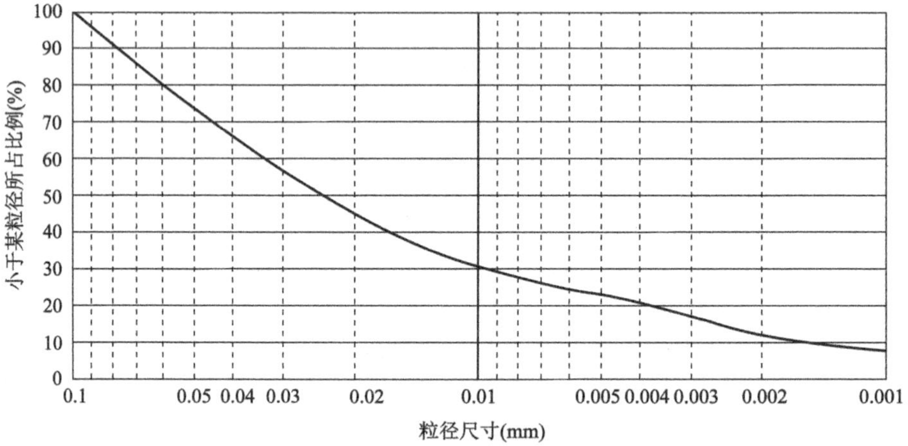

图 6.4-2　掩护段以内疏浚土级配曲线图

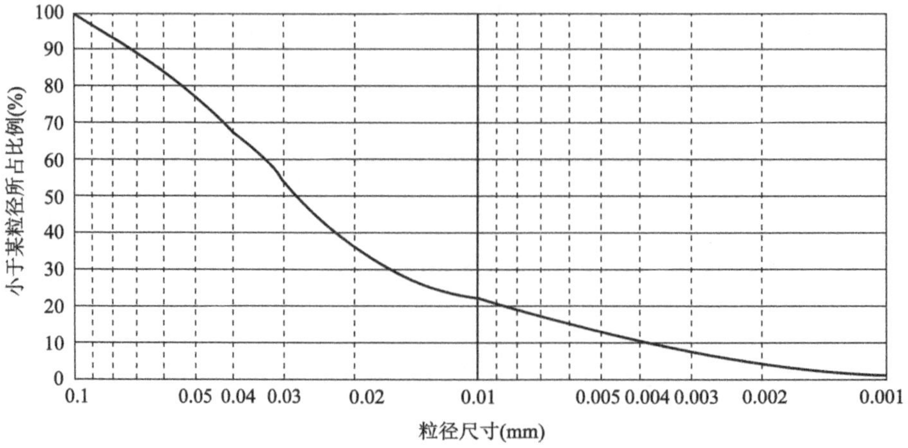

图 6.4-3　掩护段以外疏浚土级配曲线图

(b)航道潮流情况。

黄骅港潮汐属不规则半日潮,涨潮潮段平均流速在0.29~0.42m/s之间,流向为240°~300°;落潮潮段平均流速在0.25~0.37m/s之间,流向为46°~97°;涨潮最大流速在0.50~0.79m/s之间,流向为233°~282°;落潮最大流速在0.31~0.53m/s之间,流向为44°~92°,涨潮流速大于落潮流速。从总的平面分布趋势看,外海流速大于近岸流速。涨潮平均历时5h40min,落潮平均历时6h30min。

航道内最大横流流速情况如下:现状情况下,口门段最大横流(航道里程W10+500附近),垂向平均横流流速为0.49m/s左右,表层横流流速约0.7m/s左右;最大横流流速在平面分布上呈现自口门向外呈先减小后增大的趋势,口门段最大横流流速在0.49m/s(垂向平均)左右,随后逐渐减小到0.24m/s(垂向平均),航道末端最大横流流速为0.5m/s(垂向平均)左右,其分布如图6.4-4所示。

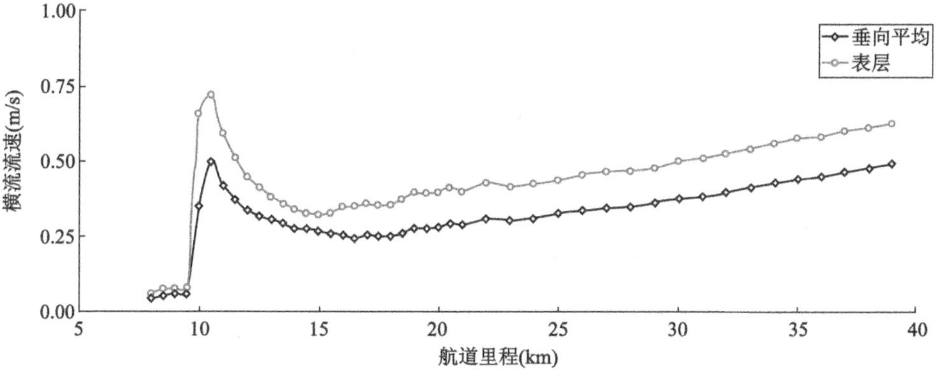

图6.4-4 航道内最大横流流速分布图

2016年开展了黄骅港航道水文测验研究,其中2016年10月,针对W9+000~W21+000航段,在大、中、小潮分别进行了固定垂线测站水文测验(测站分别位于W9+000、W15+000、W21+000处)和走航断面水文测验,并对实测数据进行了系统分析研究,根据研究结论可知:自W9+000桩号向W21+000桩号方向流速呈增大趋势,测区最大落急流速为0.60m/s,最大涨急流速为0.94m/s。W9+000桩号处,平均落潮流速为0.13~0.23m/s,平均落潮流向为48°~63°,平均涨急流速为0.30~0.41m/s,平均落急流速为0.19~0.34m/s,平均涨落急主流向与航道走向平行,为60°~240°。W15+000桩号处,平均落潮流速为0.21~0.29m/s,平均落潮流向为71°~94°,平均涨急流速为0.48~0.59m/s,平均落急流速为0.31~0.44m/s,平均涨落急主流向与航道走向平行,为81°~264°。W21+000桩号处,平均落潮流速为0.20~0.33m/s,平均落潮流向为77°~91°,平均涨急流速为0.50~0.68m/s,平均落急流速为0.31~

0.47m/s,平均涨落急主流轴向为81°~263°。

北侧边滩和航中两条测线约13h的ADCP走航观测流速、流向特征值如图6.4-5、图6.4-6所示。航道纵向上,涨、落潮平均流速整体上均呈自口内向后外逐渐增大的趋势,在出口门处存在一偏大流速区段。且边滩上该偏大流速区段位置在涨潮时位于约W10+000处,落潮时有所外移,位于约W11+000处;航道内该偏大流速区段位置一般位于约W10+000处,无明显涨落潮差异。

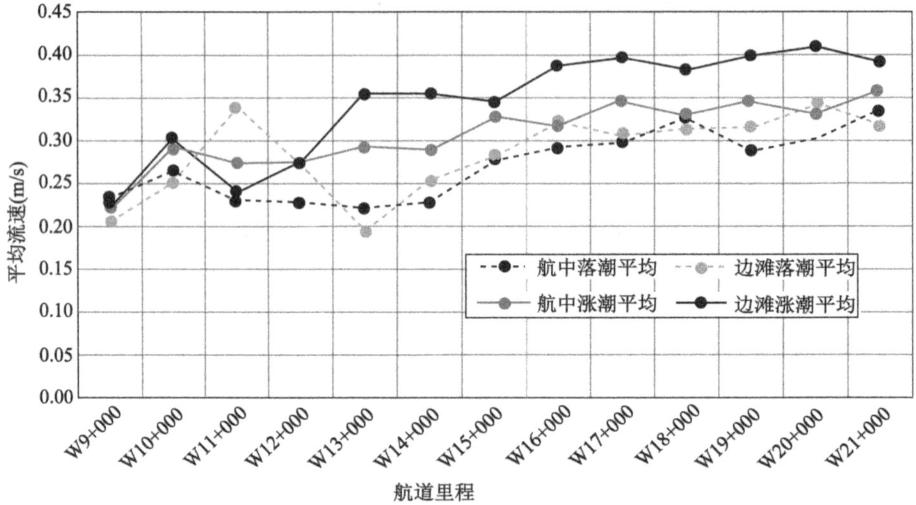

图6.4-5　ADCP走航测线上大潮垂线平均涨、落潮平均流速沿程分布

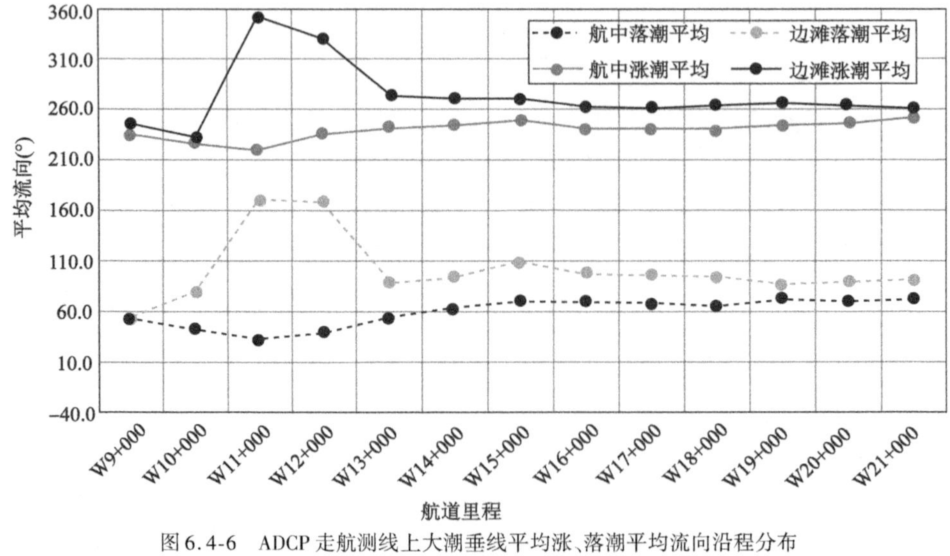

图6.4-6　ADCP走航测线上大潮垂线平均涨、落潮平均流向沿程分布

整体上，航中涨落潮平均流向与航道轴向基本保持一致，平均涨潮流向240.9°，平均落潮流向60.6°；边滩上涨潮平均流向整体上较航道轴向北偏约23°，落潮平均流向整体上较航道轴向南偏约30°，但受导堤挑流影响，出口门W11 +000 ~ W12 +000 处，涨落潮主流向呈由东西向偏转为南北向的趋势。

(c)疏浚溢流量及其回淤估算。

ⓐ第一次试验段。

根据试验段疏浚施工记录表，神华浚1舱容为5260m^3，从泥浆进舱至泥浆开始溢流平均时长为18min，从泥浆开始溢流至起耙停泵平均时长为15min。溢流时单位时间溢流流速与进舱流速相同。结合国内耙吸船溢流研究结论、试验段回淤物颗粒级配，溢流期间按溢流泥浆密度为进舱泥浆密度的30%，并按疏浚土标准重度为16.28kN/m^3折算为标准重度土方量，则每航次溢流土方量为：$5260m^3/0.3h \times 0.25h = 4383m^3$。

根据施工记录表中提供的进舱泥浆平均质量比浓度为57.33%，按现行规定疏浚土密度为1.78g/cm^3计算，则进舱泥浆平均密度为1.354g/cm^3；按溢流泥浆密度为进舱泥浆密度的30%，则溢流泥浆平均密度为1.124g/cm^3；按照本次研究确定的疏浚土标准重度为16.28kN/m^3（转换成密度为1.661g/cm^3），计算溢流土方为：$4383 \times (1.124 - 1.025)/(1.661 - 1.025) = 680m^3$。

试验期间（2018年6月2—9日）共实施22个航次挖泥，总溢流量约为14960m^3。

结合数模研究及现场水文测验，试验段航道横流平均流速小于0.1m/s，结合国内耙吸船溢流回淤研究结论、试验段回淤物颗粒级配，按溢流土方70%落淤在试验区域，30%随潮流移动至其他区域计算，则22个航次溢流土方未落淤至航槽内的总土方量为4488m^3。

ⓑ第二次试验段。

根据试验段疏浚施工记录表，神华浚2舱容为11888m^3，从泥浆进舱至泥浆开始溢流平均时长为18min，从泥浆开始溢流至起耙停泵平均时长为40min。溢流时单位时间溢流流速与进舱流速相同。结合国内耙吸船溢流研究结论、试验段回淤物颗粒级配，溢流期间按溢流泥浆密度为进舱泥浆密度的30%，并按疏浚土标准重度为16.28kN/m^3折算为标准重度土方量，则每航次溢流土方量为：$11888m^3/0.3h \times 0.67h = 26418m^3$。

根据施工记录表中提供的泥浆平均密度为1.17g/cm^3；按溢流泥浆密度为进舱泥浆密度的30%，则溢流泥浆平均密度为1.069g/cm^3；按照本次研究确定的疏浚土标准重度为16.28kN/m^3（转换成密度为1.661g/cm^3），计算溢流土方为:$26418 \times (1.069 - 1.025)/(1.661 - 1.025) = 1807m^3$。

试验期间(2019 年 4 月 20—23 日)共实施 20 个航次挖泥,总溢流量约为 $36138m^3$。

结合数模研究及现场水文测验,试验段航道横流平均流速小于 0.3m/s,结合国内耙吸船溢流回淤研究结论、试验段回淤物颗粒级配,按溢流土方 50% 落淤在试验区域,50% 随潮流移动至其他区域,则 20 个航次溢流土方未落淤至航槽内的总土方量为 $18069m^3$。

ⓒ第三次试验段。

根据试验段疏浚施工记录表,2019 年 7 月 6—16 日第 1 组试验段期间采用航浚 4009 号耙吸船,平均舱容为 $4582m^3$,从泥浆进舱至泥浆开始溢流平均时长为 10min,从泥浆开始溢流至起耙停泵平均时长为 40min;2019 年 7 月 19—29 日第 2 组试验段期间采用神华浚 1 号耙吸船和航浚 4009 号耙吸船,平均舱容分别为 $5058m^3$、$4570m^3$。溢流时单位时间溢流流速与进舱流速相同。结合国内耙吸船溢流研究结论、试验段回淤物颗粒级配,溢流期间按溢流泥浆密度为进舱泥浆密度的 30%,并按疏浚土标准重度为 $16.28kN/m^3$ 折算为标准重度土方量;按溢流泥浆密度为进舱泥浆密度的 30%;按溢流土方 50% 落淤在试验区域,50% 随潮流移动至其他区域计算,则根据试验段疏浚施工记录表,2019 年 7 月 6—16 日第 1 组试验段期间采用航浚 4009 号耙吸船,平均舱容为 $4582m^3$,从泥浆进舱至泥浆开始溢流平均时长为 10min,从泥浆开始溢流至起耙停泵平均时长为 40min;2019 年 7 月 19—29 日第 2 组试验段期间采用神华浚 1 号耙吸船和航浚 4009 号耙吸船,平均舱容分别为 $5058m^3$、$4570m^3$。溢流时单位时间溢流流速与进舱流速相同。结合国内耙吸船溢流研究结论、试验段回淤物颗粒级配,溢流期间按溢流泥浆密度为进舱泥浆密度的 30%,并按疏浚土标准重度为 $16.28kN/m^3$ 折算为标准重度土方量。按溢流泥浆密度为进舱泥浆密度的 30%;按溢流土方 50% 落淤在试验区域,50% 随潮流移动至其他区域计算,溢流土方量如下表 6.4-5 所示。

溢流土方计算表 表 6.4-5

试验段时间	疏浚船舶	单航次溢流量(m^3)	进舱口泥浆平均密度(g/m^3)	溢流泥浆平均密度(g/m^3)	单航次溢流土方(m^3)	总航次	总溢流量(m^3)	未落淤至航槽内溢流量(m^3)
2019 年 7 月 6—16 日	航浚 4009	18328	1.21	1.079	1566	62	97092	48546
2019 年 7 月 19—29 日	神华浚 1	8430	1.2	1.077	695	52	36140	18070
	航浚 4009	18280	1.21	1.079	1627	62	100874	50437

(2)疏浚土标准重度取值差异。

根据相关规范,测图下方量和船舶上方量均应转换为标准重度土方量。按现行规定,航道维护性疏浚土标准重度统一采用 17.44kN/m³,转化成密度值为 1.78g/cm³;而根据本次现场采样及室内试验研究,最终将黄骅港航道回淤物的标准重度确定为 16.28kN/m³,转化成密度值为 1.661g/cm³。

根据规范要求,结合不同航段现场回淤物柱状样分析结果及船舶施工记录表,三次试验段上方量、下方量均按标准重度 16.28kN/m³ 转化为标准重度土方量,见表 6.4-6,其中测图下方量转化时,由于各次试验疏浚厚度为 0.1 ~ 0.3m,故平均重度根据各试验航段对应土层柱状样的上层土样密度值转化为平均重度值(第一次试验、第二次试验、第三次试验平均重度值分别取为 14.22kN/m³、16.99kN/m³、16.99kN/m³)。

由表 6.4-6 可看出,对于测图下方量,掩护段以内航道,疏浚土颗粒较细、平均重度小,按标准重度 16.28kN/m³ 转化后下方量减少约 33%;口门段航道,疏浚土颗粒较粗、平均重度大,按标准重度 16.28kN/m³ 转化后下方量增加约 12%。对于船舶上方量,按标准重度 16.28kN/m³ 转化后,上方量增加约22% ~27%。

不同标准重度下疏浚土方计算结果对比表　　表 6.4-6

试验段	下方量		上方量	
	测图计算量(万 m³)	转化重度后量(万 m³)(16.28kN/m³)	船舶统计量(万 m³)(17.44kN/m³)	转化重度后量(万 m³)(16.28kN/m³)
第一次试验段(W0 +000 ~ W3 +000)	9.11	6.10	5.76	7.02
第二次试验段(W11 +000 ~ W16 +000)	10.22	11.39	10.90	13.90
第三次试验段(W11 +000 ~ W15 +000)(2019 年 7 月 6—16 日)	14.04	15.76	14.71	18.05
第三次试验段(W11 +000 ~ W15 +000)2019 年 7 月 19—29 日)	25.02	28.08	28.18	34.58

本次土方量计算修正时,对船舶上方量和测图计算下方量均按照本次研究确定的土方标准重度 16.28kN/m³ 转换为标准重度土方量。

2)计算结果修正

(1)修正原则。

综合考虑溢流土方回淤、疏浚土标准重度等影响因素,对试验段土方计算结果进行修正如下：

①标准重度按照本次研究确定的16.28kN/m³，以此确定上方量、下方量。

②下方量计算结果应按下式折算为标准重度计的土方量：

$$V_B = V_Z \frac{\bar{\gamma} - \gamma_W}{\gamma_B - \gamma_W} \tag{6.4-6}$$

式中：V_B——标准重度的土方量(m^3)；

V_Z——实际重度的总挖泥土方量(m^3)；

$\bar{\gamma}$——平均重度(kN/m^3)，根据不同航道样品室内分析结果确定；

γ_B——标准重度(kN/m^3)，取16.28kN/m³；

γ_W——施工区域水重度(kN/m^3)，取10.045kN/m³。

③船舶上方量考虑船舶溢流土方回淤影响。

④疏浚前、后均采用相同设备进行测量，故不考虑测量误差。

⑤第一次试验期间存在大风影响，测图下方量考虑施工期回淤影响；第二次、第三次试验期间无大风影响，测图下方量不考虑施工期回淤影响。

(2)修正计算结果。

测图下方量和船舶上方量均转化为标准重度土方，测图下方量与回淤量之和与船舶上方量与溢流土方未落淤至试验区土方之和进行比较分析。经计算对比可得以下结论：

①对于掩护段以内航道，测图下方量和船舶上方量均按本次研究确定的标准重度16.28kN/m³折算后测图下方量约为船舶上方量的87%，若船舶上方量进一步增加未落淤至航槽溢流土方量，则测图下方量约为船舶上方量的82%；按标准重度折算后，测图下方量减少约33%、船舶上方量增加约22%；未落淤至航槽溢流土方量约占船舶上方量的6%。

②对于口门段航道，测图下方量和船舶上方量按本次研究确定的标准重度16.28kN/m³折算后测图下方量为船舶上方量的82%～87%，若船舶上方量进一步增加未落淤至航槽溢流土方量，则测图下方量为船舶上方量的68%～73%；按标准重度折算后，测图下方量增加约11%、船舶上方量增加约22%；未落淤至航槽溢流土方量占船舶上方量的13%～27%。

6.4.2.5 计量方式的相关建议

(1)未发生显著大风骤淤，航道可正常运行、航道水深测量可正常开展的情况下，维护性疏浚工程量应采用测图下方量(按本次研究确定的标准重度16.28kN/m³折算为标准重度土方量)进行计量结算；考虑正常维护性疏浚时疏浚较小,采用断面法计算时误差较大,建议以计量周期期初测图为原始地形、期末测图为浚后地形,利用三维计算软件计算下方量;航道水深测量及结算周期可以月为单位。当发生显著大风骤淤、连续大风骤淤(6 级以上大风、持续时间 6h 以上),为保证通航要求航道水深测量来不及开展,或者冬季冰期无法进行航道水深测量时,维护性疏浚工程量可采用船舶上方量进行计量结算(按本次研究确定的标准重度 16.28kN/m^3 折算为标准重度土方量,并适当打折)。

(2)疏浚船舶需定期进行率定,以保证疏浚船舶数据采集系统运行正常、船舶上方量统计结果准确,上方量计量采用船体排水量法进行计量。

(3)维护性疏浚期间应加强现场监管,建议疏浚船舶增加视频监控系统,可随时调取监控资料并与船舶施工记录表进行比对;加强监理监管力度,减少人为干扰因素。

(4)当施工单位计算结果与监理审核计算结果存在差异时,按照《疏浚与吹填工程施工规范》(JTS 207—2012)规定:“用不同的方法或合同双方分别计算工程土方量时,应采用同一测图计算,两者的差值小于或等于两者中较大值的 2% 时,其土方量取两者的平均值。”

6.5 大风后浮泥观测及浮泥层的利用

6.5.1 大风后浮泥观测

本小节主要针对黄骅港煤炭港区港池、航道在大风后产生的回淤物进行观测和研究,同时结合航道回淤物的特性、分布、变化及发展,以及回淤物的垂向密度分析和沉降固结速率等,为确定航道回淤物的标准重度和论证适航水深可行性提供基础。

6.5.1.1 现场测量情况

自 2018 年 3 月的两场大风后,在港池、掩护段以内和外航道中布设测点共 25 个。利用 RheoTune 音叉密度仪开展浮泥密度垂线分布测量及浮泥厚度分布特征测量,共测量 6 次,测量时间分别为第一场大风后的第 1 天(2018 年 3 月7 日)和第 3 天(2018 年 3 月 9 日),第二场大风后的第 1 天(2018 年 3 月 22 日)、第 3 天(2018 年 3 月 24 日)和第 6 天(3 月 27 日)以及第三场大风后的第 1 天(2018 年4 月11 日)。

进行浮泥厚度测量结果分析时,将港池区域以淤泥密度值介于 1050 ~ 1255kg/m^3 之间的淤泥层厚度定义为浮泥层厚度,掩护段以内和外航道以密度值介于 1050 ~ 1275kg/m³ 之间的淤泥层厚度定义为浮泥层厚度;密度值介于 1050 ~ 1400kg/m³ 之间的厚度定义为淤泥总厚度。

1)2018 年 3 月 7—9 日测量

2018 年 3 月第一场大风后第 1 天(3 月 7 日)和第 3 天(3 月 9 日)的浮泥厚度统计情况如图 6.5-1 所示。

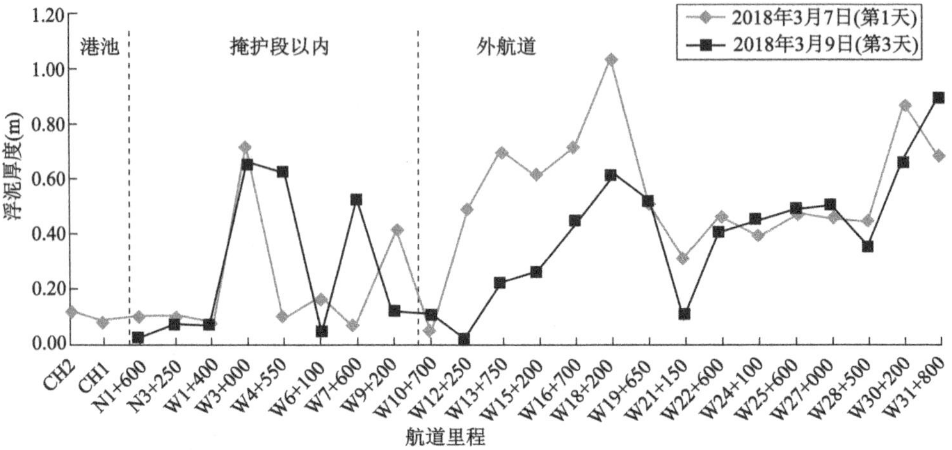

图 6.5-1　2018 年 3 月 7—9 日第一次测量各测点的浮泥厚度随时间变化曲线

大风后第 1 天,外航道的浮泥厚度介于 0.04 ~ 1.03m 之间,平均值为 0.54m,淤泥总厚度介于 0.08 ~ 1.45m 之间,平均值为 0.75m;掩护段以内的浮泥厚度介于 0.06 ~ 0.71m 之间,平均值为 0.21m,淤泥总厚度介于 0.06 ~ 0.82m 之间,平均值为 0.29m;港池两个测点的浮泥厚度分别为 0.12m 和 0.08m,淤泥总厚度分别为 0.21m 和 0.15m。总体来说,浮泥厚度和淤泥总厚度呈外航道 > 掩护段以内 > 港池的分布规律。

大风后第 3 天,外航道浮泥厚度和淤泥总厚度有所减小,而掩护段以里的浮浮泥厚度和淤泥总厚度保持动态平衡。外航道的浮泥厚度介于 0.02 ~ 0.89m 之间,平均值为 0.40m,淤泥总厚度介于 0.03 ~ 1.08m 之间,平均值为 0.52m;掩护段以内的浮泥厚度介于 0.03 ~ 0.65m 之间,平均值为 0.26m,淤泥总厚度介于 0.04 ~ 0.71m 之间,平均值为 0.32m。

2)2018 年 3 月 22—27 日测量

2018 年 3 月第二场大风后第 1 天(3 月 22 日)、第 3 天(3 月 24 日)和第6 天(3 月 27 日)的浮泥厚度统计情况如图 6.5-2 所示。

(1)大风后第 1 天,港池两个测点的适航厚度很小,均为 0.05m,淤泥总厚度也很小,仅为 0.10m 和 0.12m;航道掩护段以内的适航厚度介于 0.06 ~ 0.67m

之间,平均值为0.31m,淤泥总厚度介于0.07~1.01m之间,平均值为0.43m;外航道的适航厚度介于0.02~0.71m之间,平均值为0.35m,淤泥总厚度介于0.03~1.19m之间,平均值为0.52m。

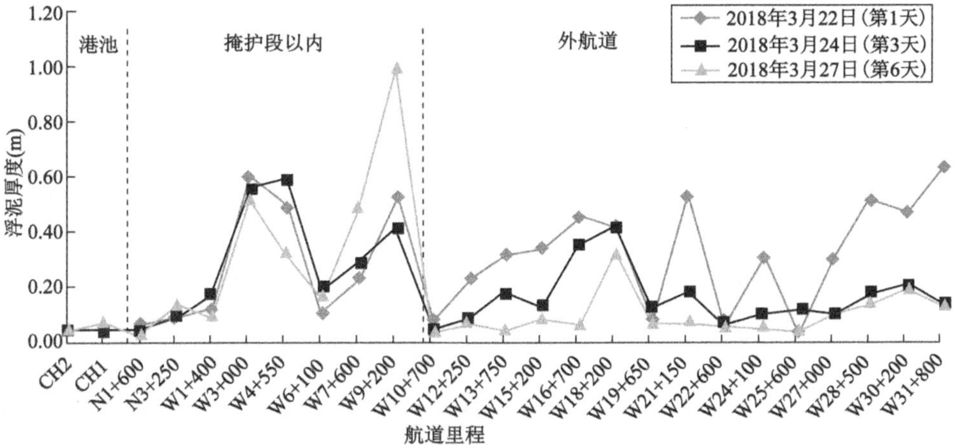

图6.5-2　2018年3月22—27日第二次测量各测点的浮泥厚度随时间变化曲线

(2)大风后第3天,港池两个测点的适航厚度仍为0.05m,淤泥总厚度分别为0.10m和0.08m,可以认为没有变化;航道掩护段以里的适航厚度和淤泥总厚度变化很小,适航厚度介于0.05~0.65m之间,平均值为0.32m,淤泥总厚度介于0.11~0.89m之间,平均值为0.49m;外航道的适航厚度稍有减小,介于0.05~0.46m之间,平均值为0.18m,淤泥总厚度除个别测点稍有增大,整体稍有减小,介于0.08~1.49m之间,平均值为0.47m。

(3)大风后第6天,港池两个测点的适航厚度分别为0.05m和0.08m,淤泥总厚度分别为0.1m和0.11m;航道掩护段以内的适航厚度和淤泥总厚度除个别测点外,其余各点变化很小,适航厚度介于0.03~1.10m之间,平均值为0.38m,淤泥总厚度介于0.05~1.16m之间,平均值为0.44m;外航道的适航厚度减小到0.04~0.36m之间,平均值仅为0.11m,淤泥总厚度减小到0.07~1.16m之间,平均值为0.27m。

从大风后第1天到第6天,外航道的浮泥厚度和淤泥总厚度呈逐渐减小的趋势,其平均值从0.35m和0.52m减小到仅0.11m和0.27m,说明外航道的浮泥密实较快;掩护段以内和港池的浮泥厚度和淤泥总厚度在测量期间保持动态平衡。

3)2018年4月11日测量

2018年4月11日大风后对神华黄骅港航道开展了浮泥厚度观测,测量结果如图6.5-3所示。该场大风后,航道掩护段以内的浮泥厚度介于0.03~0.91m之间,平均值为0.42m,淤泥总厚度介于0.06~1.08m之间,平均值为0.58m;外航道的适航厚度介于0.02~0.85m之间,平均值为0.30m,淤泥总厚度介于0.06~0.97m之间,平均值为0.37m。

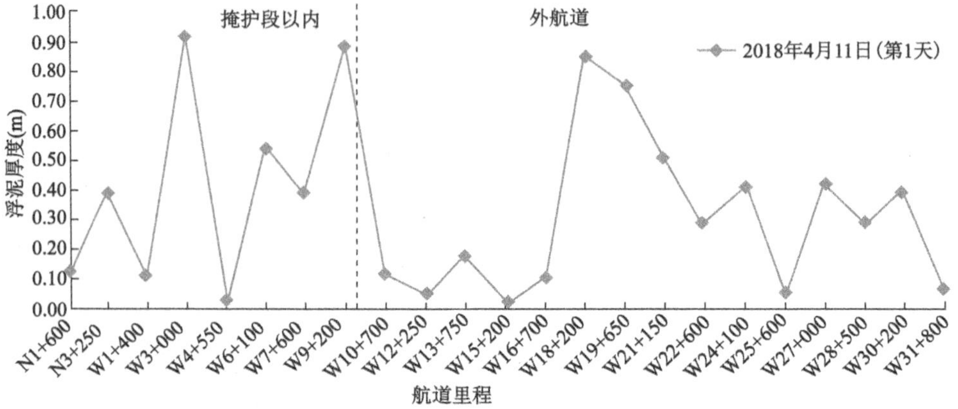

图6.5-3　2018年4月11日第三次测量各测点的浮泥厚度沿程分布曲线

总体来说,通过几次大风后的浮泥观测,2018年4月11日黄骅港港区内的浮泥厚度的沿程分布并没有一个明显的分布规律,浮泥厚度基本都在0.30~1.0m之间,而且在大风过后,随着时间的推移浮泥层厚度也逐渐减小。相比于正常天气情况下,大风后航道内的浮泥厚度还是有明显增大的,这也为大风后利用适航水深资源提供了有利的条件。

6.5.1.2　回淤物的密实试验

以往的大量研究表明,细颗粒泥沙在静水中沉降有两种形式:一种是泥沙属于分散体系,每个颗粒在沉降过程中各有其独立的沉速;另一种是在含沙量达到某一数量以后,呈现出一个明显的清浑水交界面。清浑水交界面的沉降速度分成三个阶段:

(1)第一阶段,在粗颗粒泥沙下沉的同时,有细颗粒泥沙随水上升可产生分选现象,但界面几乎是以均速沉降,统称"均匀沉降段";

(2)过渡沉降段;

(3)清浑水界面下降到一定浑水深度,即达到某一个含沙量S_e时,在重力作用下,泥沙逐渐压缩密实,统称"压缩沉降段"。

在均匀沉降段的沉降速度,称为"泥沙群体沉速",它与泥沙颗粒级配、颗粒大小、矿物质含量、水质、温度及浑水厚度有关。一般来说,颗粒越细,含沙量越大,水温越低,泥沙在液体中有效重度越小,越容易促成清浑水界面的形成。

1)港池泥沙密实试验

(1)试验条件。

港池泥沙静水密实试验在两个3m高的沉降筒中进行,沉降筒由透明的有机玻璃制成,沉降筒直径0.2m,其外壁设有测量标尺(图6.5-4),用于记录密实过程中泥面的高度变化过程。

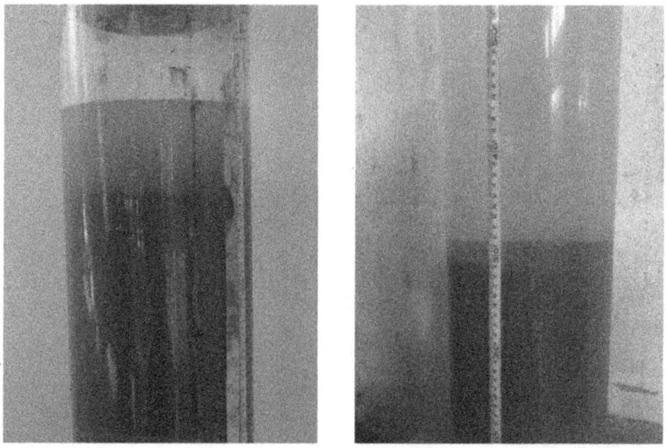

图6.5-4 沉降筒

试验泥样采用神华黄骅港港池内采集回的泥样,试验时,用现场所取泥样在室内充分搅拌均匀后调配制成,将初始密度配制为1051kg/m^3,试验水温13℃,盐度设定为30‰。样品配制完成后,向两个沉降筒中分别灌注约1.068m和1.079m的泥柱,之后慢慢加水至水面高度3m,开始观察并记录泥面的高度变化。

(2)试验现象及结果。

当沉降筒灌注完成后,长时间持续观察、记录清浑水界面的下沉位移,然后根据泥面高度计算出淤泥的平均密度,绘制淤泥密度随时间的变化关系图,如图6.5-5所示。由图6.5-5可知,急变段,在沉降密实约1天时,淤泥密度达到约1170kg/m^3;缓变段,泥沙经过60天的密实沉降,淤泥密度达到约1424kg/m^3。而后泥沙还会继续沉降密实,但密实速度逐渐减缓,最终会趋于基本稳定状态。

2)航道泥沙密实试验

(1)试验条件。

航道泥沙静水密实试验在两个3m高的沉降筒中进行,沉降筒由透明的有机玻璃制成,沉降筒直径0.2m,其外壁设有测量标尺,用于记录密实过程中泥面的高度变化过程。

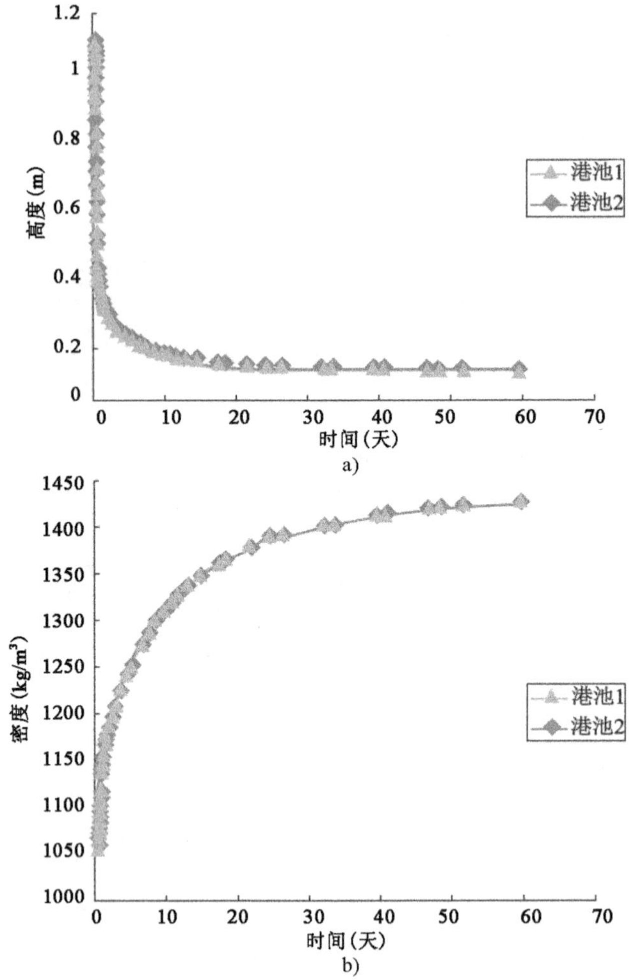

图 6.5-5 泥样高度和密度随时间变化过程(港池)

试验泥样采用神华黄骅港航道内采集回的泥样,试验时,将所取外航道和掩护段以内的泥样混合,在室内充分搅拌均匀后调配制成,将初始密度配制为 1056kg/m^3,试验水温 20℃,盐度设定为 30‰。样品配制完成后,向两个沉降筒中分别灌注约 1.1m 的泥柱,之后慢慢加水至水面高度 3m,开始观察并记录泥面的高度变化。

(2)试验结果。

图 6.5-6 所示为泥样密实过程结果。同样将航道泥沙沉降密实过程分为三个时段,分别命名为急变段、缓变段和基本稳定段。由图 6.5-6 可知,急变段,在

沉降密实约 1 天时,淤泥密度达到约 1418kg/m³;缓变段,泥沙经过 33 天的密实沉降,两组试验的淤泥密度达到约 1658kg/m³。而后泥沙还会继续沉降密实,但密实速度逐渐减缓,最终会趋于基本稳定状态。

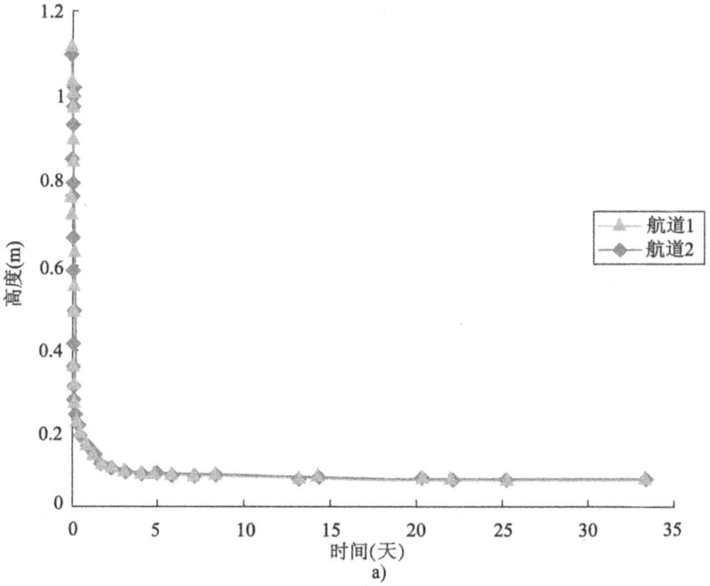

a)

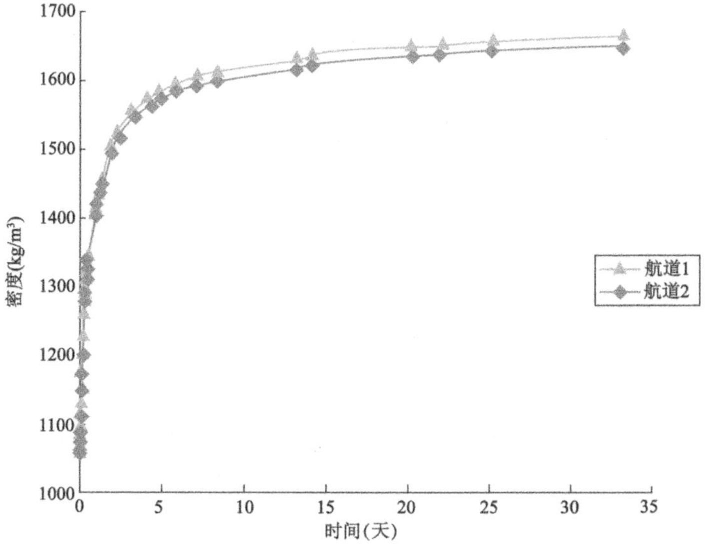

b)

图 6.5-6　泥样高度和密度随时间变化过程(航道)

根据港池与航道内泥样的密实试验现象及结果,可以看出:

(1)黄骅港港池内的泥样密实速度较航道的密实速度要慢,在静水情况下,港池内的泥样在一天内密度可由 1050kg/m^3 达到 1170kg/m^3,而航道内的泥沙密度可达到 1415 ~ 1421kg/m^3。

(2)泥样的密实在时间上呈现初期较快后期缓慢的密实过程。试验开始的前两天时间内,泥样密实的速度最快,之后泥样变化逐渐缓慢,港池内泥样在 60 天后密度可达到 1425kg/m^3;航道内泥样在一个月后密度可达到 1660kg/m^3 左右。实际上泥沙密实是一个复杂的过程,它受水流流速、新淤积物质的加入以及船舶扰动等多因素影响,落淤在航道中的泥沙密实过程还是有变化的,还应通过大量的现场实测资料进一步印证。

6.5.2 适航水深应用研究

6.5.2.1 适航淤泥重度值范围试验研究

在港池航道中的淤泥,有不同的物理、力学、流变等工程地质性质,不同的工程领域应选用最具代表性的参数来分析淤泥的基本性质与变化规律。适航水深问题是研究船舶底部与淤泥层的作用(剪切或扰动),所以各国学者多用淤泥的流变参数,如淤泥黏性、应力等来研究适航水深问题。而这些流变参数与淤泥的粒径、重度、黏性土含量、含水量(或含沙量)及其环境中所含的离子种类与数量有关。

考虑到淤泥重度的单位为 kN/m^3,与国际标准制中单位一致,且概念清晰,测定方便,故世界上研究、应用、勘测适航水深时多以此为参数。我国的《海港总体设计规范》(JTS 165—2013)也推荐采用淤泥重度 r 作为衡量回淤层适航水深使用的特性参数。因此,本次在研究黄骅港煤炭港区港池航道适航水深时亦选用重度作为单位。

以往研究针对黏性泥沙建立了各种流变模型,这些模型的适用性不仅取决于泥沙的物理性质,如密度、矿物组成及颗粒级配、盐度和温度等,大量研究成果表明,宾汉模型更符合浮泥的基本特性,而且我国河口海岸的黏性泥沙,如天津港、连云港、长江口和黄河口泥都具有明显的屈服极限。

本次研究流变特性也采用宾汉模型,并得出屈服应力,进而绘制屈服应力与泥沙重度的关系曲线。图 6.5-7、图 6.5-8 分别为外航道、掩护段以内及港池淤泥的屈服应力与泥沙重度关系曲线。

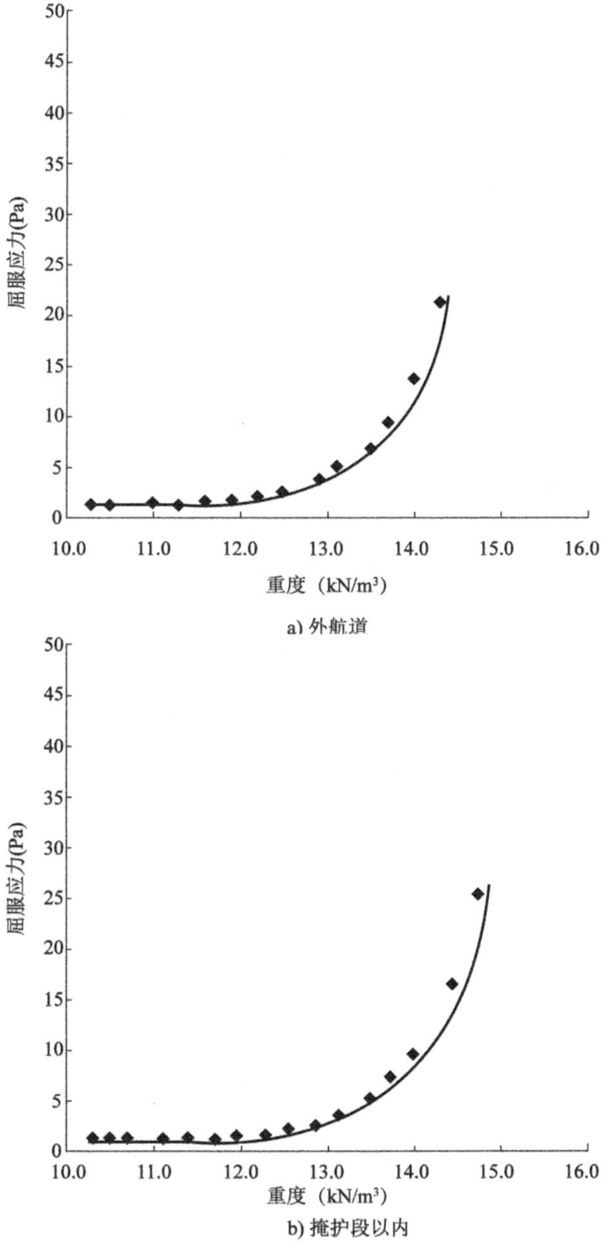

图 6.5-7 航道淤泥的屈服应力和重度关系

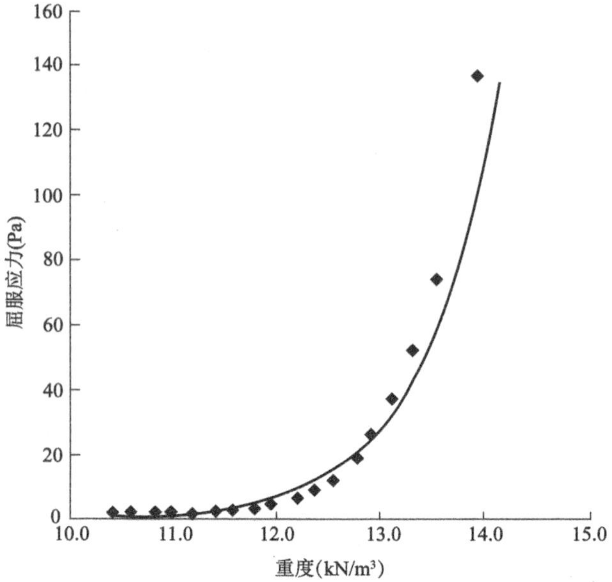

图6.5-8 港池淤泥的屈服应力和重度关系

由图6.5-7、图6.5-8可知，当泥沙重度较小时，随重度变化，屈服应力并无明显变化，但当泥沙重度增加到一定数值时，屈服应力随重度的变大迅速增加，根据国内外经验，这个临界值可以作为适航淤泥重度值。从图中可以判定，黄骅港煤炭港区外航道和掩护段以内适航重度在12.2～12.5kN/m^3之间，转化为密度值为1245～1275kg/m^3；港池适航重度介于12.0～12.3kN/m^3之间，转化为密度值为1224～1255kg/m^3。

6.5.2.2 适航水深应用可行性及前景

1)适航水深应用可行性分析

适航水深技术已经在国内外多个淤泥质港口得以应用，科学地应用适航水深技术能够保障船舶航行安全，同时还能给港口企业带来显著的经济效益，也顺应了国家大力提倡的“节能”号召。

根据黄骅港煤炭港区港池航道淤泥基本特性研究成果，港池泥沙的平均中值粒径为0.004mm，平均黏土含量约为52%；航道掩护段以内泥沙平均中值粒径为0.023mm，平均黏土含量约为22%；外航道泥沙的平均中值粒径为0.028mm，平均黏土含量约为11%。港池泥沙样品的静水密实很慢，表现出淤泥的特性；航道泥沙样品的静水密实速度较快。

结合天津港、国华台山电厂、连云港、深圳大铲湾、广州南沙港、深圳西部、珠海电厂、苍南电厂、厦门港海沧港区等的适航水深研究成果和经验，黄骅港港池航道满足应用适航水深技术的要求。特别是在大风天气过后，航道中存在较丰富的适航资源（适航厚度大多在 0.3 ~ 0.6m 之间），因此，在航道中应用适航水深技术是可行的。

2）适航水深应用前景分析

通过淤泥流变特性试验确定，黄骅港航道适航重度值范围在 12.2 ~ 12.5kN/m^3之间，转化为密度值为 1245 ~ 1275kg/m^3；港池适航重度值范围介于 12.0 ~ 12.3kN/m^3，转化为密度值为 1224 ~ 1255kg/m^3。

通过适航水深资源现场调查得知，2018 年 3 月第一场大风后，黄骅港航道的适航厚度介于 0.04 ~ 1.03m 之间，平均值为 0.43m，大风后第 3 天，仍然有 0.02 ~ 0.89m 的适航厚度，平均值为 0.36m；2018 年 3 月第二场大风后，黄骅港煤炭港区航道有 0.02 ~ 0.71m 的适航厚度，平均值为 0.33m，大风后第 3 天，适航厚度为 0.05 ~ 0.65m，平均值为 0.23m，大风后第 6 天，适航厚度范围为 0.03 ~ 1.1m，平均值减小到 0.20m；2018 年 4 月大风后，黄骅港煤炭港区航道有 0.02 ~ 0.91m 的适航厚度，平均值为 0.34m。

根据现有适航资源调查资料，黄骅港航道可利用的最大适航厚度为 1.0m 左右，大风后第 6 天时，仍然可利用最大为 0.65m 的适航厚度，这部分适航厚度即使在大风后应急作为富余水深使用，也可大大提高黄骅港的泊位利用率，带来可观的经济效益。当受到更不利的风浪作用，局部产生强淤现象时，可利用的适航厚度会更大。因此，在黄骅港航道中应用适航水深技术具有较好的应用前景。

需要说明的是，适航厚度很大程度上取决于浮泥的初始厚度和密实时间的长短，少数几次测量难以说明黄骅港港池航道的适航厚度空间分布和随时间变化的特征，因此，尚需要后续在不同季节开展进一步的观测，特别是在不利的大风浪影响后开展持续观测，以进一步了解适航厚度的空间分布和随时间变化的特征。

7 结　　语

7.1 结　　论

(1)黄骅港附近海岸是古黄河三角洲及近代黄河三角洲废弃后,经过长期的波浪潮流等动力塑造而成的,滩面表层泥沙颗粒较粗,泥沙运动活跃,与淤泥质海岸泥沙运动特性明显不同,应属粉沙质海岸。

(2)黄骅港海域泥沙运动活跃,易起易沉,在大风浪作用下,极易发生骤淤。泥沙运动型态有悬移质、推移质和底部高浓度含沙水层,其中底部高浓度含沙水层是造成航道淤积的重要因素。

(3)黄骅港的淤积机理是"波浪掀沙、潮流输沙"。其外航道淤积主要是大风浪天气破波带形成的高含沙量水流运动的结果。高含沙量水流在穿越航道过程中落淤,造成外航道强淤。

(4)黄骅港发生强淤后,淤积物多为粉沙,可挖性差,仅依靠疏浚的单一手段不能保证船舶的正常通航。治理黄骅港外航道骤淤必须采用"整治与疏浚相结合"的原则。

(5)根据航道设计标准、整治目标、破波带位置、外航道淤积厚度沿程分布情况,提出了防止不同重现期骤淤的期望堤长。根据不同重现期骤淤出现的概率,用加大防沙堤长度来防止高重现期骤淤的方法,可能并不完全经济合理。应以合适堤长、合理投资为前提,以减少外航道一般大风骤淤和年淤积量为整治目标,并能抵御一定重现期骤淤。

(6)从航道边滩含沙量沿程分布、破波位置和减淤效益等方面出发,提出了整治方案宜采用明堤与中水堤或潜堤相结合的方式,其中明堤的堤顶高程宜在 +4.0m 左右。

(7)整治工程实施后多年的观测与研究表明,在防沙堤减淤、淤积的可挖性、航道水深、流场变化等方面都有明显的改善效果。

①整治工程后减淤效果明显,表现在:抗骤淤能力加强,整治工程实施至今发生 48 次大风,13 次明显淤积,均未影响通航;掩护段减淤率可达 70% 以上;口门外最大淤积厚度明显降低;口外高淤积厚度段相对工程前缩短。

②淤积土可挖性得到根本性改善，表现在：疏浚船舶挖泥进舱浓度提高，工程前泥浆进舱浓度维持在 14% ~16% 之间；工程后泥浆平均进舱浓度已经达 27% 以上；掩护段内颗粒变细，黏土含量增加，进入航道粗颗粒泥沙减少，可挖性提高；难挖段消失；淤积重心外移约 7km，缩短了抛泥距离；疏浚效率明显提高。

③航道水深稳步增加：a. 口门外大风骤淤后碍航段消失；b. 航道水深逐步稳定增加，自整治工程建设以来至 2006 年底，每月平均增深约 12cm，2005 年底达到 -11.5m，2006 年底已达 -13.0m 以上。

④口门局部流场变化，但不影响整体流场；与老口门相比，工程后新口门流速略有增加；显著流速的范围略有扩大；较大流速持续的时间延长 1h 左右；潜堤的设置缩短了口门段集中水流的范围，消能作用显著。

⑤根据防沙堤外侧实测流场的分布、堤外侧地形的变化、二维及三维数值模拟等分析，整治工程后沿堤流发展不明显，对航道淤积影响不大，"波浪掀沙、潮流输沙"仍是外航道淤积的主因，延堤减淤的整治措施是正确的。

(8)为了确保黄骅港航道通航安全、保障神华集团煤炭外运、提升航道通过能力，优化港口生产组织方式、提高港口生产效率，继续延伸防沙堤是十分必要和迫切的。根据研究情况，将南侧防沙堤从现有堤头位置 -1m 高度开始平行滩面延伸至 -8m 水深，堤头高度 -3m，对减少航道淤积是有利的。

(9)随着港口重要性提升、航道等级提升、周边港口环境改变，造成航道的淤积模式发生变化，备淤防护标准可先选择 15 年一遇的骤淤重现期，远期逐渐尝试将备淤重现期逐步提升至 20 年、25 年，提高港区防护淤积的能力。

(10)通过对回淤物标准重度理论公式计算、回淤物现场取样和室内分析，3 次现场疏浚施工试验验证，确定了煤炭港区航道的计量方式和计量标准。将航道回淤物标准重度调整为 $16.28kN/m^3$。在未发生显著大风骤淤、航道可正常运行、航道水深测量可正常开展的情况下，维护性疏浚工程量应采用测图下方量进行计量结算；当发生显著大风骤淤、连续大风骤淤时，为保证通航要求，维护性疏浚工程量可采用船舶上方量进行计量结算。

(11)在黄骅港建设的各个时期，航道淤积都是制约港口发展的主要问题之一，对于黄骅港航道淤积及其治理的研究至今仍未停止。自 2001 年以来，针对黄骅港航道淤积问题开展了大量研究工作，至今已近 20 年，取得了大量的研究成果。从对黄骅港泥沙淤积的认识和实践过程来看，"波浪掀沙，潮流输沙"是黄骅港泥沙运移的机理；"整治与疏浚相结合"是解决黄骅港航道淤积问题的根本措施。

7.2 研究启示

经过多年努力,我们积累了粉沙质海岸建港的经验,并取得了令世人瞩目的成绩。近年来,对粉沙质海岸泥沙淤积规律及工程应用的系统研究,解决了粉沙质海岸港口防淤、整治等多项关键技术问题,提出了防淤减淤的成套技术,为我国在粉沙质海岸开辟港口制定了原则和标准,使在粉沙质海岸建设现代化大港成为现实,对我国水运建设事业起到了巨大的推动作用。但粉沙质海岸建港涉及的技术问题十分复杂,对粉沙质海岸泥沙运动的研究远未停止,仍有诸多问题需要进一步探索,广大科研、设计和建设者们依然任重道远,仍需在以下几个方面做出努力。

(1)在对粉沙质泥沙运动规律的揭示上仍需进行深入探索。

粉沙运动十分复杂,仍有诸多机理尚未揭示。粉沙质海岸泥沙的起动流速位于泥沙起动流速曲线的最低部位,比淤泥质泥沙和沙质泥沙的起动流速都小,在波浪作用下,起动流速更小。粉沙质海岸泥沙的沉降速度又比淤泥沉降速度快,由于粉沙海岸泥沙易起动易沉降,因而粉沙质海岸泥沙活动性大,海床易冲刷易沉积。在波浪、潮流作用下,不仅有悬移质和推移质,而且在海底极易形成高浓度的含沙水体薄层。由于存在多种泥沙运移形态,因而使淤积加重,分析计算困难。诸如此类问题,是我国科研工作者需进一步探索的领域。

(2)测量手段不足。

目前,我们对粉沙质泥沙运动的现场测量手段不足,尤其是对临底高浓度含沙水体层的观测严重不足,主要原因是仪器设备限制。同时,对于海洋观测的主要仪器、设备,我国整体处于落后状态,先进的海洋观测设备多为国外生产,由于国外尚未对粉沙质海岸泥沙运动开展研究,相关仪器设备研发并未跟上,加之我国设备研发、生产能力相对落后,故总体处于无仪器可用的状态。

(3)粉沙质床面淤积量的预报技术仍需进一步研究。

粉沙质床面泥沙的运动状态集中了淤泥质和沙质泥沙的特点,形成了粉沙质泥沙特有的输移特点,使问题更为复杂。波浪动力与潮流动力均为主要矛盾,需同时对以上两个动力因素进行概化分析。一般应先对波浪资料进行概化、分析研究,进而确定泥沙的运移状态,即悬移质、底部高浓度水体和推移质的输沙强度,然后对潮流动力进行概化,进而确定输沙的强度。对以上两个因素进行概化后,计算淤积量及其时空分布。

(4)淤积物质的组成仍需进一步研究。

在研究泥沙淤积量时,一般以泥沙中值粒径来表述淤积物特性,使方法得以简化。但有时这样处理显得过于简单,不能满足工程需要。比如对粉沙质泥沙而言,有时淤积物难以疏浚,显然是由于淤积物的颗粒组成不同,或密实程度不同所致,此时不仅要解决淤积量问题,还要解决淤积物的组成问题和密实程度问题。

(5)泥沙运移方式与工程措施的关系需进一步研究。

海岸工程中经常采用工程措施来处理和解决泥沙问题。在对工程建设进行论证时,需要了解淤积量、淤积的分布,以便确定工程的平面布置。同时,还要研究泥沙的运移规律,以确定工程的顶部高程。因此,确定粉沙质泥沙的运动机理对制定工程措施是十分重要的。

(6)强泥沙活动带需进一步研究。

在沙质海岸和淤泥质海岸,泥沙运动最为活跃的区域是在破波带,该区代表了强泥沙活动的范围。对于粉沙质海岸,不仅滩面泥沙活动性较强,而且从泥沙治理工程的角度出发,还应考虑几年一遇大浪的破碎范围,因此,其宽度大于一般意义的破波带。强泥沙活动带是一个定性的概念,没有定量指标,应根据现场水动力条件、滩面泥沙特性、含沙量分布以及其他因素综合分析而定。

参 考 文 献

[1] 曹祖德,焦桂英,赵冲久. 粉沙质海岸泥沙运动和淤积分析计算[J]. 海洋工程,2004,22(1):59-65.

[2] 赵冲久. 近海动力环境中粉沙质泥沙运动规律的研究[D]. 天津:天津大学,2003.

[3] 张庆河,张金凤,杨华,等. 粉沙质海岸港口布置模式探讨[J]. 中国港湾建设,2005(1):6-20.

[4] 倪晋仁,惠遇甲. 悬移质浓度垂线分布的各种理论及其间关系[J]. 水利水运科学研究,1988(1):83-95.

[5] 倪晋仁,梁林. 水沙流中的泥沙悬浮[J]. 泥沙研究,2000(1):7-12.

[6] 钱宁,万兆惠. 泥沙运动力学[M]. 北京:科学出版社,1983.

[7] 张瑞瑾,谢鉴衡. 河流泥沙动力学[M]. 北京:水利电力出版社,1988.

[8] NIELSEN P, TEAKLE IAL. Turbulent diffusion of momentum and suspended particles: A finite-mixing-length theory[J]. Physics of Fluids, 2004, 16(7): 2342-2348.

[9] 王兴奎,邵学军,王光谦,等. 河流动力学[M]. 北京:科学出版社,2004.

[10] VAN R LC. Sediment transport, part Ⅱ: Suspended load transport[J]. Journal of Hydraulic Engineering,1984,110(11):1613-1641.

[11] NI J R, WANG G Q. Vertical sediment distribution[J]. Journal of hydraulic Engineering,1991,117(9):1184-1194.

[12] THORNE P D, WILLIAMS J J, DAVIES AG. Suspended sediments under waves measured in a large-scale flume facility[J]. Journal of Geophysical research,2002,107(C8):3178.

[13] KENNEDY J F, LOCHER F A. Sediment suspension by water waves [A]. Waves on Beaches and Resulting Sediment Transport [C]. New York: Academic Press,1972.

[14] Kos'yan RD. Vertical distribution of suspended sediment concentrations of seawards of the breaking zone[J]. Coastal Engineering,1985(9):171-187.

[15] NIELSEN P. Coastal bottom boundary layers and sediment transport[M]. Singapore:World Scientific Publishing Co. Pte. Ltd. ,1992.

[16] ABSI R. On the effect of sand grain size on turbulent mixing[C]. 30th International Conference on Coastal Engineering,ASCE,2006:3019-3029.

[17] KOBAYASHI N,ZHAO H Y,TEGA Y. Suspended sand transport in surf zones[J]. Journal of geophysical research,2005,110,C12009,doi:10. 1029/2004JC002853.

[18] 练继建,赵子丹. 波流共存场中全水深水流流速分布[J]. 海洋通报,1994,13(3):1-10.

[19] VAN R L C. Sedimentation of dredged channels by currents and waves[J]. Journal of Waterway,Port,Coastal and Ocean Engineering,1986,112(5):541-559.

[20] VAN R L C. Unified view of sediment transport by currents and waves. :suspended transport [J]. Journal of Hydraulic Engineering, 2007, 133 (6): 668-689.

[21] CHEN Z W. Sediment concentration and sediment transport due to action of waves and a current[D]. Delft University of Technology,1992.

[22] VAN R L C,NIEUWJAAR M,et al. Transport of fine sands by currents and waves[J]. Journal of Waterway, Port, Coastal and Ocean Engineering,1993,119(2):123-143.

[23] VAN R L C,HAVINGA F J. Transport of fine sands by currents and waves II [J]. Journal of Waterway, Port, Coastal and Ocean Engineering, 1995, 121 (2):123-133.

[24] NIELSEN P. Field measurements on time-averaged suspended sediment concentrations under waves[J]. Coastal Engineering,1984(8):51-72.

[25] 神华集团黄骅港建设指挥部,交通部天津水运工程科学研究所. 黄骅港泥沙淤积研究资料汇编[R]. 天津:交通部天津水运工程科学研究所,2003.

[26] 曹祖德,侯志强,张书庄. 复式航道的淤积计算[J]. 水运工程,2006(4):54-72.

[27] LAMB M P,D'ASARO E,PARSONS J D. Turbulent structure of high-density suspensions formed under waves[J]. Journal of geophysical research,2004,109(C12),C12026,doi:10. 1029/2004JC002355.

[28] LAMB M P,PARSONS J D. High-density suspension formed under waves[J]. Journal of sedimentary research,2005,75(3):386-397.

[29] BALMFORTH N J, LLEWELLYN, SMITH S G, et al. Dynamics of interfaces and layers in a stratified turbulent fluid[J]. Journal of Fluid Mechanics, 1998(355):329-358.

[30] 窦国仁,董风舞,窦希滨. 潮流和波浪的挟沙能力[J]. 科学通报,1995,40(5):443-446.

[31] 李孟国. 海岸河口泥沙数学模型研究进展[J]. 海洋工程,2006,24(1):139-154.

[32] 陆永军,左利钦,王红川,等. 波浪与潮流共同作用下二维泥沙数学模型[J]. 泥沙研究,2005(6):1-12

[33] 张庆河,侯风林,夏波,等. 黄骅港外航道淤积的二维数值模拟[J]. 中国港湾建设,2006(5):6-9.

[34] 孔令双,曹祖德,李炎保. 粉沙质海岸建港的若干泥沙问题[J]. 中国港湾建设,2004(3):24-27.

[35] 高学平,秦崇仁,赵子丹. 板结粉沙运动规律的研究[J]. 水利学报,1994(12):1-6.

[36] 徐宏明,张庆河. 粉沙质海岸泥沙特性实验研究[J]. 泥沙研究,2000(3):42-49.

[37] 张庆河,张娜,胡嵋,等. 黄骅港泥沙静水沉降特性研究[J]. 港工技术,2005(3):1-4.

[38] 赵冲久,刘富强. 粉沙质海岸泥沙运动特点的实验研究[J]. 水道港口,2002,23(4):259-261.

[39] 韩鸿胜,李世森,赵群,等. 破碎波作用下粉沙悬移质浓度垂向分布的实验研究[J]. 泥沙研究,2006(6):30-36.

[40] 张庆河,王崇贤,杨华,等. 黄骅港海域表层泥沙特性及其影响[J]. 中国港湾建设,2004(4):14-17.

[41] 杨华,侯志强. 黄骅港外航道泥沙淤积问题研究[J]. 水道港口,2004,24(3):59-63.

[42] 刘家驹. 粉沙淤泥质海岸的航道淤积[J]. 水利水运工程学报,2004(1):6-11.

[43] 罗肇森. 波、流共同作用下的近底泥沙输运及航道骤淤预报[J]. 泥沙研究,2004(6):1-9.

[44] 韩西军. 粉沙质海岸泥沙淤积的研究[J]. 水道港口,1996(3):22-28.

[45] 陈士荫,顾家龙,吴宋仁. 海岸动力学[M]. 北京:人民交通出版社,1995.

[46] MUSTE M,PATEL V C. Velocity profiles for particles and liquid in open-channel flow with suspended sediment[J]. Journal of Hydraulic Engineering,1997,123(9):742-751.

[47] YANG S Q,TAN S K,LIN S Y. Velocity distribution and dip-phenomenon in smooth uniform open channel flows[J]. Journal of Hydraulic Engineering,2004,130(12):1179-1186.

[48] TEAKLE I. Coastal boundary layer and sediment transport modeling[D]. Queensland University,2006.

[49] 周家俞. 挟沙水流泥沙颗粒悬浮规律的试验研究[D]. 武汉:武汉大学,2005.

[50] 蒋德才,刘百桥,韩树宗. 工程环境海洋学[M]. 北京:海洋出版社,2005.

[51] WAI W,JIANG Y W,LU Q M. Large-scale finite element modeling and parallel computation of sediment transport in coastal areas[M]. In Advances in Coastal Modelling,C. Lakhan C. ed. ,Elsevier Science B. V. ,2003(9).

[52] JIANG Y W. Three-dimensional numerical modeling of sediment and heavy metal transport in surface waters[D]. Ph. D dissertation,HongKong Polytechnic University,2003.

[53] SONG Y,HAIDVOGEL D. A semi-implicit ocean circulation model using a generalized topography-following coordinate system[J]. Journal of computational physics,1994(115):228-244.

[54] LEE G H,DADE W B,FRIEDRICHS C T,et al. Examination of reference concentration under waves and currents on the inner shelf[J]. Jouranl of Geophysical Research,2004,109,C02021,doi:10. 1029/2002JC001707.

[55] 罗肇森. 大风期黄骅港外航道的骤淤估算及防淤减淤措施探讨[J]. 水运工程,2004,(10):69-73.

[56] VAN R. Unified view of sediment transport by currents and waves. I:Initiation of motion,bed roughness,and bed-load transport[J]. Journal of Hydrualic Engineering,2007,133(6):649-667.

[57] DAVIES A G,Villaret C. Prediction of sand transport rates by waves and currents in the coastal zone[J]. Continental Shelf Reasearch, 2002, 22: 2725-2737.

[58] 曹文洪,张启舜,胡春宏. 黄河河口海岸近岸带水体含沙量的横向分布[J]. 水利学报,2001(2):54-58.

[59] 黄才安,陈小秦.关于泥沙悬浮功的讨论[A].第十三届中国海洋(岸)工程学术会议[C].南京:2007:510-514.

[60] 王士强,陈骥,惠遇甲.明渠水流的非均匀沙挟沙力研究[J].水利学报,1998(1):1-17.

[61] 邓贤艺,曹如轩,钱善琪.水流挟沙力双值关系研究[J].水利水电技术,2000,31(9):6-8.

[62] 季则舟.粉沙质海岸港口水域平面布局特点[J].海洋工程,2006,24(4):81-85.

[63] 张庆河.神华集团黄骅港外航道整治工程潮流数值模拟研究报告[R].天津:天津大学建筑工程学院,2004.

[64] 苗士勇,侯志强.黄骅港海域风浪场推算及波浪破碎位置分析[J].水道港口,2004,25(4):216-218.

[65] 曹祖德,侯志强,孔令双.粉沙质海岸开敞航道回淤计算的统计概化模型[J].水道港口,2002,23(4):253-274.

[66] 赵冲久.波浪作用下粉沙质底沙运动特性的试验研究[J].水道港口,1994(1):34-39.

[67] 赵冲久,刘富强,曹祖德.粉沙质海岸泥沙运动特点的实验研究[J].水道港口,2002(4):259-261.

[68] 严恺,梁其荀.海港工程[M].北京:海洋出版社,1996.

[69] 张华庆,乐培九,张晓峰.波、流联合作用下的推移质输沙率[J].水道港口,1994(1):1-5.

[70] 刘家驹,张镜潮.淤泥质海岸航道港池淤积计算方法及其应用推广兼论连云港西大堤后的有关泥沙问题[R].南京:南京水利科学研究院,1991.

[71] 刘家驹.淤泥质海岸和港池淤积计算[R].北京:全国水运工程标准技术委员会,1990.

[72] 曹祖德,李蓓,孔令双.波、流共存时的水体挟沙力[J].水道港口,2001(4):151-155.

[73] 曹祖德,唐士芳,李蓓.波、流共存时的床面剪切力[J].水道港口,2001(2):56-60.

[74] 杨华,曹祖德.波、流共同作用下的泥沙起动研究报告[R].天津:交通部天津水运工程科学研究所,2002.

[75] 曹祖德,陈声亮.几种类型海港淤积和减淤措施的研究[R].天津:交通部天津水运工程科学研究所,1991.

[76] 徐宏明,蔡嘉熙. 黄骅港一期工程泥沙淤积分析论证[R]. 天津:交通部天津水运工程科学研究所,1996.

[77] 恽才兴. 黄骅港扩建 3.5 万吨级深水泊位海域条件综合评述[R]. 上海:华东师范大学河口海岸研究所,1987.

[78] 交通部天津水运工程研究所. 粉沙质海岸港口防沙减淤措施研究[R]. 天津:交通部天津水运工程科学研究所,2002.

[79] 杨华. 神华集团黄骅港外航道泥沙淤积问题研究[R]. 天津:交通部天津水运工程科学研究所,2003.

[80] 杨华,李蓓. 东营港二期扩建方案潮流数模及泥沙分析[R]. 天津:交通部天津水运工程科学研究所,2003.

[81] 交通部天津水运工程研究所. 近海动力环境中粉沙运动规律的研究[R]. 天津:交通部天津水运工程科学研究所,2006.

[82] 交通部天津水运工程研究所. 神华黄骅港外航道拓宽浚深波浪潮流泥沙数学模型试验研究[R]. 天津:交通部天津水运工程科学研究所,2006.

[83] 交通部天津水运工程研究所. 粉沙质海岸泥沙运移规律的研究[R]. 天津:交通部天津水运工程科学研究所,1997.

[84] 肖辉. 粉沙质海岸泥沙水力特性试验[R]. 天津:交通部天津水运工程科学研究所,2007.

[85] 交通部天津水运工程科学研究所. 黄骅港防沙堤口门流态观测分析报告[R]. 天津:交通部天津水运工程科学研究所,2006.

[86] 交通部天津水运工程科学研究所. 神华黄骅港防沙堤口门流态改善措施潮流物理模型试验研究[R]. 天津:交通部天津水运工程科学研究所,2007.

[87] 交通部天津水运工程科学研究所. 黄骅港口门局部流场的三维数值模拟[R]. 天津:交通部天津水运工程科学研究所,2007.

[88] 侯志强,杨华,苗士勇,等. 黄骅港回淤研究(2001—2007 年)[M]. 北京:人民交通出版社,2013.

[89] 交通部天津水运工程科学研究所. 神华黄骅港航道治理延伸潜堤工程减淤效果研究报告[R]. 天津:交通运输部天津水运工程科学研究所,2012.

[90] 交通部天津水运工程科学研究所. 黄骅港(煤炭港区)航道整治延伸潜堤工程波浪断面物理模型试验研究报告[R]. 天津:交通运输部天津水运工程科学研究所,2014.